国家社科基金
GUOJIA SHEKE JIJIN HOUQI ZIZHU XIANGMU
后期资助项目

存在和善

——反思摩尔哲学

Being and Good:
Reflections of the Philosophy of G. E. Moore

何松旭 著

华东师范大学出版社
·上海·

图书在版编目（CIP）数据

存在和善：反思摩尔哲学 / 何松旭著. —上海：
华东师范大学出版社，2021
ISBN 978 - 7 - 5760 - 2370 - 1

I. ①存… II. ①何… III. ①穆尔（Moore，George
Edward 1873 - 1958）—哲学思想—研究 IV. ①B561.55

中国版本图书馆 CIP 数据核字（2021）第 260948 号

存在和善——反思摩尔哲学

著　　者　何松旭
责任编辑　吕振宇
特约审读　李　鑫
责任校对　时东明
装帧设计　刘怡霖

出版发行　华东师范大学出版社
社　　址　上海市中山北路 3663 号　邮编　200062
电　　话　021 - 60821666　行政传真　021 - 62572105　客服电话　021 - 62865537
网　　址　www.ecnupress.com.cn
门市地址　上海市中山北路 3663 号华东师范大学校内先锋路口　邮编　200062
门市（邮购）电话　021 - 62869887
网　　店　http://hdsdcbs.tmall.com

印　刷　者　上海昌鑫龙印务有限公司
开　　本　787×1092　16 开
印　　张　16
字　　数　286 千字
版　　次　2021 年 12 月第 1 版
印　　次　2021 年 12 月第 1 次
书　　号　ISBN 978 - 7 - 5760 - 2370 - 1
定　　价　82.00 元

出 版 人　王　焰

国家社科基金后期资助项目
出版说明

后期资助项目是国家社科基金设立的一类重要项目,旨在鼓励广大社科研究者潜心治学,支持基础研究多出优秀成果。它是经过严格评审,从接近完成的科研成果中遴选立项的。为扩大后期资助项目的影响,更好地推动学术发展,促进成果转化,全国哲学社会科学工作办公室按照"统一设计、统一标识、统一版式、形成系列"的总体要求,组织出版国家社科基金后期资助项目成果。

全国哲学社会科学工作办公室

序

応　奇

　　无论是与同样作为分析哲学鼻祖之一的罗素相比，还是——或者更不用说——较之于"具有更强洞察力"的维特根斯坦，通常被称作日常语言哲学先驱的爱德华·摩尔所得到的哲学上的重视和关注似乎都处于某种比较尴尬的状态。泛泛而言，摩尔似乎没有罗素那么大的影响，虽然其原因并不完全是哲学上的。按照维特根斯坦著名的"酷评"："罗素哲学的最大问题就是没有问题。"而对于摩尔，维特根斯坦也对他的学生马尔康姆有过一个有名的说法："在某种意义上过于孩子气。"罗素曾经说，哲学是介于科学与宗教之间的。据说当被问到"什么是哲学"时，摩尔指着他背后的书架说，这些书架上的书讲的就是哲学。这听上去确实有些"孩子气"，但是也毕竟不失为一种符合"常识"的说法。

　　对于其背后的书架上那些书中所谈论的哲学，摩尔曾经说，除伦理学之外，本体论、认识论和逻辑学是其主要的组成部分。摩尔认为，哲学最重要的问题即本体论（"形而上学"）要对整个宇宙进行一般的描述，要回答什么是存在的，或被我们认识到是存在的最重要的事物以及这些事物的相互联系。在日常语言哲学牛津学派的后期代表人物彼德·斯特劳森看来，摩尔的说法马上就会产生两个问题：一是当摩尔说什么是存在的或我们认作存在的最重要的事物时，"重要的"意味着什么？二是怎样把这个问题与概念结构或概念分析联系起来。

　　正是在对这两个问题的追问中，斯特劳森不但赞成摩尔关于哲学的组成部分的观点，而且尤其提出要从本体论、逻辑学和认识论的哲学三重奏来把握我们的概念图式或结构的最普遍特征。斯特劳森之所以认为在摩尔所说的存在于宇宙中的最普遍的事物与他自己所说的用来思考和谈论宇宙中事物的普遍概念或概念类型之间的差别并不像初看起来那么大，并且认为通过谈论我们的概念结构和我们关于世界的思想结构，我们会比直接谈论世界更加牢牢地把握我们的哲学方法，更加清晰地理解我们谈论的是什么，这其中一个主要的动因恰恰是他接过了摩尔对于怀疑论的反驳,并将之与晚近关于自然主义的讨论结合在一起,提炼出其哲学中最精华的部分。

在早期分析哲学运动中,通过反叛黑格尔主义而形成的新实在论是罗素和摩尔在本体论或形而上学上的共同立场。在摩尔的本体论中,存在的东西可以分为三类,亦即殊相、共相和事实。而在某种程度上继摩尔而起的斯特劳森描述的形而上学层级结构中,殊相和共相都是个体,从殊相识别和再识别的角度,包括物体和人在内的基本殊相具有本体论上的优先性,而事实则被排除出世界之外,因为它不在时空之内,取而代之的是事物。这被认为是开启了从事实本体论向事物本体论的转化。自从戴维森接受兰姆西(Frank Ramsey)对事实与事件的区分,提出一种事件本体论的思想后,事件作为一种形而上学范畴就为戴维森以后的分析哲学家所普遍接受,而且在戴维森看来,只有假定了事件的存在,才能很好地解释心灵与身体之间的关系,才能令人满意地分析事物之间的因果关系。斯特劳森的以物体和人为基本殊相的事物本体论正是在这个意义上产生了事件本体论的有效交集。

整整二十六年前,在题为《描述的形而上学及其限制》(正式出版时改题为《概念图式与形而上学》)的博士论文中,我对斯特劳森的哲学进行了初步的探讨,但是对于摩尔的哲学,迄今为止,我的了解仍然基本上限于一般的当代哲学教程以及斯特劳森在《分析与形而上学》中对其展开的讨论。正是在这个背景下,何松旭博士的专著《存在和善:反思摩尔哲学》让我产生很大的兴趣,也给了我一次具体的学习和了解摩尔哲学的机会。

虽然《存在和善》一书是从本体论、伦理学和知识论三个方面展开对摩尔哲学的全面研究和反思的,但是它具有一种独特的结构,在第一和第二部分完成对摩尔的形而上学和知识论与伦理学的准确精当的刻画和梳理之后,在第三部分进而采取摩尔的视角,或者说,借用摩尔的哲学资源,在道德理论上把摩尔与康德进行比较,在信念理论上把摩尔与休谟进行比较,在知觉理论上把摩尔与麦克道威尔进行比较,最后,还试图用金岳霖和摩尔的共相理论来处理儒家传统中的"性情"问题,用摩尔的伦理学资源对勘当代元伦理学中一些最重要的争论。在所有这些方面,作者都提出了自己的独到见解,进行了以哲学资源解决哲学问题的可贵尝试。

举例来说,如作者所指出的,金岳霖把殊相和共相作为个体的两种不同的实现方式,而他在《论道》中又将中国哲学中的"体用"和"性情"分别对应于这两种实现方式:前者所运用的对象是个体与个体之间的"关系",而非"性质";后者则是指性质共相与性质殊相之间的关系。作者由此敏锐地把握住其中所敞开的义理空间,并引入摩尔的共相理论对之展开进一步的论说。摩尔用一种"否定"(或可谓之"以遮为诠")的方法来"呈现"存在但不实存的共相,比如以"白色性"为例,摩尔是这样"界定"的:"只存在一个东西,不知其名,既不是一个色块也不是色块的集合。因此,这个观点并不是通过指出(所有特殊白色色块都有的共同而特别的)某个属性来回答我们的问题,而只是通过否认(denying)有任何这样的色块,回答了我们的问题。"把摩尔的共相理论,或者说呈现共相的理论运用到经过金岳霖中介的儒家哲学中的"性情"问题上。如作者所引申,"仁义礼智等德性是在我们心灵中会呈现出来的'一个东西',而不是任何出现于个体的种种殊相之情。"于是,"善性本身就是一个简单属性,仅仅在否定的意义上防止有任何一种殊相之情出现于人性之中。"

据实而言,摩尔的这种所谓"无情有性论"当然与孟子的"乃若其情,则可以为善矣"相去不可以道里计,我们或许可以将其称作孟子与告子之间的居间形态。从摩尔来说,这固然是由于这种共相理论仍然昧于"人异于禽兽之特性作为'类'性,恰恰通体显现在人之实存性"(李景林:《孟子通释》,上海古籍出版社,2021年,第217页);从金岳霖的概念框架来说,则正是由于这种共相理论的路径乃是拘于性质之间而非关系之间或个体之间而展开,且与"由用以得体"有"未达之一间"。

有趣的是,作者正是由此"回应"了维特根斯坦关于摩尔"没有同情心"的"酷评",并且推断,"摩尔的善性中也不存在任何自然意义上的同情心"。回到金岳霖的"情求其性"说所强调的"至","在日常的生活中,万事万物各就其本身而言都不完全地自如。……在太极情尽性,用得体,万事万物莫不完全自在,完全自如";那么究极而言,要达到这种"实践理性充其极"的状态,我们就不但要越过摩尔的"无情有性",而且要超过斯特劳森的"反应态度",而向"匹兹堡的牟宗三"麦克道威尔笔下作为"第二自然"的"实践智慧"转进,而这种转进是需要在一个更为宏阔的哲学背景中才能充分呈现其潜在和显在的力量的。

是为序。

壬寅年正月廿七,凌晨二时半,写于大荒公寓

目　录

梦见维特根斯坦。他看着我，就好像在问情况是否如此，我忍不住笑了笑，就好像情况就是如此，尽管我知道并非如此；然后，他在大海里游泳；最后，他正努力逃离，以免作为外国敌人被逮捕。

——摩尔记于 1915 年 10 月 12 日

当我开始知道他（维特根斯坦）的时候，我很快感觉到他在哲学上比我要聪明很多，并且不仅更聪明，还更深刻。对于真正重要的、最值得钻研并用最好的方法来钻研的那种研究，他具有更强的洞察力。

——摩尔《自传》，1942 年 2 月 27 日

至于摩尔——我并不真正了解摩尔，因此我说的也许完全不对。但这是我所想要说的话：摩尔在某种意义上说过于孩子气，这是很明显的……我**喜欢**摩尔并且极为尊敬他，但仅此而已。他没有（或者很少）使我的心感到温暖，因为最能温暖我的心的是人的同情心。而摩尔——**正像一个孩子**——没有同情心。

——维特根斯坦 1949 年 3 月 19 日写给诺尔曼·马尔康姆的信

1958 年 10 月 24 日，摩尔在剑桥去世，葬于剑桥大学北端的阿森松教区墓地（Ascension Parish Burial Ground）。与维特根斯坦墓地仅隔数米。

引 言

　　本书考察的问题基本源于英国哲学家乔治·爱德华·摩尔(George Edward Moore)著作中的一些讨论,大致上可以分为两个主题:存在(being)和善(good)。善是伦理学研究的对象。除了伦理学之外,哲学中其他门类的研究对象或多或少和存在有一定关联,比如形而上学、知识论、逻辑学,等等。严格来讲,这两个主题之间并没有直接的关联,一个存在的宇宙并不意味着善的宇宙,反过来也是一样。但摩尔也没有直接否定两者之间有一定的关联,我们认为,如果把这两个词放在同一个层面上,或许能更好地理解摩尔的一些主张。

　　对于存在来说,摩尔往往以正面的方式举例证明一些相关主张,比如他声称:地球是存在的,而且在人类诞生于这个宇宙之前,地球已经存在很多年了。存在的事物有很多,比如物理对象、心灵、想象、记忆,包括时间、空间,等等。摩尔有时候也把存在这些事物的主张称为常识(Common Sense)。但有些事物的存在可能未必得到很多人的认同,比如感觉活动以及心灵活动的对象、共相、命题、事实甚至真理,等等。由于摩尔承认共相的存在,所以他一般被认为是实在论者。在摩尔看来,上述这些事物都以不同的方式存在,我们可以在本书的第一部分中看到摩尔对此的论证。这些事物的存在并不意味着没有不存在(no being)。摩尔主张区分存在和不存在是哲学中最重要的任务。对于事物的存在与否,历来有一些难以解决的问题。比如,我们都相信《西游记》里的观世音是写小说的人假想出来的人物,实际上观世音不存在。但如果你去问任何一个读过《西游记》的人"观世音给了孙悟空三根救命毫毛是不是真的?"一般都会得到一个肯定的答案,就好像观世音、孙悟空都是真实存在的。与之类似,当论及"狮鹫不存在和狮鹫有一双翅膀"、"上帝不存在和上帝创造了这个世界"等问题时都会有这样的困惑。

　　每当有类似的困惑出现时,摩尔就喜欢采用一种特定的方法。这种方法首先是分析,也就是把产生这种困惑的几个不同方面加以分离和澄清。与一般分析法不同的地方在于,摩尔的分析仅仅是一种工具,目的在于解开读者的困惑,并不会消解问题本身,同时,摩尔并不急于从中得出某个肯定的结论,甚至很多情况下根本就不能得出肯定的结论。最后运用这种方法的结果可能就只是那些持有错误观点的读者明白了自己观点错误的原因,而留给另外一些读者或者他本人的只是一个简单的常识或者一种永远都无法证实的哲学怀疑。用他自己在《伦理学》中的话来说:"我承认自己对这两点的任何一点都不能确定。我所能希望做的只是指出某些虽常被忽略但我认为确实清楚的事实,并由此把那些在我看来是确实可疑和困难的问题清晰地分离出来,以便读者自己做出决定。"①

摩尔为了解决这个问题,把所有的事物分为非命题事物和命题。命题是指某个句子或者信念所要表达的对象,除此之外都是非命题事物。命题有真命题和假命题之分,而非命题事物则不然。上述困惑的产生是源于没有正确区分命题和非命题事物。他把对"区分存在和不存在"这个问题的回答仅仅限定在与命题有关的范围内:如果某个命题或者信念是假的,那么该命题或信念所指称的那个事实就不存在,也就是说没有那个事实(fact);反过来,如果某个命题是真的或者该信念为真,那么的确就会有存在这个属性归属于所相信的那个事实,也就是存在那个事实,虽然任何事实都不可能在现实中实存(exist)。不论命题是真还是假,对于相关的非命题事物来说,虽然一般有真实(real)和假想(imagination)的区分,但无所谓真(true)和假(false),而且总是以不同的方式存在。这一点在考虑某个假信念或假命题的时候尤为明显。比如观世音不存在,实际上就是指"观世音存在"这个命题所对应的事实不存在,这并不意味着"观世音的存在"这个事物不存在。"观世音存在"这个命题可以将其动名词化为"观世音的存在"这个非命题事物。因此,当我们相信观世音存在的时候,所相信的命题"观世音存在"是假的,不存在"观世音存在"这个事实,但所相信的非命题事物"观世音的存在"则不论该命题真假与否,都因其为心灵活动的对象而真实存在。从这里可以看到,与命题相关的信念活动和非命题事物相关的心灵活动是不一样的。在这个意义上,"观世音给了孙悟空三根救命毫毛"这个命题是假的,因为这个事实不存在。"吴承恩写的《西游记》中说观世音给了孙悟空三根救命毫毛"这个命题是真的,因为这个事实存在。而我所相信的"观世音给了孙悟空三根救命毫毛"这个非命题事物则是存在的,因为它是我所相信的对象,虽然观世音和孙悟空都是假想的,不是真实的事物。因此,在摩尔看来,唯有通过假命题对应的事实不存在才可以标示出"不存在"的事物,假命题并非缺乏与事实的某种关系。真

---

① 摩尔:《伦理学》,戴杨毅译,北京:中国人民大学出版社,1985年,第100页。

命题对应的事实以及其他各种非命题事物都具有存在这一属性。

　　解决存在问题的关键在于,把存在作为一个属性归属于命题所对应的事实,从而分辨出假命题对应的事实是不存在的。与之类似,摩尔认为伦理学的首要任务是区分善(good)和善的事物(the good)。善是独一无二的对象,是不可定义的简单观念,而善的事物则是善这一简单观念在某些事物上的应用,因此不同的学说都可以在各自实践伦理学中对善的事物进行定义。如果混淆了这两者,把原本归属于善的事物的属性用来定义善本身,那么就会产生一种谬误,比如很多伦理学家用自然的或者超自然的属性去定义善。摩尔将这种做法称为"自然主义谬误"。

　　后来摩尔把判断某事物为善与判断该事物为内在善或者具有内在价值等同起来。就伦理学研究的对象来说,不同的行动会产生不同结果的事物,而且有些事物是内在善的,或者有些事物内在地比另一些事物更善。据此,摩尔区分了正当(right)行动和不正当(wrong)行动。什么是正当的行动? 他说:"只有当一个自愿行动的全部结果与行动者本来能做出的、取代这一行动的任何其他行动所产生的结果同样内在善时,这个自愿行动才是正当的。"①反之,如果选择的自愿行动比本来能做出的其他行动所产生的结果的内在善要更少,或者更加内在恶,那么这个自愿行动就是不正当的。问题在于,如何判断某个行动的内在善程度呢? 摩尔采用了一种实际结果的功利主义理论。也就是说,他用一个自愿行动实际造成的全部结果的快乐来作为该行动正当与否的判断标准和标记。他说:"一个自愿行动,每当并且只有当行动者即使事先做了其他选择,也不会做出任何可疑造成更大快乐的行为时,它才是正当的;一个自愿行动,每当并且只有当行动者如果事先做了其他选择,就能做出某种可以引起更大快乐的行动来取代它时,它就是不正当的。"②理解摩尔这种功利主义的关键在于"本来能"选择一个行动。摩尔对此的分析有些晦涩。一方面,"本来能"的选择并不是实际上可以做出什么内容的选择,这种选择无需取决于选择的内容,纯粹是在理论上对造成的结果进行反事实的比较。另一方面,"本来能"的选择并非一种抽象的可能性,而是一个总是有能力实现的选项,一旦选择了便可以造成实际结果的行动。这种特征使得一个自愿行动造成的结果与"本来能"选择的另一个行动造成的结果之间可以进行一种切实的比较。如果我们总是在考虑所选择的行动的具体内容,那么就会导致我们几乎永远不可能确切地认识到自己所面临的这个行动的全部结

---

①　摩尔:《伦理学》,戴杨毅译,北京:中国人民大学出版社,1985 年,第 113 页。
②　摩尔:《伦理学》,戴杨毅译,北京:中国人民大学出版社,1985 年,第 10—11 页。

果到底是否更加内在善或者说具有更大快乐。一旦行动的发生在事实上造成了某些结果，我们总是可以在理论上进行考虑。而如果有人主张所有行动都是已经被决定的，不可能在本来能选择的意义上选择一个行动，也就是这种本来能选择的行动只是抽象地在我们的意识之中，那么我们更加无法在该行动造成的实际结果层面进行比较。摩尔认为，一个行动在发生的时候的确有一个决定它的原因，但并不妨碍本来能选择的行动也意味着行动者具有自由意志，我们在本来能选择的另一个行动上也可以找到这个行动的原因。在这个意义上，自由意志和决定论完全可以是相容的。因此，行动的正当与否仅仅取决于本来能选择的不同行动的事实上的实际结果之间的比较，而不是非人的存在物的意志、行动者主观情感、动机或者行动者可能预料到的情况。

　　存在和善都是共相。摩尔主张，共相虽然存在，但不实存。在这个意义上，不仅存在存在，而且善也存在。按照摩尔的共相理论，共相不仅存在，而且还意味着一种否定性的活动，也即任何种类的殊相都不能在任何意义上成为共相。因此，善本身和善所归属的事物并不一样，存在和存在所归属的各种事物也不一样。我们只能从某个行动造成的结果出发来谈论善和恶之间的对立，同样，也只能从命题出发来谈论存在和不存在之间的对立。然而，这些谈论和存在以及善本身并没有直接的关联。这就形成了哲学以及伦理学中最主要的任务——通过命题所对应的事实，把不存在从存在的事实中区分开来，与之类似，通过某个行动造成的实际结果，把不正当从正当行动中区分开来。我们认为，从整个西方思想史的脉络来看，摩尔的这项工作具有十分重要的意义。"不存在"和"不正当"在某种意义上都属于与"存在"对立的"无"。在西方思想中，如果不能妥善处理"无"的问题，就无法正确理解"存在"的事物，就会摧毁一切有意义和有价值的事物。这也是英美传统的分析哲学被很多人所诟病的问题。我们认为，摩尔不仅没有回避，而且还直面它，并且牢牢抓住了这个问题的根本。为了解决这个"无"所带来的问题，他没有选择自然，不论是哪种意义上的自然，也没有选择非人的存在物，也不论是哪种意义上的神。他看起来更像是回到了希腊城邦之中，成为一位柏拉图主义者或者亚里士多德主义者。但事实上并非如此，摩尔承认的善和存在都是简单观念。他所采取的方法仅仅是把"不存在"限定在我们用语言说出的命题之中，把"不正当"限定在我们的自愿行动之中。原本"无"所带来的各种困惑，一旦把它所应用的事物进行分离和归类，至少就有可能真正找到产生困惑的原因。

　　对于摩尔的这种处理方式，我们可以从两个视角进行反思。从内在的视角来看，摩尔对于某事物存在或者善的论证，一方面诉诸我们每个人早已烂熟于心的常识，另一方面又诉诸看上去有些独断的论断。这种做法是否需要更进一步加以澄清？此外，我们是否可以从外在的视角，也就是从不同于西方的思想资源中找到对于存在和善更为丰富的解释？任何思想资源都是身处这个宇宙中的我们面对并处理困惑时所使用的工具。借助存在，我们可以理解宇宙的意义，而借助于善，我们可以理解生命的价值。

　　摩尔持有一种外在主义的主张，也就是说，某个事物是否存在或者善，对于这一点的判断并不取决于我们的心灵。但从另一方面看，要理解不存在就需要从命题入手，理解不正当就需要从行动的结果入手，而问题在于这里的命题是信念活动的对象，行动的结果则是有意行动的对象。不论是信念活动还是有意行动，都与我们某种类型的心灵活动息息相关。也就是说，虽然这些心灵活动并不能作为判定标准参与到某事物的存在和善之中，但我们认为，要真正完整而全面地理解存在和善的意义，就需要借助于这些心灵活动的对象，尽管摩尔并没有明确指出这一点。只有在信念活动中，我们才能区分出真信念所对应的某个相应的事实存在，而假信念则并不存在相应的事实，尽管假信念同样也对应着一个命题。同样，只有在有意行动中，我们才能从对不同行动造成的实际结果上的快乐和痛苦的比较之中区分出不正当的行动和正当的行动。心灵活动包含很多种情况，比如各种情感、想象、回忆，甚至感觉，而信念活动以及有意行动这两种心灵活动的独特之处在于，它们包含了一种特定的推理结构，是一种中介性的活动。在这种推理结构中，一部分是某种类型的心理状态，比如持有的某种信念或者欲望，另一部分则是外在于这些心理状态却与之有各种关系的情境。这些议题在当代的心灵哲学中被广泛讨论。推理的过程在不同情况下有不同的表现，或者表现为一种信念活动，或者表现为一种有意行动。比如我们持有一个信念，但这个信念所对应的那个事实并不存在，也就是说，这是一个假命题。但并不妨碍我们的心灵中有相信这个信念的心灵活动出现，只不过与这个心理状态相关的情境并没有相应的事实存在。同样，我们选择了某个有意行动，但我们本来能够选择另外一个行动，这个行动造成的结果要比现在所选择的这个行动更加快乐，那么我们现在所选择的有意行动就是不正当的。但并不妨碍我们的心灵中出现选择该不正当有意行动的自由意志，尽管这种不正当往往是由于错误的欲望或者其他各种情感而没有认识到带来最大快乐以及更多善的行动。

　　在实际生活中，一旦我们遭遇到难以理解的困惑的时候，摩尔给我们提供了一种方法。首先从这些困惑中分离出真正有问题的信念或行动，然后合理运用我们心灵能力，找到一条从假信念到真信念或者不正当行动到正当行动之路。我们认为，这条包含了推理结构的道路是推辩式的（discursive），因为它本身并不仅仅取决于我们的心灵内容,而且也是一条极为漫长而危险的道路。因此,很多人会说,摩尔所提供的方法远远不足以应对很多情况。事实上,摩尔所提供的也不是解开困惑的唯一方法。从这个方面来讲,摩尔的确可以称得上休谟的信徒。然而与休谟不同的地方在于,摩尔并没有在适度的怀疑论上停留下来,而总是会在这个基础上给出一个理性的、客观的答案。对于存在问题以及善问题的思考,是人类面对未知世界的一种本能反应。但无论我们身处于地球的东方还是西方,各种各样的思想资源无非只是告诉我们一个简单明白的道理:不要始终把眼光局限在事物表面上的样子,我们要透过现象,看到事物的本质。

第一部分

摩尔的形而上学和知识论

第一章　特殊事物

第一节　物质和心灵

在摩尔的文本中,物质(material)、物质对象(material object)、物质事物(material thing)、物理对象(physical object)、物理事物(physical thing)这些词都是同义的,彼此之间可以相互替换。物质是其中一种事物(thing)。而且摩尔进一步认为,物质还是实存(exist)于空间、时间之中的殊相(particular)。那么什么是物质? 一个明确的表述出现在1910—1911年摩尔在莫利学院讲座之中。他认为,物质有三个属性,一个是肯定性属性,另外两个是否定性属性:

> 肯定的属性是这个。我打算说,除了安置在空间中某个地方或其他地方的东西之外,没有什么是物质对象。……第一个否定性的属性是这样的。我打算说,没有任何一个感觉材料或感觉材料的一部分,或者感觉材料的集合,是一个物质对象或物质对象的一部分。……第二个属性可以相当简单地提一下。这个属性就是:没有任何心灵,并且没有任何意识行动,可以成为物质对象。①

严格来讲,这三个属性都不能完全体现物质对象的特征。先来看最简单的第二个否定性属性:物质不是心灵。

在考察物质的这个否定性属性之前,我们先得弄清楚心灵是什么。对于什么是心灵,摩尔曾从常识出发罗列例证:"我们看、听、感觉、记起、想象、思考、相信、欲求、喜欢、厌恶、意愿、爱、生气、恐惧等。"②摩尔举出的这些大致上

---

① G. E. Moore, *Some Main Problems of Philosophy*, London: George Allen and Unwin, 3rd ed., 1962, pp.128 - 131. 此段由作者译出中文,下同不注。

② G. E. Moore, *Some Main Problems of Philosophy*, London: George Allen and Unwin, 3rd ed., 1962, p.4.

都是在我们人类心理中司空见惯的一些感觉、情感等心理活动。摩尔认为心灵同样有三个属性。物质不是心灵，同样，心灵也不是物质。这是心灵的第一个特征。在摩尔那里，心灵首先是一种意识活动或者心理活动，在任何意义上都不可能还原为物质，也就是说，心灵和物质是不同的。但摩尔与一般的二元论者不同，他并没有把心灵视作一种在种类上不同于事物的独特实体，也没有把心灵视作半人马、孙悟空那样想象出来的东西。这样，我们有了心灵的第二个特征，心灵尽管不是物质，但却并不是想象出来的。也就是说，心灵和物质一样，都是一种存在于宇宙之中的事物（thing）。一个很明显的证据就是，我们在进行心理活动的时候，可以很确定自己在进行心理活动。摩尔说："当我们说，我们确定我们有心灵的时候，我们最确定的事情就是我们在做这些事情——我们在执行这些意识行动。"①这里所提到的确定性并不仅仅指一种心理活动。

就心灵作为一个意识或者心理的行动而言，我们可以从中总结出心灵的第三个特征：心灵总是会意识到某个事物，有可能相关于某个物质对象。这个特征是指心灵和物质之间的关系。摩尔对此说道："每当我们做其中某个行动的时候，我们就意识到了某个事物：每一个行动都部分存在于我们以某种或其他方式对某个事物的意识之中……听本身并不是一个物质对象，但是它很有可能相关于某个物质对象；所有其余的也是如此——看、记起、感觉、思考等。"②与物质的属性类似，这个特征是心灵的一个肯定性属性。但在这里，摩尔的表述是非常模糊的。什么叫做"某个行动"？什么叫做"意识到了"？什么叫做"某个事物"？不同的理解就会有不同的结果。比如"听"本身不是一个物质对象，直接所听到的对象可能也仍然不是物质对象，但这个对象和物质对象之间肯定会有某种关系。但在这里，我们只是知道"听"这一心灵活动"相关于"某个物质对象。当然，如果心灵是一种信念活动，其对象就是一个命题，如果是一个真命题，那么这个信念活动同样也会"相关于"某个事实。

在传统哲学中，心灵和物质之间的关系往往会涉及身心关系这一问题。几乎所有哲学家都会承认身体就是物质对象。因此如果解决了心灵和身体的关系，心灵和物质对象的关系自然也迎刃而解。对于这个问题，摩尔采用了一条独特而曲折的辩护路径，这条路径充分体现了摩尔在论证时使用的分

---

① G. E. Moore, *Some Main Problems of Philosophy*, London: George Allen and Unwin, 3rd ed., 1962, p.4.

② G. E. Moore, *Some Main Problems of Philosophy*, London: George Allen and Unwin, 3rd ed., 1962, p.4.

析方法。那么,我们下面就重构他对于身心问题的论证。

如前所述,摩尔既不是心灵一元论者、物质一元论者,也不是笛卡尔式的一般意义上的实体二元论者。观念论者大多都是心灵一元论者,主张身体作为一种物质对象,就其本身而言却是一个心灵。大多数物质一元论者或多或少都会承认心灵的一定地位,并最终可以在笛卡尔式的二元论中找到踪迹。身心问题之所以成为问题,在于以下两个视角之间的明显冲突。第一个视角是按照通常的看法,心灵和身体之间可以相互作用。但是,按照笛卡尔给我们的第二个视角,心灵和身体是两个彼此独立的存在物。为了调和这两个视角的冲突,需要构造各种方案来解决这个困难,或者就直接采纳一元论者的方案。既然摩尔拒绝了上述两个结论,那么他就必须对两个看起来明显冲突的视角进行重新解释。

摩尔所反驳的观点基于这个论证。常识视角出发的小前提是:身体和心灵是相互作用的。心灵可以作用于(act upon)身体,同样身体也可以作用于心灵。笛卡尔视角出发的大前提是:没有一个是心灵的东西可以和一个不是心灵的东西相互作用。[①] 也即,是心灵的东西只能和是心灵的东西相互作用,而物质只能由物质引起。心灵和身体之间的关系是间接的。从上述两个前提中可以得出两个结论:或者像笛卡尔那样,我们需要提供身心如何相互作用的一个复杂方案,或者直接承认身体本身就是一个心灵。

小前提可以通过常识的视角得到解释。摩尔与他的对手的观点在表述上都是一致的,尽管双方的立场完全不同。比如我们通过自己的意愿可以驱动自己的身体,这当然是心灵作用于身体的一个例子;我们也可以通过喝酒而导致的身体变化模糊自己的心灵,这就是身体作用于心灵的一个例子。身体和心灵之间的交互行动完全可以通过日常经验得到确证。

摩尔的主要反驳在于大前提部分。这个大前提主张,尽管从常识来看心灵和身体可以相互作用,但实际上,身体作为不是心灵的物质对象不可能和心灵产生直接的因果作用。我们从这一反驳中间接得出摩尔的一个正面结论。这个论证相关于大脑状态或者神经状态这一物质现象。摩尔所反驳的其中一个主张是偶因论(occasionalism):"每当我们的身体中出现某些变化的时候,**神(God)引起**了某些在我们心灵中出现的相应变化;也就是说,他们认为,这些身体变化并不是我们心灵中变化的**原因**,他们仅仅是**偶因**而已,神已经永恒地安排了其出现,或者在每种情况下明确意愿了

---

① G. E. Moore, *Some Main Problems of Philosophy*, London: George Allen and Unwin, 3rd ed., 1962, p.158.

心理变化应当会出现。"①这个论证的一个现代版本是副现象论：心灵是一个纯粹"副现象"（epiphenomenon），伴随于某个物质现象。或者是一个身心平行论：心理现象平行于某个物质现象，但两者之间没有因果上的关联。这种理论主张，每一个意识活动或者心理现象，我们用 c 来表示，在同一个时刻，都以某种方式对应于或者伴随于一个大脑状态或者神经状态，我们用 p 来表示。这个大脑状态包含了一些物质微粒比如分子的某种排序，并存在某种物质的配置（configuration）。这一时刻的大脑状态 p1，是由前一时刻的大脑状态 p0 所引起的（cause）。p0 和 p1 之间有因果关系。在前一时刻有一个心理现象 c0 伴随于 p0，这一时刻有一个心理现象 c1 伴随于 p1，但是 c0 不可能引起 p1，p0 也不可能直接引起 c1，尽管 c0 和 c1 在时间上也是前后相继的。按照这种理论，对于任何一个心理现象 cx 来说，虽然可以找到一个大脑状态 px 并成为其伴随物，但却始终找不到任何一个大脑状态 p 与之具有因果关系，更确切地说，找不到任何一个大脑状态 p 与之具有类似于 p0 和 p1 之间因果关系的因果关系。但是另一方面，我们可以很明确，在我们日常生活中可以很容易找到引发一个心理行动的例子。比如，我在看一本小说之后会在意识中引起关于这本小说内容的某些观念。按照这种理论，这些观念既然找不到一个大脑状态作为其原因，那么可以推出会有某个心理行动"看"作为其原因。摩尔认为，这个结论和刚刚把大脑状态作为原因一样，都是无法理解的。他说："最终，我并不理解这种心理状态（对某些字母的看）如何或者为什么会引起某些事件的想象，我同样也不理解我的大脑状态如何或者为什么会引起对这些字母的看。"②也就是说，我们始终无法用因果关系去理解某个心理状态。

在此，我们引入摩尔关于心灵和身体之间关系的一个正面结论：

> 我能够在心理因果的任何情况中确定的东西——也就是说，一个心理行动由另一个所引发——对我来说，仅仅是，除非另一个先行于它，否则在这种环境下，这个心理行动（结果）确定不会出现（the one mental act, the effect, certainly would not have occurred, under the circumstances, unless the other had preceded it）：所有我能够确定的东西就是，事实上，情况就是如此。③

---

① G. E. Moore, *Some Main Problems of Philosophy*, London: George Allen and Unwin, 3rd ed., 1962, pp.158 - 159.

② G. E. Moore, *Some Main Problems of Philosophy*, London: George Allen and Unwin, 3rd ed., 1962, p.161.

③ G. E. Moore, *Some Main Problems of Philosophy*, London: George Allen and Unwin, 3rd ed., 1962, p.161.

对于这个事实的理由，比如如何用某种因果关系对这个心理行动做出解释，摩尔认为自己一无所知。但事实上，某个心理行动的确发生了。这里的关键在于，摩尔为这一事件的发生给出了如此这般的描述：除非有另一个先行于它，否则这个心理行动就不会出现。这个先行于它的"另一个"，按照通常的看法，既可以是一个心理行动，也可以是某种大脑状态。也就是说，摩尔的正面结论是：事实上，除非先行于它的另一个发生，否则某个心理行动就不会发生。这一点是真的，但对于为什么如此，却是一无所知的。

既然对于一个事实上已经发生的心理事件来说，总是会有之前的某个事件作为原因，如果没有这个事件，那么就不会有已经发生的这个心理事件发生，那么，是心灵的东西和不是心灵的东西之间就可以发生相互作用，从而大前提是不正确的。在摩尔看来，产生身心问题的两个视角之间的冲突本来就不存在。从常识来看，身体和心灵之间可以相互作用，同时经过反思之后来看，身体和心灵之间也并非如笛卡尔所言的两类不同存在物。因此，心灵和物质对象之间的关系也是如此，两者是在宇宙中存在的彼此可以相互作用的两种事物。

以上我们考察了心灵的三个属性，从而弄清楚了物质的第二个否定性属性，也即物质不是心灵。接下来我们来考察物质的另外两个属性。

物质的另一个否定性属性是：物质不是感觉材料。感觉材料不是物质，但也不是心灵。我们将在第四章来详细讨论感觉材料。对于物质来说，"不是感觉材料"是指物质对象本身不是感觉材料，也即两者不是同一关系（identity），也不是感觉材料的组成物，也即不是把感觉材料以各种各样方式进行构造的关系。这是一个否定性表述，和第二个否定性属性一样并不能完全体现物质对象的特征。但是，这两条否定性表述中的"不同"是不一样的。物质不是心灵，是完全不同于心灵。物质不是感觉材料，但感觉材料却可以**作为物质具有**（have）的一个属性——形状。也就是说，相较于心灵，感觉材料和物质之间有着更为密切的关系。[①] 摩尔说："所有物质对象，我承认，都**必定至少具有**一个属性，在这个宽泛的意义上这个属性就是感觉材料：它必定具有形状。"[②]对于物质的属性而言，"不是感觉材料"是一个否定性属性，但尽管如此，物质必须"具有一个形状"却不能说是否定性的。按照摩尔早期的观点，形状就是其中一种感觉材料，因此物质和作为形状的感觉材料之间

---

① 这是摩尔早期对感觉材料和物质之间关系的论述，后来他对于这一关系的理解发生了变化。我们将在第四章详细考察这一点。

② G. E. Moore, *Some Main Problems of Philosophy*, London: George Allen and Unwin, 3rd ed., 1962, p.131.

就有了一种"具有"关系。但是,摩尔对于这一"具有"关系语焉不详,在后面的文本中也没有对此作出进一步阐释,甚至就在紧接着后面一章,他直接又做了修正:"我承认,任何**形状**就在这种意义上**类似于一个感觉材料**"。① 在这里,摩尔认为,物质对象和感觉材料之间是通过物质对象所占据的空间以及具有形状这两个肯定的属性,以某种相似性关联起来。因此,我们暂且放下这一实际上体现了物质对象特征的属性,先来考察一下与形状直接相关的第一个肯定性属性。

之前的引文中提到,物质的肯定性属性是指:除了安置在空间中某个地方或其他地方的东西之外,没有什么是物质对象。物质对象占据了空间。空间一般与时间同时出现,因此我们完全可设想,物质也实存于时间之中。在1928 年的一个哲学讲座"Lectures on Philosophy"中,摩尔在对物质的另一个定义中明确谈到了这一点:

(1) 在我的身体**具有**的意义上(这个意义我们都亲熟,但却很难分析),具有三维的形状和大小。

(2) 在我的身体已经如此的意义上,在某段时间内持续实存。②

这里提到的第一个属性事实上就是上面提到的否定性属性,物质不是感觉材料,但是物质具有形状。不仅如此,该形状和大小是处于一个三维空间之中。任何物质对象都是在空间之中这个或者那个地方。物质对象占据了一个空间,也在这个空间中具有形状。

但摩尔在讲座中对空间做出了另外一个区分。他认为直接领受的空间和日常生活中的空间是不一样的。物质对象所占据的是后者,而形状作为感觉材料是在前者之中。因此,我们认为,前面提到的物质具有作为感觉材料的形状,这里的"具有"是一种比较松散的关系。摩尔认为,在我们直接领受的感觉材料中,比如某种色块或者形状,占据了一个空间,但是并没有任何理由来说明,这个空间就等同于日常生活中的空间。③ 如果"具有"关系是指物质对象和作为感觉材料的形状之间的关系,那么就会产生物质对象所占据的一个空间和感觉材料的形状所占据的一个空间之间究竟会是什么关系的疑

① G. E. Moore, *Some Main Problems of Philosophy*, London: George Allen and Unwin, 3rd ed., 1962, p.146.

② G. E. Moore, *Lectures on Philosophy*, Casimir Lewy (ed.), London: George Allen and Unwin, 1966, pp.5 - 6.

③ G. E. Moore, *Some Main Problems of Philosophy*, London: George Allen and Unwin, 3rd ed., 1962, p.185.

间。另外,在"某段时间内持续实存",意味着物质对象实存于一段时间。时间是否和空间一样也存在着类似上述两种空间的区分呢? 接下来,我们将考察与空间和时间相关的这两个物质属性。

第二节　空间和时间

依照上一节所述,摩尔认为物质的一个肯定性属性就是占据空间和时间。不仅如此,摩尔还主张,空间不仅是无限规模的,而且还是无限可分的,同样,时间也是如此。摩尔不仅把时间和空间的这两个特性和物质实存于空间和时间之中这个观点关联起来,而且论证了空间和时间都是真实的。反过来,如果空间不是无限规模的,时间也不可能是无限数量的,那么就可以推出,在时间和空间之中不可能有物质实存。

首先来看关于无限规模的空间的论证。摩尔区分了空间本身的实存和空间之中某事物的实存。如果空间是无限规模的,那么空间本身的实存当然也是无限规模的,但空间之中某事物不见得要遍布实存于无限规模的空间之中。在这里摩尔似乎并没有进行论证。他认为,尽管我们不太会相信物质宇宙只是占据了空间的一个有限部分,但是也没有理由来否定这一点。也就是说,没有理由来否定,在这个有限的物质宇宙之外,实存一个没有任何东西的空洞的空间。[①] 这个空洞的空间本身超出了物质宇宙,具有无限规模的特性。因此,某个事物是否实存于空间之中,并不妨碍空间本身具有无限规模的特征。摩尔由此得出论断,康德(Immanuel Kant)从某个事物不可能具有无限规模,也就是不可能充塞于空间本身之中推出空间本身不可能具有无限规模特征,这种推论是不成立的。某个事物的有限性和空间本身的无限性并不相违。

关于空间具有无限规模或者无限可分的第二个论证源于两种空间的区分——直接领受的空间和日常生活的空间。摩尔认为我们通常在谈论空间的时候,往往会对这两者产生混淆:

> 我认为在我们通常使用单词"看见"的其中一个意义上实际上的确看到了。但是我认为,还有一个更危险的对于"看见"这个单词的意义的

[①] G. E. Moore, *Some Main Problems of Philosophy*, London: George Allen and Unwin, 3rd ed., 1962, p.117.

混淆,在这个意义上,"看见"代表了直接领受。如果你试图要通过内省来找出你看到的东西究竟是什么,所有你很明确能够找出的东西就是你直接领受的东西。你的确直接领受了一个空间,很自然就会认为,这个空间的部分就是一个英寸:你实际上看到的这个英寸就是这个你直接领受的空间的一部分。①

但实际上看到的这个空间并不等同于直接领受的空间。一般物理空间或者欧氏空间指的是实际上看到的空间,而直接领受的空间通常由一定的颜色、形状等感觉材料所占据。这两者是不一样的。对于这个直接领受的空间,摩尔认为:"没有任何理由来设定,我们直接领受的空间中的任何部分,要不是无限规模的,要不是无限可分的。"②就直接领受的这个特定的感觉材料而言,并没有理由来设定,其所占据的空间是连续的无限可分的,也没有理由来设定,这个特定的形状,比如方形,具有无限数量的相似的方形附在这个形状上,实际上有且仅有这个方形的形状是该感觉材料的形状。若非如此,那么直接领受的东西就不具有任何确定性。但就算直接领受的空间不具有无限规模或者无限可分的特性,也并没有理由来主张日常生活中的空间不具有无限规模或者无限可分的特性。如果通过分析澄清了两种空间之间的混淆,那么反驳日常生活的空间具有无限规模或者无限可分的论证自然就没有了说服力。

尽管在空间的例子中很难证明无限规模的不可能性,但是一旦把空间还原到时间上,情况就不一样了。摩尔还认为,康德等观念论者事实上就是通过这种还原,把论证的重点放在了时间的例子之中。他们通过论证时间的无限数量的不可能性,间接论证空间的无限规模的不可能性,从而进一步否定时间和空间之中不可能有事物实存。时间和空间不同,一方面是由于我们很难区分直接领受的时间和日常生活中的时间,另一方面还由于如果时间本身和空间一样也是无限数量的,那么我们很容易设想,某个事物实存于无限数量的时间之中——过去、现在、将来一直实存着,并且我们不太容易设想,超出物质实存之外有一个空洞的时间,正如我们很难确定,在日常生活的时间之外是否有一个直接领受的时间。因此,某个事物的有限性和时间本身的无限性就会产生矛盾。既然不能否定事物的有限性,那么为了克服这个矛盾,

① G. E. Moore, *Some Main Problems of Philosophy*, London: George Allen and Unwin, 3rd ed., 1962, p.183.
② G. E. Moore, *Some Main Problems of Philosophy*, London: George Allen and Unwin, 3rd ed., 1962, p.183.

只能否定时间本身的无限性。我们接下来考察摩尔对于时间本身具有无限数量特性的几个论证。

在考察这几个论证之前,我们首先简要提一下与时间、空间相关的运动的几个论断,具体论证留待下一节事件部分再来进行详细讨论。[①] 首先,摩尔认为我们可以直接领受事物在某个空间和时间之中的运动或者变化。比如,我们可以直接领受秒针在走动,也可以直接领受灯光的颜色在逐渐变化。这种对运动或变化的直接领受显然并不是对秒针或者颜色的直接领受。因为如果我们只承认对后者的直接领受,那并不必然推断出已经发生了运动或者变化。如果要推断出运动或者变化,就必须要在想象力中记得秒针在之前时刻的另一个位置,灯光在之前时刻的另一种颜色,并且把这些回忆和当前直接领受的东西结合起来才能做出推断。摩尔认为:"毫无疑问,我们很难完全决定我的确直接领受的运动有多少,以及直接领受在何处浸入记忆之中:但是,似乎毫无疑问,我的确直接领受了某种运动。"[②]也就是说,这种从结合而来的推断很有可能是不可知的,但对于某种运动并不需要这么复杂的推断,我们实际上的确已经在推断之前直接领受了该运动。其次,我们不仅确定了对于运动或者变化的直接领受,而且还确定了这种运动必然会占据某个时间,因为很明显我们可以对不同运动所占据的时间进行相互比较。但我们却不能确定,是否可以在这段时间中区分出某个直接领受的要素,也就是说,可能我们声称直接领受的时间其实只不过是对所流逝的这段时间中该事物运动或者变化的直接领受而已。空间则不然,我们完全可以确定我们直接领受了该事物所占据的空间。但不管怎样,摩尔仅仅考察日常生活中的空间和时间,诸如杭州和上海相隔多少公里,今晚你花了多少时间进行阅读,等等。

摩尔的第一个论证严格来讲只是一个论断。他认为,对于空间和时间来说,有一个自明的情况:

> 我认为,实际上自明的是,在当前这个小时之前,必定还有一个无限数量的其他小时;在当前这个小时之后,还将会存在一个无限数量的其他小时。在空间的例子中也是如此,我认为自明的是,如果这个英尺是欧氏空间,必定存在一个无限数量的其他英尺在这同一条直线

---

① G. E. Moore, *Some Main Problems of Philosophy*, London: George Allen and Unwin, 3rd ed., 1962, pp.187 - 188.

② G. E. Moore, *Some Main Problems of Philosophy*, London: George Allen and Unwin, 3rd ed., 1962, p.188.

上,在它的右边,并且还有无限数量的其他英尺在同一条直线上,在它的左边。①

比如,假设当前这个小时为 t0,那么之前一个小时为 t−1,之前两个小时为 t−2,依此类推,之前 x 个小时为 t−x,x 可以为无限大;同样,t0 之后一个小时为 t+1,之后两个小时为 t+2,依次类推,之后 x 个小时为 t+x,x 同样也可以为无限大。对于空间也是如此,这段线条长度是 10,在一个方向上,有无限数量的长度的 x,分别为 1−1,1−2……1−x,在另一方向,有 1+1,1+2……1+x。这段对于时间和空间的描述似乎符合我们日常生活中对时间和空间的看法。

但是这段似乎自明的看法很容易遭到反驳。摩尔所碰到的第一个反驳来自于康德:

> 他(康德)并不主张这一点是自明的:无限序列的小时在未来**将会**流逝这一点不可能为真;也没有主张这一点是自明的:不可能在这个英尺的两边有一个无限数量的英尺。事实上,他似乎看到的这个困难只不过是这样的困难:对于完全无限系列的不同单位如何才能够**度过去**,或者在一个既定**时间之前**走到终点。②

康德认为,如果在当前这一时刻之前已经有无限序列的时间流逝了,那么这些无限序列的时间,就不可能走到当前这一“终点”。或者更确切地说,康德认为在这些无限序列的时间和当前这一刻之间如何“度过去”,存在一个困难。我们可以设想一个时间轴,从无限远的 t−x 出发,然后一步一步走过来,但是当前这一小时 t0 是否就等同于这一时间轴的某个部分或者某个点上呢? 如果的确可以在时间轴上找到这个点,那么这个点就是这段无限的时间的“终点”,而“无限时间的终点”这个表述本来就是一个矛盾。因此,这个困难被认为是主张时间具有无限数量特性的人所无法克服的。

第二个反驳稍微麻烦一点,罗素(Bertrand Russell)对此作了回答。我们可以设定两个无限数量的数列,比如自然数列 A:1,2,3,4……,偶数数列 B:2,4,6,8……。很显然,A 和 B 都是无限数量的数列。A 数列中的每个数和

---

① G. E. Moore, *Some Main Problems of Philosophy*, London: George Allen and Unwin, 3rd ed., 1962, p.195.

② G. E. Moore, *Some Main Problems of Philosophy*, London: George Allen and Unwin, 3rd ed., 1962, p.195.

B数列中的每个数彼此都可以建立一个一一对应关系。比如 a1＝1,对应着 b1＝2;a2＝2,对应着 b2＝4;a3＝3,对应着 b3＝6……依此类推,我们可以说,A 和 B 这两个数列之间有一个一一对应关系。现在再来考察另一个奇数数列 C:1,3,5,7……,同样类似,偶数数列 B 也可以和 C 有一个一一对应关系,对于任何一个 bx＝cx＋1。但是同样,这个自然数列 A 和 C 也可以建立这种对应关系,也就是说,a1＝1 对应 c1＝1,;a2＝2 对应 c2＝3;等等。那么这就可以得出,从一方面来看,A 分别对应着 B 和 C,但从另一方面看,由于 B＝C＋1,A 只能分别对应着 B 或者对应着 C,不能同时对应着 B 和 C,因此在这三个无限的数列中就存在一个不可克服的矛盾。从这个矛盾中我们就可以推出,除非我们放弃时间和数列进行类比,否则一旦我们把时间类比于数列,这个时间就不可能是无限数量的。对此罗素给出了一个回答,他认为这个推论混淆了有限数量的集合和无限数量的集合。在一个有限数量的集合中,的确会产生这个矛盾,但是在无限数量的集合中,则不会产生这个矛盾。

> 他(罗素)说,我们为什么要设定这一点是不可能的：无限的集合应当具有相同数量的词项,就像其自身的一部分一样——当你们把某些词项从它这里拿走的时候,仍然留下相同的数量——不可能的理由在于,我们过去常常只是来考察有限数量,我们设定了有限数量为真的东西必定也是对无限数量为真。[①]

也就是说,当我们从一个有限数量的集合中拿走一个事物之后,的确和之前的集合不一样了,不存在一一对应关系了。但是一个无限数量的集合就不一样,比如在一个自然数数列中,拿走偶数数列,剩下一个奇数数列,原本应该不存在对应关系了,但由于都是无限数列,这三个数列之间仍然可以保持一种一一对应关系。罗素认为,某个数列一旦其包含的元素在数量上是无限的,就具有了一个超越上述矛盾的特征。

摩尔对于康德的论证和罗素的处理方式都不满意。我们认为,摩尔的不满意之处在于,康德断言时间和空间不可能具有无限性,原因在于找不到这个无限性和当前这一刻的"终点"之间的关联,而罗素对于无限性的捍卫,则走向了另一面,干脆放弃了这一问题——把矛盾消解于"无限"这一概念之

---

① G. E. Moore, *Some Main Problems of Philosophy*, London: George Allen and Unwin, 3rd ed., 1962, p.198.

中。摩尔说：

> 就我来说，我并不完全知道什么样的结论应该在所有这些论证中产生出来。哲学论证可以以一种方式让一开始看起来确定的事物看起来不确定，我认为，它们就是这种方式的一个非常好的例子。[①]

看起来很确定的事物就是指时间和空间不仅是真实的，而且还具有无限性，并且在时间和空间之中实存各种事物。哲学论证虽然让这一点变得不太确定，但摩尔仍然持守日常生活的看法，并认为这些哲学论证不能推出任何肯定性的结论。

第三节　事件和变化

事件（event）往往和变化（change）关联在一起，而且一般来说，事件就是指某种变化。摩尔认为，事件和出现（occurrence）是一回事，但事件和感觉材料不同。事件是实存于某段时间、某个空间之中的一个变化着的事物，并且事件是一个殊相。而感觉材料虽然也处于私人的时间和空间之中，但却在某种意义上不依赖于时间和空间。事件也不同于物理事物，不过两者都具有某个时间和空间，都是殊相。按照这个说法，摩尔认为一个事件至少需要满足以下三个条件之一：

> （1）某物必定在下一时刻拥有一个性质、大小、形状或者密度，而此物在上一时刻并不拥有这些，尽管之后此物实存：此物必定在性质、大小、形状或者密度上经历了一个变化。
> （2）某物必定在下一时刻占据一个位置，而此物在上一时刻并不占据这个位置。
> （3）某物必定在下一时刻实存，而此物在上一时刻并不实存。[②]

我们现在来讨论事件和物理事物、感觉材料之间的关系。比如我在 t0

---

① G. E. Moore, *Some Main Problems of Philosophy*, London: George Allen and Unwin, 3rd ed., 1962, p.200.

② G. E. Moore, *The Commonplace Book of G. E. Moore 1919 - 1953*, Casimir Lewy (ed.), London: George Allen and Unwin, 1962, p.39.

这一时刻正在看这篇论文,那么这篇论文是一个物理事物,但我看到或者直接领受的实际上是长方形的白色的上面由黑色线条构成的似乎是文字的这张纸。我们把后者称为感觉材料。我们可以设定,我已经对着这篇论文看了几分钟了,那么我们似乎完全可以说,在过去几分钟里面的某个时刻 t1,我已经看过这篇论文了。

对此,一般人会主张,我在 t0 和 t1 中所看到的作为物理事物的这篇论文,没有发生变化。现在这一时刻 t0 的这篇论文就是 t1 的这篇论文,尽管这篇论文在这一时刻是在 t0 之中,而在上一时刻则是在 t1 之中。因此,对于作为物理事物的这篇论文来说,我在 t0 时刻看到的这篇论文就是 t1 的那篇论文。但感觉材料则不同,t0 看到的感觉材料和 t1 看到的感觉材料发生了轻微的变化,因此这两个时刻的感觉材料已经不是同一个了。我们可以说,过去 t1 时刻的感觉材料在现在这个 t0 时刻我已经看不到了,而现在 t0 时刻的感觉材料在过去 t1 时刻当然也没法被我看到。由此,感觉材料并不等同于物理事物。这一主张也就是我们通常的看法。

但摩尔认为上述这一通常的看法中,错误地把感觉材料视作一个具体的特殊的事物。具体事物作为一个殊相,与共相不同,在同一时刻只能实存于某个地点上,在同一地点只能实存于某个时间上,因此,t0 时刻的具体事物和 t1 时刻的具体事物在同一地点上当然是不同的。这是由殊相的特性所决定的。具体事物的变化就是事件,事件会随时间和空间发生变化,但是感觉材料则完全不同。过去 t1 时刻发生的"看这篇论文",构成了一个事件 e1;现在 t0 这一刻发生的"看这篇论文",构成了一个事件 e0。这两个事件都分别是两个具体的事物,都会随着时间和空间的变化而改变。当时间从 t1 走向 t0 的时候,t1 时刻的事件 e1 也就变成了 t0 时刻的 e0,有些哲学家把时间上继起的两个事件之间的关系称为一对因果关系。事件 e1 在现在这一刻 t0 已经过去了,而在过去 t1 时刻,事件 e0 则还没有发生。摩尔认为,怀特海(Alfred Whitehead)、布劳德(Charlie Broad)、约翰逊(William Johnson)以及某个时期的罗素等人都错误地把感觉材料和事件等同起来,都错误地将其视作一个具体的特殊的事物。

感觉材料和事件不同。感觉材料在某种意义上不依赖于时间和空间,因此我们没有理由如作为殊相的事件这般,把感觉材料和某个时间空间捆绑在一起。当这个时刻这个地点发生变化的时候,该时刻该地点的具体事物也随之而流逝。我们有理由说过去发生的事件已经流逝了,因为该事件所在的那个时刻 t1 在那个时刻具有的某些性质,已经流逝了,所以我们才有理由做出这个陈述。但对于感觉材料,我们没有理由来断言在过去 t1 时刻所直接领受的那个感觉材料,在当前 t0 这个时刻已经流逝了。摩尔认为:"我没有看到任何理由,为什么它(感觉材料在同一地点的不同时刻)不应当实存(shouldn't have existed)……我认为我可以很清楚设想,它在所有时刻中都应当实存(should have existed)。"①理解摩尔这里的表述稍显困难,语言表达也颇为晦涩,但他所要表达的内容也至关重要。"没有理由断言","可以很清楚设想"等并没有说清楚感觉材料和时间、空间之间的关系。我们之前就说过,t1 时刻的感觉材料和 t0 时刻的感觉材料的确有着轻微的不同,但与不同时刻的事件各不相同不一样的是,我们"没有理由"来断言过去 t1 时刻的感觉材料不可能等同于当前 t0 时刻所实存的感觉材料。他说:"所有明显之处在于,它(t1 时刻的感觉材料)**实存于过去**,并且绝非明显之处在于,过去实存之物不可能完全地在数量上等同于现在所实存之物。"②总之,在过去 t1 时刻实存的事件和在现在 t0 时刻实存的事件是两个不同的殊相,是相违的,不一致的(in inconsistent with)。但是在过去 t1 时刻实存的感觉材料和在现在 t0 时刻实存的感觉材料,尽管有着轻微不同,但两者是不相违的,并非不一致的,没有理由来声称两者是不等同的。我们甚至可以往前做出一个小小的推论:t1 时刻的那个感觉材料和 t0 时刻的这个感觉材料,是处于某种并非不一致的叠加的状态。

值得注意的是,当我们说没有理由来断言过去 t1 时刻的感觉材料不可能等同于当前 t0 这一时刻的感觉材料的时候,尽管这两个时刻所看到的物理对象是同一个,但并不是说感觉材料和物理对象一样。当我们说两个事物之间具有"等同"关系的时候,这个关系依赖于这两个事物所在的时间和空间,也依赖于这两个事物所具有的各种性质,在这些属性之中可以找到两者等同的理由。感觉材料由于"无待于"或者某种意义上不依赖于日常意义上的时间和空间,从而没有理由来断定不同时刻的感觉材料不可能彼此等同,而物理事物则是在时间和空间之中而没有发生变化,因此这两者也是不同的。

摩尔接下来从另一个角度来论证感觉材料、事件和物理对象之间的关系。物理对象在这两个时刻没有发生变化,是指该物理对象在两个时刻所具有的外在性质没有发生变化,比如 t1 时刻和 t0 时刻看到的都是这篇论文,但是从内在性质(internal properties)来看,则发生了变化,比如前一时刻的论文

① G. E. Moore, *Lectures on Philosophy*, Casimir Lewy (ed.), London: George Allen and Unwin, 1966, pp.58-59.
② G. E. Moore, *Lectures on Philosophy*, Casimir Lewy (ed.), London: George Allen and Unwin, 1966, p.60.

22

中包含了一定数量和结构的微观粒子,而这一时刻的论文中包含的微观粒子发生了数量和结构上的变化。但对于物理对象来说,摩尔认为,尽管不同时刻的内在性质会发生变化,但是我们还是可以再认识(recognize)该事物,并且就算我们没有再认识,也可以说不同时刻的物理对象是同一个,因为这就是我们平常使用的"同一个"(same)的意思。从内在性质来看,事件不可能如物理对象这般被我们再认识,感觉材料则不可能内在地不同。因此,摩尔主张:"这个表面(物理对象)或许会(may have been)内在地不同于前一时刻,而这个感觉材料不可能(can't have been)内在地不同于前一时刻。"①

对于一个事件而言,内在性质的变化意味着在某一个发生该事件的时刻 t0 这一瞬间切面之中,在 t0a 到 t0b 之间的这个发生的过程(process)之中,该事件发生了内在变化。摩尔认为,比如我们的身体和太阳之间的关系无时无刻都在不断发生变化,但这种变化是一种外在变化。而事件的内在变化是指该事件在发生的过程之中的变化。内在变化一般用于持存物(continuant),比如同一个持存物在两个不同时刻实存,但这两个时刻的内在性质却会发生内在变化。比较典型的就是刚刚的物理对象,尽管每时每刻都在发生微观粒子的变化,但作为一个持存物还是同一个。对于一个事件来说,当然也可以说内在性质发生了变化,比如在 t0a 时刻是该事件的第一个部分,这一部分本身当然也是一个部分事件,到了 t0b 时刻该事件的内在性质发生变化。这一点很容易设想,比如我在看这篇论文,在 t0a 时刻看到了一些黑色的线条,t0b 时刻看到了这些文字的意思,但这些时刻的事件都是我在看这篇论文这个事件的不同部分的事件。摩尔认为,这些不同部分的事件构成了一个事件,从内在性质来看,该事件随着过程的推移在不断发生内在变化,但过程(process)并不是事件,作为在 t0 时刻所发生的这个事件来说,根本就没有发生任何外在变化,而不同部分的事件之间则是完全相似的。摩尔说:"没有任何理由主张,不应该有根本没有包含任何变化的事件,作为它们一部分的每一个事件彼此之间在内在性质上**完全相似**(exactly alike)。"②因此,一个事件的内在性质发生了内在变化,但在某个发生该事件的时刻仍然可以说是没有变化,而随着时间的变化,该事件引起了另一个事件。对于物理对象来说,一个物理对象的内在性质发生了变化,但作为持存物,由于我们可以对其再认识,在不同的时刻仍然是同一个物理对象。

---

① G. E. Moore, *Lectures on Philosophy*, Casimir Lewy (ed.), London: George Allen and Unwin, 1966, p.61.

② G. E. Moore, *Lectures on Philosophy*, Casimir Lewy (ed.), London: George Allen and Unwin, 1966, p.63.

摩尔把物理对象的这种持存物称为"可变的持存物"(mutable continuant)，也就是说,该事物的持存和内在性质的变化并不相违。事件尽管也会发生内在性质的变化,但和物理对象不同,根本就不是一个持存物。感觉材料也和物理对象不同,不是在这种意义上的可变的持存物,但是摩尔似乎真正想要强调的是,和事件不同,感觉材料有可能是一种持存物。他认为,很多人之所以分不清感觉材料和事件,把它们都当作是一个殊相,是由于混淆了持存物和可变的持存物,把感觉材料不是可变的持存物和事件不是持存物混淆起来。如前所述,摩尔主张:"这个感觉材料在前一时刻**不可能**具有不同的内在性质,就算它实存于前一时刻。"[①]

对于 t0 时刻的一个事件 e0 而言,在 t0a 时刻具有内在性质 Pa,在 t0b 时刻具有内在性质 Pb,随着这个事件从 t0a 到 t0b 的发生,内在性质也从 Pa 变成了 Pb。这两个时刻都是 e0 的一部分。作为这个事件 e0 本身,尽管 t0a 时刻到 t0b 时刻的内在性质发生了变化,但在 t0 时刻,两个不同的内在性质却仍然并非不可相容(isn't incompatible with)。

但是,感觉材料和事件是不一样的。比如,某个感觉材料 x 在前一时刻 t0a 具有内在性质 Qa。摩尔认为,这个命题可以分析为一个合取命题:"某个感觉材料 x 实存于前一时刻 t0a,并且具有内在性质 Qa。"[②]之前我们讲过,感觉材料和一般的殊相不同,不仅无待于时间和空间,而且也在同一意义上无待于具有性质,尽管感觉材料实存于时间和空间之中,并且也具有性质。因此,这个合取命题实际上是:"某个感觉材料 x 实存于前一时刻 t0a,并且无时间地(timelessly)具有内在性质 Qa。"但是在当前这一时刻 t0b,"这个感觉材料 x 实存于这一时刻 t0b,并且无时间地具有内在性质 Qb"。由于 x 无待于时间和空间,也无待于具有性质,因此 x 实存于这两个时刻是完全有可能的,和一个事件的变化不同之处在于,随着时间从 t0a 变化到 t0b,无时间地具有 Qa 和无时间地具有 Qb 之间是不可相容的。也就是说,对于一个事件来说,内在性质 Pa 和 Pb 是分别有待于 t0a 和 t0b 的,因此随着事件的发生,两个时刻的部分之间并不是不可相容。对于一个感觉材料来说,内在性质 Qa 和 Qb 是无时间性的,当感觉材料 x 具有 Qa 的时候,是无时间地具有,因此和非 Qa 的任何性质都不相容,同样,当感觉材料具有 Qb 的时候,也是无时间地具有,因此和非 Qb 的任何性质也不相容。

---

① G. E. Moore, *Lectures on Philosophy*, Casimir Lewis (ed.), London: George Allen and Unwin, 1966, p.64.

② G. E. Moore, *Lectures on Philosophy*, Casimir Lewis (ed.), London: George Allen and Unwin, 1966, p.65.

　　举一个比较常见的例子。"凯撒之死"是一个事件，发生在某个时刻，在那个时刻包含了一些事实，比如"凯撒死了"等。在这个事件之中，卡斯卡刺中了凯撒，凯撒流血过多最终死亡，具体来说，在 t0a 时刻卡斯卡刺中了凯撒，在 t0b 时刻凯撒流血过多而死亡。其中，"卡斯卡刺中了凯撒"并没有无时间性，"凯撒流血过多而死亡"也没有无时间性。我们可以看到，尽管内在性质发生了变化，但对于这一事件来说，并不能说是不相容的。当然这一事件可以包含多个事实，比如"凯撒死了"、"卡斯卡刺中了凯撒"、"元老们合谋"等，这些事实当然也是无时间性的。不过我们讨论事件"凯撒之死"中包含的感觉材料，在 t0a 时刻，凯撒实存，并且卡斯卡实存，元老们实存，刺刀实存，刺刀进了凯撒的身体，凯撒流血，等等，这些内在性质都是无时间性的。到了 t0b 时刻，这些感觉材料实存，而且有些内在性质发生了变化，比如凯撒停止了呼吸等，这些内在性质也是无时间性的。由于这些无时间性的内在性质发生了变化，因此两者就不相容。摩尔认为："在 t1 时刻具有 q 不相容于在 t1 时刻不具有 q，这个事实并不推出，在 t1 时刻具有 q 不相容于在 t2 时刻不具有 q。一般情况下，这是正确的。但在特定情况下，在 t1 时刻具有 q 的确不相容于在 t2 时刻不具有 q。"[①]特定情况是就感觉材料来说，q 是无时间性的，从而两者是不相容的，一般情况是就一个事件来说，q 并不是无时间性的，从而两者并不是不相容的。虽然不同情况都可以是同一个事实，但是感觉材料并不是事件。事实与命题知识相关，我们留待下一章来讨论这个问题。

---

① G. E. Moore, *Lectures on Philosophy*, Casimir Lewis（ed.），London：George Allen and Unwin, 1966, p.65.

第二章　知　识

第一节　知觉和图像

　　什么是知识？摩尔曾有过这样一种表述："我认为，哲学家的确常常在这种宽泛的意义上使用单词'知识'：他们会说，感受（feel）或记得（remember）或想象（image）或设想（think of）等等的某种东西，就是它被感受或记得或想象或设想的那个时刻的知识的对象。"[①]严格来说，这段话只是说，知识的对象和感受、记忆等心理活动的对象是同一个，并没有给出知识的特征。并且还可以明确，知识和这些心理活动一样都是某种状态，指"我们和其他东西之间的某种关系"，这种关系就是"知道关系"或者"认知关系"。不仅如此，当我知道那个东西的时候，这种知道关系就寓于另一些关系之中。

　　就这些关系来说，除了知道关系之外，最为基础的是感受关系。其他一切关系都是奠定在感受关系之上。感受关系包括"听到、看到、触摸到、闻到、尝到"这几种直接通过感官和对象之间建立的关系。其他关系还有记忆、梦到、想象、设想、相信等，这些关系都没有直接运用感官，只是间接和对象之间建立的关系。在摩尔看来，知道关系和上述关系不同，但却寓于这些关系之中。因此，他说："每当我看到某个东西的时候，我的确在某种意义上知道我所看到的这个东西：看到一个东西就是知道它的一种方式……每当我记得某个东西，我的确在某种意义上知道我所记得的那个东西……"[②]值得注意的是，这里摩尔所谓的"看到"并不等于知识，但可以说知识寓于这种"看到"等感受之中。在他1952年出版的莫利学院讲座《哲学中的若干主要问题》中，有一个添加的注释，他在其中强调罗素的"亲知知识"没有权利被称为"知

[①] G. E. Moore, *Some Main Problems of Philosophy*, London: George Allen and Unwin, 3rd ed., 1962, p.78.
[②] G. E. Moore, *Some Main Problems of Philosophy*, London: George Allen and Unwin, 3rd ed., 1962, pp.77 – 78.

识"。也就是说,单纯感官知觉并不是知识,但"当'感受'在我们所谈论的感受一个事实或真理的那种意义上被使用的时候,那么'感受'的确蕴涵了'知道'"。① 因此,尽管后期摩尔对感受活动和知识之间的关系作了修正,但我们仍然可以把这种通过感官获得的知识单独作为一个类别进行讨论,也即,本节主要的讨论对象——知觉知识。

知觉知识中最典型的一类是关于物质对象实存的知识,也就是我们通过感官感受某个东西,并获得与之相关的物质对象实存的知识,从而知道该物质对象实存。与之对应,另一类知识的对象不是物质对象,而是命题。我们可以称之为命题知识。摩尔在此做了一个穷尽的二分:"宇宙的所有内容(所有一切存在(is)的东西)可以被分为两个种类——一方面是命题(proposition),另一方面是非命题的东西(thing)。"②什么是命题? 摩尔说:"每当我谈论一个命题的时候,我就总是会说,并不仅仅是一个句子——仅仅这些单词的一个组合,而是这些单词所**意指**的东西。"③如果知识的对象是命题事物,那么这些知识就被称为命题知识。关于命题知识我们留待第三节来讨论。反之,如果知识的对象是非命题事物,比如物质对象,那么我们就称之为非命题知识。非命题知识主要是指知觉知识。比如我看到了这个红苹果,如果这里有一种从视觉得来的知识,那么我就可以说:我知道这个红苹果实存。如果"我看到了这个红苹果"作为一句陈述表示一个具有真假值的命题,那么我也可以说:我知道"我看到了这个红苹果",这里的"知道"代表了一种命题知识。

对于物质对象实存的知识,摩尔认为虽然并不能算是命题知识,但和命题知识一样,同属于一种专有知识(proper knowledge)。专有知识是我们通常谈论的知识。在知道关系中,与命题之间所建立的就是专有知识。与命题相关的专有知识不仅要求直接领受该命题,而且还要求该命题为真、相信该命题等其他的条件。与物质对象实存之间所建立的也是专有知识,除了需要直接领受该物质对象之外,还要求其他的条件。与这种专有知识对应,还有两种知识,这两种知识也都是来自于感官。一种是直接来自于感官,也就是说,这种知识寓于和感觉材料之间所建立的直接领受关系之中。比如通过看一种红色的时候,和红色建立的知道关系。另一种是当前没有直接领受一个

---

① G. E. Moore, *Some Main Problems of Philosophy*, London: George Allen and Unwin, 3rd ed., 1962, p.77.

② G. E. Moore, *Some Main Problems of Philosophy*, London: George Allen and Unwin, 3rd ed., 1962, p.56.

③ G. E. Moore, *Some Main Problems of Philosophy*, London: George Allen and Unwin, 3rd ed., 1962, p.58.

对象的时候,但事先以某种方式领受过它,由此而与该对象建立的关系。比如通过记忆、想象等方式和某个图像建立的知道关系。不管是命题的专有知识,物质对象实存的专有知识,还是感觉材料、图像所建立的知道关系,都共同拥有某种特征,所以被称为知识。因此,如果要真正搞清楚什么是知识,不仅要考察命题知识,对于后面几种知觉知识的考察同样也是很重要的。

第一种和感觉材料建立的关系,首要考察的是直接领受。比如我正在看某个颜色的色块的时候,知识首先就在我对它的直接领受之中。感觉材料不仅有看到的颜色色块,还包括大小和形状,听到的声音,感觉到的疼痛等。在摩尔看来,我们可以通过感官直接领受感觉材料。感觉材料在当时的哲学家中有三个基本共识:"(1)只有在任何人直接领受该感觉材料的时候,它才实存。(2)任何人直接领受的感觉材料,不可能被其他人直接领受。(3)一个人直接领受的感觉材料,和其他人领受的感觉材料不在同一个空间中。"①也就是说,感觉材料的实存依赖于心灵,而且是私人的,实存于一个私人的空间中。我们在后面第四章中会对感觉材料加以详细讨论。重点在于,我知道感觉材料实存并不蕴涵我知道物质对象实存。我知道某个感觉材料实存的时候,我必定直接领受了该感觉材料,但这并不代表我知道与该感觉材料相关的那个物质对象实存;不过反过来,当我知道某个物质对象实存的时候,虽然不必直接领受与之相关的感觉材料,但我可能间接领受了该感觉材料。感觉材料和物质对象之间的关系我们会专门加以讨论。

因此,对于物质对象实存的知识,除了寓于上述对感觉材料以及物质对象的直接领受之外,还需要寓于其他的知道方式中。这些其他的方式有待于对另外两种知觉知识的考察,也即,通过记忆或者想象而获得的知识。这两种知识的直接对象是图像(image)。在想象中,心灵中呈现出来的就只是这幅图像,因此直接领受的也是这幅图像。而在记忆中,心灵中直接呈现的这幅图像虽然并非感觉材料,但以某种方式相关于某个感觉材料,并且该感觉材料过去曾经被直接领受过。也就是说,当知识发生在记忆中时,曾经直接领受过的感觉材料已经逝去了,留在当下直接领受的只是相似于该感觉材料的一幅图像,尽管如此,仍然有一种"其他的知道方式"寓于这种记忆中。这种通过记忆获得知识的方式类似于通过感官获得物质对象"实存"的知识的方式。因此,如果我们通过对记忆的考察弄清楚了这种"其他的知道方式",那么在直接领受的感觉材料之外还实存着其他的东西被其他的知道方式所

① G. E. Moore, *Some Main Problems of Philosophy*, London: George Allen and Unwin, 3rd ed., 1962, p.43.

知,也就有了一个理由。

图像出现在我们心灵的想象中,既不是感觉材料、物质等对象,也不是观念(idea),但却在我们心灵中占有很重要的地位。摩尔对于图像的使用,有点类似于休谟对于印象和观念之间的区分,也即,感觉材料、图像和观念三者尽管是不同的东西,但仅仅是在生动、活泼程度上有所不同,或者说图像和观念是感觉材料的一个复制品,观念和图像要比感觉材料在生动性上更加微弱。因此,对于通过想象或者记忆而获得的知识的讨论,也即对图像的讨论,依然可以纳入知觉知识的范围之内。他在评论休谟和贝克莱的时候说:

> 当我实际上看到或者触摸到或者尝到一片面包和黄油的时候,他(休谟)多少算把"印象"这个名词给了我直接感受的感觉材料;并且把"观念"这个名词限制在我刚才已经称为"图像"的那种感觉材料上——当我只是想象"一只狮鹫"的时候,直接感受到的那种感觉材料,或者当我只是记得一片面包和黄油,而实际上没有看到或者触摸到或者尝到它的时候直接感受到的那些感觉材料。①

因此,当我通过感官直接领受某个感觉材料的时候,我会给予该对象某个名称,但这个名称或许也会用于与该感觉材料相似的不同事物上,也即图像上。比如,当我实际上看到一片面包的时候,我直接领受了某个感觉材料。当我用名称"面包"来指称刚刚直接领受的这个感觉材料的时候,在心灵中会呈现出另外一个与之相似的图像。在一定的条件下,我们可以说,这幅图像就是真观念——"面包"这一观念。观念有真有假。当与感觉材料相似的图像具有"真"这个属性的时候,该图像就是真观念。那么,使得该图像为真观念的这个条件就是摩尔真正要讨论的问题。

举个例子。我现在正在运用我的几种感官直接领受一片面包和黄油相关的各种感觉材料,比如尝起来、闻起来有某种味道,看起来有某种颜色,等等。上述知觉并不意味着,我意识到自己的心灵中具有某个关于面包和黄油的真观念。第一种摩尔所要反驳的理论是:"我们很自然地认为在看着这个信封之后,如果我在我心灵前面(就像我具有的那样)具有在某些方面类似于我刚才看到的色块斑点的一幅图像,那么仅仅因为我直接领受了该图像,我

---

① G. E. Moore, *Some Main Problems of Philosophy*, London: George Allen and Unwin, 3rd ed., 1962, p.235.

就具有我刚才看到过的那个色块斑点的真观念。"①在感觉材料呈现在我心灵前面之后,也即第二刹那,在我心灵面前会呈现一幅与之相似的图像。这种理论主张,当我直接领受这幅图像的那个时刻,我就具有了第一刹那直接领受的感觉材料相关的真观念。在此,摩尔并没有进一步解释"相似"这一关系,但我们很容易设想有些学者会主张,相似于感觉材料的这幅图像在某种意义上源于、"得自于"该感觉材料。或者有些人给出了一种亚里士多德式的主张,感觉材料中潜在地先行蕴涵了某种形式的概念框架,在我直接领受与之相似的图像的那个时刻,潜在于其中的东西得以实现出来。当然,还有一些更为激进的柏拉图式方案,当感觉材料呈现出来的时候,本身已经先行对应着某幅与之相似的图像,并且,对于图像的直接领受就已经规定了感觉材料的呈现形式,因此在直接领受这幅图像的同时具有了真观念。在摩尔看来,这些方案都缺乏一个条件,也即,"我必须领受某个**关于**该图像和该对象之间关系的某个**命题**:只有这样我才能够被完全正确地称为具有该对象的**观念**。"②摩尔似乎认为,我在领受了这个特殊的命题的时候,我就知道了"该图像**的确就是**类似于那个的其他东西"③,也就是说,我不仅直接领受了该图像,而且还知道了两者的相似关系。

因此,摩尔认为从感觉材料到真观念,需要具备两个条件,第一个条件是直接领受与该感觉材料相似的图像,第二个条件是领受该图像和感觉材料之间的某个命题从而知道两者的相似关系。以往很多哲学家提供的各种方案仅仅关注了第一个条件,但在摩尔看来,这只不过是直接领受感觉材料的某个准确复制品——图像。即便事实上第一个条件得到了满足,但假如从来就没有怀疑过这个图像,假如从来就没理解过感觉材料和图像之外有其他东西,那么就不可能对观念是否为真为假作出判断。摩尔认为:"如果我们永远没有领受任何命题,我们应当甚至没有能力犯错误——错误、过失就是不可能的。"④也就是说,如果单纯满足第一个条件,直接领受某个图像,那么我们不仅没法判断该图像是真观念还是假观念,而且无法谈论真观念,甚至也没法谈论错误。我们对于该图像和感觉材料之间关系的某个命题的领受就是

① G. E. Moore, *Some Main Problems of Philosophy*, London: George Allen and Unwin, 3rd ed., 1962, p.65.

② G. E. Moore, *Some Main Problems of Philosophy*, London: George Allen and Unwin, 3rd ed., 1962, p.66.

③ G. E. Moore, *Some Main Problems of Philosophy*, London: George Allen and Unwin, 3rd ed., 1962, p.66.

④ G. E. Moore, *Some Main Problems of Philosophy*, London: George Allen and Unwin, 3rd ed., 1962, p.66.

对两者之间相似关系的信念。

下面我们举一个错觉的例子。比如我们看到天上的太阳只有银盘大小，就会形成太阳就这么大的一个观念。对于我们看到太阳只有银盘大小，从仅仅直接领受这幅图像来说，无所谓真假，这只不过是从感官出发对某个对象的直接领受而已。但要主张"太阳就这么大"，这个观念还依赖于第二个条件，也即这幅图像和所看到的感觉材料之间的关系。当然在可以设想的某个宇宙中，太阳就是这么大，这一点是真实的，但在我们所处的这样一个宇宙中，当然并非如此。感觉材料和图像之间并不能进行直接的推论，也就是说，我们始终可以对感觉材料和图像之间的关系不断进行怀疑，而且要获得太阳的真观念，也要理解所看到的感觉材料和这幅图像之间关系的这个命题。这里摩尔实际上已经主张，要获得真观念就必然需要预设一种在感觉材料和图像之间的推辩式（discursive）的观念。如果我们真正获得了太阳的真观念，那么这个真观念不仅相似于所看到的感觉材料，而且还蕴涵着对两者关系这个命题的相信。比如凭借我们掌握的知识，当我们看着太阳的时候，在心灵中会产生"太阳只是看上去这么大，实际上要远大于地球"的某幅图像，这幅图像当然事实上的确相似于我们前一刹那直接领受的感觉材料，因此这就形成了真观念。反之，心灵中产生的"太阳就这么大"的这幅图像并不与之相似，因此就是假的。

因此，摩尔认为要区分出真观念，就不能仅仅停留在第一个条件，把自己囿于单纯对某幅图像的直接领受之中，而是要突破这一点进入到第二个条件。但为何许多哲学家在想象中的图像前面止步不前，原因也恰恰在于对第二个条件的理解和摩尔不同。比如，他们仍然可以质疑与"的确相似"相关的命题究竟是什么意思，但是在摩尔看来，要回答这个问题首先得作出下面这个区分：当我们在想象中直接领受某幅图像（image）的时候，总是会有（is）另外的事物被领受——想象的事物（imaginary thing）。下一节我们将通过对记忆和想象的分析来进一步谈论摩尔的图像理论。

第二节　记忆和想象

我们继续讨论上一节的问题。在什么条件下，我们可以通过感官获得知觉知识？按照感官直接领受的对象，我们可以区分两类知觉知识。一类知觉知识寓于对感觉材料的直接领受之中，另一类知觉知识则寓于对图像的直接领受之中。上一节我们讨论了图像成为真观念的几个条件，也就是说，在直接领受感觉材料之后,与之相似的图像出现于想象之中,如果该图像在满足了这些条件之后获得了真实这一属性,那么我们就称之为真观念。反之,如果没有获得这一独特而又晦涩的属性,那么该事物就是纯粹想象的,也就是想象的事物,比如孙悟空、狮鹫之类。这一节我们主要考察与图像相关的两类知识,一种是通过记忆而获得的知识,另一种是通过想象而获得的知识。通过对这两类知识的考察,我们试图把这个独特而又晦涩的属性更进一步加以澄清。

关于这一议题,摩尔反驳了三种人们通常持有的观点。比如大象是真实的动物,狮鹫就不是,仅仅是想象中的图像。第一种是外在心灵论,主张心灵中出现的都是图像,唯有心灵之外才是真实的,因为大象在心灵之外,而狮鹫则在心灵的想象之中。第二种我们称之为"若无则不有"论,主张事物的真实就是具有与之关联(因果关系或伴随关系)的某种东西,若该事物不真实,则不会有这种东西。第三种是程度论,但图像和真实之间仅仅在程度上有所区别。

第一种外在心灵论的主张颇符合大多数人的想法。有些人主张:"这个(狮鹫和大象)差异在于,狮鹫存在或者只有在心灵中实存或者依赖于心灵,同时,大象存在或者不仅在心灵中实存而且还独立于心灵。"①因此,狮鹫和大象之间真实与否的判断标准就在于前者依赖于心灵而后者独立于心灵。大象和狮鹫一样,尽管我们都可以对其进行想象,但如果我们不去想大象,大象当然还存在,但狮鹫就不存在了,因此大象是真实的,而狮鹫则是想象的。对于这一观点的反驳,摩尔首先区分了两种意义的"在心灵中":"在一个意义上,我的心理活动本身就是在我的心灵之中,在另一个意义上,我设想**所及的**或者意识**所及的**任何事物都可能被认为是在我的心灵之中。"②感觉材料是第二种意义上的"在心灵中"的一个例子。在这个意义上,感觉材料是心灵的一个**对象**,也是意识所及的事物。通过这一区分,摩尔澄清了心灵中的心理活动是想象的,不是真实的,而感觉材料则是作为意识或者感官所及的事物,尽管也是在心灵中,但和想象不同,仍然可能是真实的。因此,"在心灵中"并不必然蕴涵"是想象的事物"。

第二种"若无则不有"论主张:"归属于所有真实事物,而不归属于想象事物的唯一属性是:它是具有某个结果或者原因或者伴随物,若该事物不是真

----

① G. E. Moore, *Some Main Problems of Philosophy*, London: George Allen and Unwin, 3rd ed., 1962, p.226.

② G. E. Moore, *Some Main Problems of Philosophy*, London: George Allen and Unwin, 3rd ed., 1962, p.226.

实,就不会有的东西。"①这种主张利用了真实事物的一个特性,也即一个事物是真实的,那么肯定会有伴随于该事物的其他东西,或者引起该事物的原因,或者该事物造成的结果等其他东西。这个"其他东西"和真实事物相互关联,只要具有了这个其他东西,该事物也就获得了真实的属性。摩尔对此进行了反驳:这个主张是个循环定义。在这个主张中,虚拟条件句"若该事物不是真实的,就不会有"中,这里"有"的其他事物实际上已经具有了真实属性,除非这个"有"和第一个"真实"指的并不是同一个东西,否则这个虚拟条件句中的"真实"需要另外包含"真实"的虚拟条件句来加以确保,这就会陷入到无穷后退之中。

第三种观点主张事物的真实是一种程度,当具有最高程度的时候就是真实的,当不具有最高程度的时候就不是真实的。当我们说大象是真实的时候,就是说我们心灵中出现大象这个表象具有最高程度的实在性,但狮鹫不是真实的并不意味着它不具有实在性,只不过不具有这个最高程度的实在性,但仍然具有一定程度的实在性。摩尔对此的反驳非常简单,他说:"如果你们观看你们的心灵,试图找出归属于狮鹫的属性……你们会发现该属性就是不具有程度的东西;谈论一个事物比另一个具有更多存在是毫无意义的。同样,如果你们观看你们的心灵,并试图找出归属于大象的属性,当你们说大象是真实的时候,你们会发现这个属性不是任何最高可能程度的属性,而是纯粹肯定的某个事物。"②也就是说,摩尔认为不仅想象和真实的区分与程度无关,而且真实是某个纯粹肯定的事物。

接下来考察与记忆相关的一个常用例子。

> 对着这张白纸看一会儿……你们确实在看着它的时候直接感受到了实际感觉材料。现在,我把它从视野中移开,并试着去记住……你们刚才直接感受到的这个感觉材料。现在你们可能记忆起对它的一幅视觉图像——相似于刚才看到的那个白色色块的视觉图像。③

这里有两个时刻。在第一个时刻 t1 我实际感受到了真实的感觉材料。过了一会儿,第二个时刻也就是当下这一时刻 t0,由于我移开了这张白纸,t1 时

① G. E. Moore, *Some Main Problems of Philosophy*, London: George Allen and Unwin, 3rd ed., 1962, p.230.
② G. E. Moore, *Some Main Problems of Philosophy*, London: George Allen and Unwin, 3rd ed., 1962, p.232.
③ G. E. Moore, *Some Main Problems of Philosophy*, London: George Allen and Unwin, 3rd ed., 1962, pp.237-238.

刻所感受到的感觉材料已经不在我的视野之中,因此 t0 时刻不可能在 t1 时刻那种意义上感受到 t1 时刻的感觉材料。但是在我的心灵中仍然可以按照某种方式回忆起 t1 时刻的感觉材料,并且在心灵中呈现出一幅图像。这就是记忆这种心理活动的特征。

关于记忆的第一种理论是这样的。既然 t1 时刻的感觉材料在 t0 已经感受不到了,那么 t0 时刻的任何心理活动中所呈现的东西就不同于 t1 时刻的原初感觉材料。尽管如此,记忆的东西或者心灵中所呈现的图像仍然只不过是 t1 时刻看到的东西的一部分。这张白纸现在已经不在我的视野之中,因此在我的记忆中的白纸不可能是刚才所看到的这张白纸整体,但仍然有刚才这张白纸的部分。如果我更加努力进行回忆,可能会更接近于刚才所看到的东西,但永远不会记忆起这张白纸的整体。这种回忆理论近似一种心理学的解释。这种理论反对"当我们说记得它的时候,原初感觉材料是我们真正记得的东西"①。就像我们通常看一个事物的时候,总是不可能看到这个事物的整体,而仅仅看到这个事物表面一部分那样,记忆也是如此,我们在记忆一个事物的时候,在记忆中呈现出来的东西也只不过是这个事物的一部分。摩尔则对此进行反驳道:在我们的回忆之中,尽管记忆中的事物不同于原初感觉材料,但这种不同并不是整体和部分的关系,而是在质上有所不同,"它是在整体上就不同于它",是完全不同的两种感觉材料———一种是 t1 时刻直接领受的感觉材料,另一种是回忆的时候在心灵中呈现出来的图像。

第二种记忆理论主张当某个人记忆某个事物的时候,"他正在直接感受一幅图像,并且这幅图像事实上就是他在下午看到过的东西的一个复制品——多少有点相似。他的记忆只不过是由这一点组成"②。这种理论严格区分了当下 t0 时刻直接感受的这幅图像和记忆的对象。这个直接感受的图像就是这个对象的图像,两者之间是一种相似关系。记忆并不仅仅是由当下心灵中的图像所组成,而是由上述两者所组成:"(1)我意识到这幅图像,(2)这幅图像事实上就是这个原初感觉材料的一个复制品。"③这种理论类似于前面真观念所通常持有的第二种观点,也即若无则不有论。比如,我们意识到的图像相似于记忆的对象,这里的相似可以被理解为是这个对象所引起的(cause)。摩尔对这种理论的反驳也类似于第一种。因为这两种记忆理论

① G. E. Moore, *Some Main Problems of Philosophy*, London: George Allen and Unwin, 3rd ed., 1962, p.239.

② G. E. Moore, *Some Main Problems of Philosophy*, London: George Allen and Unwin, 3rd ed., 1962, p.240.

③ G. E. Moore, *Some Main Problems of Philosophy*, London: George Allen and Unwin, 3rd ed., 1962, pp.243-244.

都共享了一个前提：当我们记忆某个事物的时候，我们首先总是仅仅意识到一幅图像。第一种理论只不过把这幅图像作为整个事物的一部分，而第二种理论虽然把记忆的对象放在了超越于当前一刻的位置上，但最终只是通过这幅图像作为记号以某种方式去关联这个对象，而记忆直接感受的只是这幅图像而已。

摩尔认为，当一种记忆发生的时候："你们不仅正在记忆着，而且你们知道你们正在记忆着。"①后者才是通过记忆所获得的知识。上述两种理论只不过是说明了第一点"正在记忆着"，但却还不足以说明第二点"知道正在记忆着"。因此为了说明后者，摩尔才说："每当我们知道我们记得的时候，我们必须在某种完全不同于纯粹直接感受它的一部分（或者只是直接感受一幅图像，事实上是它的一个复制品）的意义上，意识到原初的感觉材料。"②这种不同的意义便是我们上一节以来试图探讨的独特而晦涩的意义。摩尔从两个方面来说明这个意义。第一个方面是："你们必须知道在一种情况下，你们当前的图像纯粹就是一个部分，而不是之前看到过的整体；在另一种情况下，它就是一个复制品，类似但却不同于你们之前看到过的东西。"③也就是说，只有在拥有这种知识的时候，你才有能力在各种情况下做出相应的区分，特别是在图像和曾看到的感觉材料之间做出区分。此外，摩尔还说："很明显，在某种意义上在没有意识到原初感觉材料本身的情况下，你们不可能知道这点。"④要想通过记忆获得知识，必须在某种意义上实际感受到原初感觉材料，也即，我们记忆的对象必须首先是真实发生过的。上述两点表明，如果记忆仅仅是意识到一幅图像，那么就不会获得任何知识。第二个较为肯定的方面是："每当我们知道我们记得的时候，这种记得就总是会出现某个**事物**。"也就是说，在心灵中进行记忆活动的时候，如果有知识发生于其中，那么就会在这种记忆里出现这个知识的对象——某个事物。按照我们之前的分析，这个事物肯定不会是一幅图像，但也不是之前直接感受过的感觉材料。但原初感觉材料本身的确在某种意义上出现在了记忆的心灵中，否则就无法与当前的图像进行比较，或者说，原初感觉材料唯有与当前图像进行比较，比如区分出两者不同时，才出现在记忆的心灵中，而来自记忆中的知识的对象与上述两

---

① G. E. Moore, *Some Main Problems of Philosophy*, London：George Allen and Unwin, 3rd ed., 1962, p.245.

② G. E. Moore, *Some Main Problems of Philosophy*, London：George Allen and Unwin, 3rd ed., 1962, p.245.

③ G. E. Moore, *Some Main Problems of Philosophy*, London：George Allen and Unwin, 3rd ed., 1962, p.245.

④ G. E. Moore, *Some Main Problems of Philosophy*, London：George Allen and Unwin, 3rd ed., 1962, p.245.

者都不同,但却是与原初感觉材料相关的"某个事物"。摩尔说:"我知道没有方法来证明它。但是,它**有时候**的确会出现,我认为这个事实就已经摧毁了支持它是通常不会出现之事的仅有的有力理由。"①这是基于事实的一个论证。摩尔在这里提出了一个非常鲜明的主张,即他认为自己只能对此给出"指点语":"我只能通过指出它就是这个例子中所出现的东西,试着指出它是什么……在如此多其他的例子中,很难完全去证明它是在哪里,在它出现的那个时刻,我们恰好没有在寻找它。"②

分析了通过记忆获得的知识之后,我们接下来直接考察在想象中呈现的图像。在记忆中,我们不仅直接感受到了一幅图像,而且还意识到了记忆的对象。同样地,在想象中,我们不仅直接感受到了一幅图像,而且还意识到了想象的对象。想象和记忆不同,当我想象一只狮鹫的时候,无需回答之前是否曾真的看到过一只狮鹫。但通过记忆的类比可以确定,我想象的这只狮鹫和在想象中呈现的狮鹫这幅图像是不同的。如果类比第一种记忆理论,有些人主张,我想象一只狮鹫的时候,我所想象的东西就是我正在直接感受的这幅图像。如果类比于第二种记忆理论,如果真的有狮鹫的话,我在想象狮鹫的时候,总是会意识到的仅有事物仍然只是这幅狮鹫图像,而非这只狮鹫本身。类比通过记忆获得的知识,也就是我们知道我们记得某个事物的时候,总是会出现某个事物,不同于图像,也不同于原初感觉材料,同样,通过想象获得的知识,也就是我们知道我们想象的时候,也总是会在想象中出现某个事物——想象的事物,不同于图像。因此,当我们问"狮鹫存在吗"或者"狮鹫是真实的吗"的时候,我们并不能通过想象中呈现出来的这幅图像是不是存在、是不是真实来作出回答。比如假设现在想象中的确是出现了这幅狮鹫的图像,也就是说,这幅图像存在,但也并不能推出狮鹫存在或者狮鹫是真实的。因为我们在使用"狮鹫"这个名称的时候,所指的是某个事物,并不是这幅狮鹫的图像,因此,狮鹫这幅图像当然是想象的。但并不妨碍这个事物就是在我们想象一只狮鹫的时候所想象的那只狮鹫,这一点显然是真实的。当我们知道我们正在想象一只狮鹫的时候,这个通过想象而获得的知识的对象也正是所想象的这只狮鹫,而不是一幅图像。

摩尔的图像理论为虚假事物的理论困难提供了一个解决方案。狮鹫和大象不同,大象是真实存在的,而狮鹫作为想象中呈现出来的图像是想象的,

---

① G. E. Moore, *Some Main Problems of Philosophy*, London: George Allen and Unwin, 3rd ed., 1962, p.246.

② G. E. Moore, *Some Main Problems of Philosophy*, London: George Allen and Unwin, 3rd ed., 1962, pp.246–247.

不是真实的。尽管如此，我们仍然可以在想象中获得狮鹫的知识，狮鹫作为该知识的对象则仍然是存在的。也就是说，尽管某事物是虚假的，但仍然可以说存在想象中虚假的事物。摩尔用这种方式解决了这个困难：区分某事物是真实还是想象。当我们将其运用到命题知识的时候，也会遭遇到类似的问题——比如某个信念是假的，那么所相信的东西就不是一个事实，或者是这个事实并不实存，但是否可以说就算该信念为假，也会存在与之相关的某个事物？

第三节　信念和事实

我们在本章第一节中曾引入摩尔对宇宙中所有一切存在的事物所作出的一个穷尽区分：命题和非命题事物。非命题的对象包括了物质对象、感觉材料等，与之相关的大多数知觉知识是一种非命题知识。但是当我们谈论某个事物实存的知识的时候，也会涉及命题知识，因此摩尔把这类关于事物实存的知识和命题知识统称为专有知识（proper knowledge）。命题知识也是我们日常谈论最多的知识。

究竟什么是命题？摩尔说："我用命题表达的东西就是这些单词组合所要表达的那类东西……每当我谈论一个命题的时候，我就总是会说，并不仅仅是一个句子——不仅仅是这些单词的一个组合，而是这些单词所**意指**的东西。"[1]简单来说，命题本身和句子不一样，表达了句子的意义，而句子仅仅是由一些单词以某种结构组合而成的。当我们听到一个句子，表示理解了这个句子的时候，就是理解了这个句子相应的命题，也即这个句子的意义。我们除了正在听这些单词之外，还有某些东西发生在我们的心灵之中。不管怎样，一个具有完整主谓结构的句子表达的东西是命题的特征，这个特征是区分命题和非命题事物的最明显方式。但是也有一些反例。摩尔认为单个单词也可以成为一个命题，只要这个单词表达了一个句子的结构。比如有人呼叫"观世音"，如果这个呼叫是要表达"观世音快来救我"，那么这个单词"观世音"就可以被表达为一个命题，反之，如果不是表达一个句子，那么"观世音"就只是一个虚假事物，是一个非命题事物。当然还有"红色"等表示性质、关系这些共相的单词，它们虽不具有完整的句子结构，也是非命题事物。不过

---

[1]　G. E. Moore, *Some Main Problems of Philosophy*, London: George Allen and Unwin, 3rd ed., 1962, p.57.

摩尔还认为,即便是表达了完整的句子,也有可能仍然不是一个命题,比如"我正在看这个色块",这个句子只是表达了我直接领受某个感觉材料,并不是一般意义上的谓述结构。

当我们试图理解一个命题的时候,首先要直接领受某个命题。但是对一个命题的直接领受不同于对图像等非命题事物的直接领受。比如:"观世音快来救我"这个句子中有"观世音"、"救"等单词,我们直接领受了这个命题的时候,并不必然蕴涵对"观世音"等单词的直接领受。前面这个句子可以对应某个命题,可以为真为假,但这里的真和假是就一个命题而言的,不同于"观世音"这个非命题事物是否真实和虚假。因此,我们并不能通过"观世音"这个单词所指称的东西是否存在来判断与"观世音"相关的那个命题是否为真。① 虽然对这个命题的直接领受必然会相关于对某些非命题事物的间接领受,但两者之间并没有直接的关系。

上一节我们讨论了摩尔运用他的图像理论解决虚假事物中产生的困难。虚假事物比如狮鹫,虽然并没有对应的实际上的物理对象,但是我们仍然能够有意义地谈论狮鹫。因为我们所谈论的狮鹫是作为想象的对象,而非狮鹫这幅图像。在我们想象狮鹫的时候,知识寓于这种想象的心灵活动里,尽管想象直接领受的是这幅图像。但摩尔并没有把这种解决方式直接挪到命题事物上来。与虚假事物相对应的命题事物是假信念。对于摩尔来说,判断一个信念的真和假是非常明确的:"说一个信念是真的,就总是在说,它所指称的那个事实有(is)或者存在(being),而说一个信念是假的,就总是在说,它所指称的那个事实没有(is not)或者不存在(no being)。"②摩尔把信念的真假和事实一一对应的关系称为"符合"(correspondence),"每个真信念和一个事实并且只与一个事实所具有的这种特定关系"③,也就是说,一个真信念必然对应一个事实,并且不对应其他事实,也即仅仅对应这个事实,并且这个信念和所对应的事实具有同一个名称。

但是,这个定义有一个无法解决的晦涩之处,也即假信念问题。按照这

---

① 摩尔后来在《想象的对象》(收于 *Philosophical Papers*,p.105)一文中,通过反驳赖尔表达了这种观点:"他(赖尔)真的认为,单词'关于'不存在任何自然的意义,就好像'狄更斯的那个命题是关于匹克威克先生的'表达了一个真命题。对于这点,我完全不可能同意。"也就是说,摩尔认为,尽管在历史上不存在匹克威克这个人,但仍然还存在一种自然的意义,与匹克威克相关的那个命题表达了一个真命题,并且强调,该命题为真,是相当自然的好英语。

② G. E. Moore, *Some Main Problems of Philosophy*, London: George Allen and Unwin, 3rd ed., 1962, p.256.

③ G. E. Moore, *Some Main Problems of Philosophy*, London: George Allen and Unwin, 3rd ed., 1962, p.256.

个定义,假信念没有相对应的与之符合的事实。但这么说有一个歧义,第一种意思是该事实不存在,第二种意思是,信念之所以为假,与事实存在与否没太大关系,只是由于信念所对应的命题不具有"真"这个属性。第二种意思里把"真"理解为与事实无关,摩尔认为这是错误的。接下来我们考察他对这种真理理论的反驳。

摩尔当时正在伦敦莫里学院讲课,现场有很多人在听课,并且事实上没有人在听其他的东西。于是他举了这样一个假信念的例子:"设想一下,某个人在某个地方现在正在相信,'我们有人现在正在聆听一支管弦乐队演奏声音。'"①这个信念很明显是假的,持有这个信念的人显然犯了一个错误,这一点毋庸置疑。与"想象"这一心理活动对应,这个持有假信念的人此刻显然也有"相信"这一心理活动。与想象的对象相对应,相信这一心理活动当然也有一个对象——命题。如果假信念类似于虚假事物,那么由于虚假事物仅仅具有图像,是不真实的,而所想象的事物在某种意义上则是真实的,由此,假信念也仅仅具有信念活动,是假的,而该假信念的对象,也即某个命题则是真的。这在摩尔看来是荒谬的,对信念的真假的处理方式和虚假事物是不一样的。不过,有些哲学家尽管不认同假信念会对应一个真命题,但却承认信念可以被分析为一个信念活动和命题,他们认为假信念也是一个心理活动。比如某人相信有人此刻正在聆听一支管弦乐队,但事实上却没有人在聆听。既然如此,该心理活动当然也会对应一个命题,也就是说虽然该信念是假的,但是"所相信的东西——对象——命题,就是某种存在(is)的东西——宇宙中的确存在这样一种东西,不论信念是否真实"②。他们认为,信念之所以为假,只是因为该信念缺乏另一个事实——唯有信念为真才会存在的事实。因此,为了说明假信念的问题,这类哲学家必须承诺两个事实:第一个事实是不论信念真假,都与之对应的一个事实,也就是说,不论信念真假,都存在一个所相信的命题。第二个事实是,在该信念为真的地方,这个命题除了存在或者存有之外,"还具有一个简单的不可分析的被称为'真'的属性"③。后面这个事实唯有在信念为真的时候才存在。这种理论把"真"作为这个命题和信念之间具有一种关系的事实作为该命题具有一个属性的事实。假信念当然不具有这个意义上的"真"的属性,尽管该假命题具有另一个不管信念真假

---

① G. E. Moore, *Some Main Problems of Philosophy*, London: George Allen and Unwin, 3rd ed., 1962, p.253.

② G. E. Moore, *Some Main Problems of Philosophy*, London: George Allen and Unwin, 3rd ed., 1962, p.260.

③ G. E. Moore, *Some Main Problems of Philosophy*, London: George Allen and Unwin, 3rd ed., 1962, p.261.

都"存在"(being)的属性。

摩尔对这个理论的第一个反驳是这样的。比如我们来看这个真信念：狮子是实存的。当我相信这个信念的时候，我的信念活动会具有某个对象——"狮子是实存的"这个命题。但这一信念之为真是由于存在一个唯有真才存在的事实，这个事实和这个命题并没有什么关系。我们并不能说，该事实是由这个命题所组成。因此，当这个理论主张唯有为真才存在的事实时，仅仅是把"真"这个属性归属到这个命题上，这就是不恰当的。摩尔的这个反驳有点循环论证的嫌疑。

第二个反驳针对第二个事实。这种理论认为在一个假信念中，不存在唯有真才存在的那个事实。虽然不存在这个事实，但并不妨碍存在不论真假都存在的一个命题，也就是说，对于那些相信假信念的人，当然也会有相信这种信念活动，从而也就会存在该活动的对象——命题。在这里，摩尔强调了命题和一个非命题事物之间的区分。当我们相信一个命题的时候，和想象一个对象不同，尽管命题总是由一些单词所组成，但命题不仅和单词所对应的对象没太大关系，而且也不能把命题和非命题的对象混淆起来。摩尔认为："我们应当不得不说'我相信如此这般'，'我构想如此这般'形式的表达式（尽管它们毫无疑问表达了某种事实），并没有表达我和对象（该对象的名称就是我们用来说我们所相信或构想的东西的名称）之间的某种关系。"[1]按照这种理论，当我们在相信一个假信念的时候，比如"狮鹫是实存的"，这个句子表达了我们和"狮鹫是实存的"这个对象之间的一种关系，就如同我们在想象一只狮鹫的时候，我们和想象的对象之间的那种关系一样。我们用"狮鹫"这个名称可以来称呼"狮鹫"这个图像，也可以来称呼想象的对象；同样，我们用"狮鹫是实存的"这个名称，可以来称呼信念活动，也可以来称呼"狮鹫是实存的"这个命题。

但摩尔认为上述理论混淆了命题和非命题对象。实际上当我们相信一个信念的时候，并没有要在我们和所相信的命题对象之间建立如同我们和非命题对象之间所具有的那种关系。因此，他认为："'我相信狮子实存'这个表达当然是一个事实的名称，但是我们不可能把这个事实分析为'我'和被称为'狮子实存'的命题之间的一种关系。"[2]也就是说，对于第二个事实，也即唯有真才存在的事实，并不在于命题和我之间的关系之中。

---

[1] G. E. Moore, *Some Main Problems of Philosophy*, London：George Allen and Unwin, 3rd ed., 1962, p.265.

[2] G. E. Moore, *Some Main Problems of Philosophy*, London：George Allen and Unwin, 3rd ed., 1962, p.265.

通过上面的两个反驳,摩尔认为这种真理理论的错误之处在于人为割裂了作为信念对象的命题和信念之所以为真的事实,使得"真"被降格并且仅仅旁落为这个命题的属性或者作为信念和命题之间的一种关系。因此先把信念分析为信念活动和信念活动的对象,也就是分析为行动者相关的信念态度、心理活动和作为心灵对象的命题,然后再从命题和我之间的关系或者从归属于命题之中去寻找真,都是行不通的。他说:"简言之,似乎对我来说,这些问题(按照信念的分析)对于最重要的问题(按照真的本性)都是完全不相干的。"①对于摩尔来说,一个信念为真就是说它所指称或者所符合的那个事实存在或者存有,反之该信念为假。这里和一般的符合论不同,摩尔所说的符合关系或者指称关系是指:"每一个真信念和一个事实并且只有那个事实所具有的关系;而没有一个事实和每一个假信念具有这种关系。"②一般符合论仅仅关注两个事物之间的关系,而摩尔不仅强调该关系是和"事实"的关系,而且信念之真假不在于是否具有符合这种关系,而在于是否存在这个所符合的事实。因此严格来说,摩尔的符合论并非纯粹认识论的问题,必然已经包含一些形而上学的设定。

但摩尔始终没有进一步分析这种独特的符合关系或者指称关系究竟是什么意思。他仅仅是说:"我承认不可能在完全分析的意义上来定义它:我认为这一点不可能在没有分析信念的情况下被完成。但很明显,从我们不可能分析它这个事实出发,不可能推出我们不可能完美地知道这种关系是什么;我们可以很完美地亲熟(acquainted)它,它可能很完美地亲熟我们,并且我们可能知道这两者存在着这样一种关系,并且这个关系是真理定义的关键。"③也就是说,这种关系从否定的角度来看是不可定义的,不可分析的,但是从肯定的角度来看,却又是在我们和它之间都彼此亲熟的。摩尔并没有进一步解释什么是"彼此亲熟",他只是说:"如果你并不亲熟这种关系,那么就像向一个天生的盲人说明什么是鲜红一样,没有其他更多的单词用来说明它是什么。"④如果一个信念是真的,宇宙中仅仅存在一个存在的事实,并且只有这个事实,当我们知道这个信念的时候,我们也知道了与之符合的那个事实是什么。反之亦然。"狮子实存"这个信念为真,表示宇宙中存在"狮子实

---

① G. E. Moore, *Some Main Problems of Philosophy*, London: George Allen and Unwin, 3rd ed., 1962, p.267.
② G. E. Moore, *Some Main Problems of Philosophy*, London: George Allen and Unwin, 3rd ed., 1962, p.267.
③ G. E. Moore, *Some Main Problems of Philosophy*, London: George Allen and Unwin, 3rd ed., 1962, p.267.
④ G. E. Moore, *Some Main Problems of Philosophy*, London: George Allen and Unwin, 3rd ed., 1962, p.279.

存"这个事实。"狮鹫实存"这个信念为假,表示宇宙中不存在"狮鹫实存"这个事实。

事实对应于某个命题,和相关的非命题事物本身是否存在没有直接关系。也就是说,"狮鹫实存"这个信念为假是由于"狮鹫实存"这个事实不存在,而并不是由于"狮鹫"这个事物不真实。摩尔举了一个假言命题的例子:"如果明天下雨,我们就不可能举行我们的野餐。"如果命题真假的判断是与非命题事物的实存相关,那么就会遇到一个困难,在假言命题中所指称的事物并不实存。因此我们需要通过比如可能世界理论等方式来解决这个问题。但是在摩尔这里就非常简单,由于他严格区分了命题和非命题事物,命题只是与事实而非事物对应,因此假言命题也可以对应一个事实。假言命题是否为真仅仅在于这个事实是否存在,和事物的实存并没有直接关系。他说:"当你真的相信'如果明天下雨,我们就不可能举行我们的野餐'的时候,如果你不知道存在的事实是什么,那么你也会在同样意义上不知道什么是**相信**这一点。"①按照摩尔对假言命题是否为真的理解,信念"狮鹫实存"为假是由于对应事实不存在,但是对于信念"狮鹫有一双翅膀"来说,尽管"狮鹫"本身是不真实的,但这个命题所对应的事实仍然有可能存在。同样,对于信念"只要呼叫观世音,他就会来救我",该假言命题之真假也不在于"观世音"是否真实,而在于是否存在"只要呼叫观世音,他就会来救我"这一命题所对应的事实。

因此,摩尔所提出的独特的符合论并不与我们日常生活中无数明显的事实相冲突。他认为这种真理理论是"真"这个单词的常识意义(common sense)。以往符合论的困难主要在于对事实的理解不同,比如要么把事实作为信念活动的对象,要么把事实作为一种关系或属性,而摩尔则把事实作为我们与之彼此亲熟的一个事物。一个信念为真的充分必要条件就是存在与之符合的事实这个条件:"除非这个条件(存在与之符合的事实)得到满足,否则该信念不可能为真,如果这个条件得到满足,该信念必定为真。"②也就是说,一个特定的信念为真,仅仅在于存在一个与之具有符合关系的特定的事实存在,而不是任何其他的事实。摩尔所主张的"事实存在"究竟是什么意思,我们将在下一节进行讨论。

---

① G. E. Moore, *Some Main Problems of Philosophy*, London: George Allen and Unwin, 3rd ed., 1962, p.268.

② G. E. Moore, *Some Main Problems of Philosophy*, London: George Allen and Unwin, 3rd ed., 1962, p.275.

第四节 存在和实存

对于摩尔来说,哲学中最基本任务是要区分出某物存在、有(being/is),还是不存在、没有(not being/is not)。依照上一节的区分,存在的事物有两类,一类是命题,另一类是非命题事物。命题是由句子或者可以还原成句子的词构成,可以用 that 所引导的从句或者相应的动名词来表达,并且是这些句子的意义所在。而非命题事物就是剩下的那些事物,比如狮子、观世音,等等。下面我们将讨论命题和非命题这两类存在的事物所具有的存在属性究竟是什么。

之前在讨论非命题事物是真实还是想象的时候,已经涉及到了存在问题。狮子是真实的,意味着狮子存在,有狮子。观世音是想象的,意味着观世音不存在,没有观世音。尽管观世音是想象的,但是我们仍然可以有意义地来谈论观世音,只是谈论的这个观世音是想象的对象,不同于在想象这一心理活动中的图像。在这个意义上,观世音作为想象的对象也可以被称为具有存在,与物理世界中是否实存观世音这一存在物没有太大关系,而对于后者的判断是一个命题。就如同在记忆之中,我可以回忆一幅昨天看到过的观世音这幅人物画。但是一方面,在回忆的那个时刻,所回忆的那个昨天活生生看到的人物像已经不在了,因此此刻回忆的对象尽管在某种意义上和昨天那个存在物有关系,但那个存在物却不是直接回忆的对象。另一方面,这一真实发生的回忆的对象也不同于此刻直接感受到的心灵活动中的图像。图像是想象的直接感受对象,同样,也是记忆的直接感受对象,不是真实存在的,但对于发生于想象和记忆中知识的对象来说,这个想象的对象或者记忆的对象却是真实的、存在的。这是存在运用于非命题事物的表现。

对于命题来说,存在和某个信念的真假以及判断其为真假的事实相关。他说:"我希望大家关注的首要属性就只是,无论何时我们的信念为真,的确在那时**归属**于我们所相信之事物的那个东西,并且无论何时我们的信念为假,的确在那时**不归属**于我们所相信之事物的那个东西。我打算把**存在**这个名称限定在这个属性上……"[①]比如,现在某人有个信念,他相信我此刻正在打字。该信念是真的,那么"我正在打字"这个句子所表达的就不仅是相信这

---

① G. E. Moore, *Some Main Problems of Philosophy*, London: George Allen and Unwin, 3rd ed., 1962, p.291.

一心灵活动之中的某种心理状态,而且表达了此人所相信的某个事实存在。

要注意的是,与罗素不同,摩尔并不主张把这个命题分析为主词和该主词所要断言的东西。罗素提出摹状词理论的初衷是为了解决我们可以有意义地谈论不存在的虚假事物问题,直接针对的是奥地利哲学家梅农(Alexius Meinong)和德国哲学家弗雷格(Gottlob Frege)所提出的理论。比如对于"当今法国国王是秃头"这个句子,梅农提出一种对象理论,认为"当今法国国王"在现实世界中不实存,但是当出现在一个命题的主词的位置时,"当今法国国王"仍然可以作为一个思想的对象对应某个想象的实体。弗雷格区分了词语的意义和所指,把这一类虚假事物归为有意义但所指是空类的名称。罗素批判了这两者的方案,沿用了专名和摹状词之间的区分。专名的意义取决于亲知它所代表的对象,两者是命名关系;而摹状词是不完整符号,和对象的实存没有直接关系,无需亲知它所摹状的对象。在一个命题中,"the 当今法国国王"是一个限定摹状词,而非专名,因此在命题中,当今法国国王是否实存和专名的意义没有直接关系。他进一步认为,"当今法国国王是秃头"这个命题可以被另外的一些命题所定义或者可以改写为另外的人工语言:"存在某个或其他人,他是一位当今法国国王,没有其他人会是如此,并且他……,这一点为真。"或者也可以用相应的命题函项来表示。在罗素看来,摹状词理论的重要意义之一在于它弄清了"存在"的意义。"the 当今法国国王是秃头"就是说"至少有 x,至多有 x,x 是当今法国国王,并且 x 是秃头"。两者是相互蕴涵的。摩尔承认罗素的限定摹状词理论是对以往哲学的一个伟大贡献,因为他把词语意义的讨论进行了一个转向,也就是说,在命题之中也唯有在命题之中,限定摹状词作为不完整符号具有了意义,从而解决了以往哲学中所讨论的名称是否存在所指的困惑。但摩尔并没有完全接受这个理论,尤其是对最后把命题分析为一种人工语言的做法持有保留态度。他承认通过专名和摹状词的区分,把某个事物的实存问题限定在命题之中进行讨论的这一"转向",但他觉得罗素走得太远了。也就是说,他并不同意对上述命题做出更进一步的分析,从而不承认把主词的存在难题以罗素的方式进行消解,也即不承认定义项和被定义项两者是相互蕴涵的关系。因为这种关系的成立,是建立在一个所谓的套套逻辑之上的,也即"'至少一个人是法国国王'这个句子意指至少一个人是法国国王"[1]。摩尔认为,这个所谓的套套逻辑的成立,是建立在一个经验的事实之上,也即,当我们在使用日常语言的情况下,说'至少一个人是法国国王'这个句子的时候,听到这句话的人会被我们诱导去设

---

[1]　G. E. Moore, *Philosophical Papers*, London: George Allen and Unwin, 1959, p.173.

想这个句子对应一个命题'至少一个人是法国国王',但摩尔说:"我认为,通过反思,句子 Z **或许并不**很容易意指至少一个人是法国国王,这一点也非常明显。"①因此,摩尔认为在实际使用中,我们说这个句子意指至少一个人是法国国王,当然或许会有相反的情况,这并不是一个矛盾。也就是说,这个句子在实际使用中所暗示的一个命题和所断言的东西不一致并不是一个矛盾。摩尔说:

> 如果我不是用单词'至少一人是法国国王'指称它们自身,而是表达一个命题,那么人们一般会假定,我在它们日常意义上使用这些单词,并且因此我可能会说暗示了我是如此,尽管我并不断言我是如此,也没有从我所断言的某种东西中推出我是如此。……因此,我暗示了一个命题,这个命题对于我所断言的东西来说就是矛盾的,但这个命题并不被我所断言并且并不被我所断言的东西所蕴涵。②

罗素不假思索地把这个有待于澄清的经验的事实作为一个必然分析的结果呈现出来,在摩尔看来是不可取的。既然这个等式的两端并不意指同一个东西,摩尔便得出了与罗素相反的结论:"因此我认为,它们的意义就必须是,给出这个短语自身的一个正确定义是不可能的。"③这是一个消极的结论,只不过否定了罗素的摹状词理论,但仍需要对于一开始的那个难题给出一个说明。

摩尔说:"作为句子开头的'the 如此这般'形式的短语,永远不可能被定义,尽管这个短语所出现的这个句子可以被定义。"④也就是说,摩尔否定的是对这个命题做出罗素式的分析,但并不否定罗素从命题入手来处理虚假事物这个问题。摩尔认为,限定摹状词可以没有所指(比如当今法国国王),但当有所指的时候,限定摹状词的意义是如何"关于"这个所指,这是摹状词理论的一个困难。比如在 1700 年法国国王是路易十四,在那个时候说"当今法国国王"当然是有所指的。当罗素运用摹状词理论把"法国国王"分析为"至少有一个法国国王……"的时候,任何在 1700 年说当今法国国王是秃头这个句子的人,完全有可能并不意指后面这个分析的内容。这里的"关于"显然不同于专名和对象之间的命名关系,而是限定摹状词和对象(有可能不实存)之

① G. E. Moore, *Philosophical Papers*, London: George Allen and Unwin, 1959, p.174.
② G. E. Moore, *Philosophical Papers*, London: George Allen and Unwin, 1959, p.176.
③ G. E. Moore, *Philosophical Papers*, London: George Allen and Unwin, 1959, p.179.
④ G. E. Moore, *Philosophical Papers*, London: George Allen and Unwin, 1959, p.195.

间的间接关系。我认为这一点可以从后来唐纳兰（Keifh Donnellan）提出的限定摹状词的"指称性用法"中找到更进一步的解释。摩尔受到了语言学转向的影响，但仍然认为在日常语言中包含了一个事实。也就是说，作为整个句子有指称和意义，可以被定义，尽管作为句子的一部分的限定摹状词永远不可被定义，也就是罗素意义上不完整的符号。但摩尔的"不可定义"和罗素的"不完整"有点不一样。罗素的意思是限定摹状词并不一定有所指，是"不必去定义"，是指"并不被认为具有某种独立的意义，而只是在某种背景下被定义"。而摩尔的意思是，限定摹状词的确不一定有所指（比如当今法国国王），但限定摹状词这个短语本身是"不可定义"，无法通过把限定摹状词置于整个句子的背景下而被定义（理由是，限定摹状词所指的东西和其意义所指的东西是不一样的）。摩尔关注的问题在这个意义上与后世克里普克（Saul Kripke）等人发展的罗素专名理论的直接指称理论有很大的不同，换言之，相对来说，摩尔更为赞同罗素的摹状词理论。

此外，如上一节所述，摩尔反对把这个事实进一步分析为有待于赋予真假的命题这一事实和以关系或属性的面目出现的真这一事实。比如在假信念的情况下，某人相信我此刻在伦敦，这个信念明显是假的，但如果我们接受上述的分析，该假信念依然会有某个事实存在，只不过这个事实并不对该信念的真假作出评价，而该信念之所以为假，只不过由于其所表达的这个命题缺乏真这个属性。摩尔并不接受这种分析，他认为当某人所持有的信念为假的时候，只不过是所表达的这个事实不存在，没有这个事实。

由此，我们可以反过来推测摩尔自己对于"事实"的理解——当某个事实出现的时候，这个事实虽然不能作出分析，但其呈现并非与真假无关，甚至进一步说，其呈现本身就意味着与之符合的命题之真。在这个意义上，摩尔主张，说某个东西是事实就是说这个东西是真理。他说："如果我们在这种意义上理解单词'事实'，那么重要之处在于注意到'事实'不偏不倚正好是常常被称为'真理'（truth）的东西。"[①]因此，在摩尔看来，断定某个信念为真，就是说这个信念活动符合某个事实，而说某个句子是真理，就意味着这个句子所表达的命题本身是一个事实，并且，这个事实存在。但是反过来，断定某个信念为假，只不过是意味着与之符合的那个事实不存在。因此，我们可以说，只要一个命题呈现出来，说出来，就必定具有真假性。如果有或存在与之符合的事实，那么该命题就是真的；如果没有或不存在与之符合的事实，那么该命

---

① G. E. Moore, *Some Main Problems of Philosophy*, London: George Allen and Unwin, 3rd ed., 1962, p.297.

题就是假的。在这个意义上,一个赤裸裸与真假无关的事实是不成立的。

　　"存在"和"是一个事实"仅在被运用于命题事物的时候,是同一个东西,两者在这个意义上是不一样的。因为我们可以说狮子存在、有狮子,但不能说狮子是一个事实。因为狮子是非命题事物,并不能说这个非命题事物是一个事实。按照摩尔的分类,事实总是和某个信念相关。因此摩尔认为这两者"用法的不同并非表达了谓词的不同,而是它所应用的主词的特征上的不同"①。"存在"的主词包含了命题和非命题事物,而"是一个事实"的主词仅仅限于命题。同样的,"真实"仅仅用于非命题事物,而"真理"仅仅用于命题。但这两者也只是在它们所运用的主词上表现出不同,本身并无不同。

　　至此,我们可以对命题知识稍微做一个总结。命题知识也就是我们与命题之间所具有的知道关系。这种关系不同于直接领受,比如我们直接领受某个命题或者感觉材料,也不同于间接领受,比如我们直接领受某个命题的时候也间接领受这个命题相关的某个对象。与命题相关的知识有两种,一种是当下知识(immediate knowledge),另一种是专有知识(proper knowledge)。严格来说,当下知识是专有知识中的一种形式,因为它也与命题相关,只不过作为当下知识对象的命题一般都包含了感觉材料的直接领受。

　　直接领受这种关系不仅可以用于命题,也可以用于非命题事物。摩尔认为对于一个命题而言,直接领受和当下知识之间的区别在于:"直接领受是你们可能和一个命题所具有的一种关系,当你们相信它的时候或不相信它的时候都一样,并且当它是真的或是假的时候也都一样。"②直接领受某个感觉材料,并不一定就意味着知道"直接领受感觉材料"这个命题,并且也不一定就意味着知道"感觉材料实存"这个命题,而后面两个命题是当下知识的对象。对此,摩尔认为:"每当我的确直接领受一种颜色或者任何其他感觉材料的时候,**如果我碰巧设想及于(think of)**它们,我也可能同时知道这两个命题:我直接领受了它这个命题,以及它存在这个命题。"③我们可以得出当下知识的其中两个条件:首先是直接领受与感觉材料相关的某个命题,其次是我们正好设想及于(think of)这个命题。当下知识的一个特征是,这种知识不依赖于推论,也即不依赖于是否知道推出它的命题。比如我知道"我有一双手"、

① G. E. Moore, *Some Main Problems of Philosophy*, London: George Allen and Unwin, 3rd ed., 1962, p.296.
② G. E. Moore, *Some Main Problems of Philosophy*, London: George Allen and Unwin, 3rd ed., 1962, p.123.
③ G. E. Moore, *Some Main Problems of Philosophy*, London: George Allen and Unwin, 3rd ed., 1962, p.123.

"我感觉到牙疼",我当下就知道这个知识。但这个知识也可以非当下知识,比如我知道推出上述命题的前提"大多数人都有一双手"、"医生用电钻在弄我的牙齿"等。如果我不是因为这个前提而知道"我有一双手"或者"我感觉到牙疼",而是当下知道这个知识,那么这个知识就既是非当下知识也是当下知识。

当下知识是专有知识的一种形式,而专有知识泛指与命题相关的知识:既包括我知道"狮子会吃人"、"观世音会救人"这类一般命题,也包括我知道"狮子实存",而"观世音不实存(non exist)"这类关于物质对象实存的命题。关于这种知识,摩尔有一段看起来比较清晰的论述。他说,获得如此这般的知识需要四个条件:

> 因此,知识在我们谈论它的这种意义上,在我们谈论**知道如此这般就是这种情况**的时候,包含了**另外**三个条件:(1)我们必须直接领受某个命题;(2)我们必须不仅直接领受它而且还要相信它;(3)该命题必定是真的,同时还有某个第四个条件。我认为,第四个条件恰恰是这样的:它是非常难以发现。……①

在这四个条件中,第一个条件已经论述过了。第二个条件是说我们必须相信这个命题。首先,相信不是想象。想象的直接对象是一幅图像,而相信的对象是信念。与休谟不同,图像和信念并不是活泼程度上的差别,而是在种类上有所区别。想象的生动性取决于欲望,而信念不同。摩尔说:"的确,就我所能见到的来说,他或许想象他不相信的那个选项,比起他相信的那个选项,要更加生动。"②当我强烈想要某个对象的时候,我对这个图像会升起很大的生动性,但并不意味着我会更相信这个,甚至并不具有这个信念,也就是我们不相信那个选项。其次,相信也不是感到确定性(being certain)或者感到有把握(being sure)。摩尔认为确定性是一种高程度的相信。比如我们可以相信某个事件,但却对此并不确定。也就是说,相信是介于想象和确定性之间的一种状态的名称。他举了这样一个例子:"我的其中一个朋友问另一个,'摩尔还在伦敦吗? 他度假去了吗?'在这样的情形中,我认为,被问的那个人在某种意义上的确都想象了两个选项——我在伦敦,以及我度假去了——

① G. E. Moore, *Some Main Problems of Philosophy*, London: George Allen and Unwin, 3rd ed., 1962, p.81.
② G. E. Moore, *Some Main Problems of Philosophy*, London: George Allen and Unwin, 3rd ed., 1962, p.272.

他构想了(conceive)两者在他的心灵之前都已存在,这一点是很朴素的;然而尽管如此,他仍然可以'相信'一个选项,而不相信另一个。"①在听到这句问句后,一般会对欲求进行构想,从而在心灵中出现两个想象的对象,而相信和想象在根本上就有区别,信念必须选择相信其中之一或者不相信。当然这并不意味着具有确定性或者有把握。这里摩尔始终从日常语言中来区分确定性与相信的相关差别。我们认为,如果对某个命题感到确定性,摩尔可能会认为有与命题对应的事实出现于其中。这一点也是日后摩尔和维特根斯坦的主要分歧所在。这就涉及了专有知识的第三个条件:该命题为真。前面我们已经对此做过论述,也即,断定一个命题为真,就意味着存在与之符合的某个事实。但即便从外在主义的路径满足了第三个条件,也并不意味着知道这个命题。因为在摩尔看来,专有知识还需要第四个条件。同样,存在与命题相符合的事实或者该命题就是一个真理,这也并不意味着这就是知识。但对于这第四个条件,摩尔在命题知识部分始终没有给出一个正面回答。摩尔说:"在仅仅相信和**知道**之间的明显区别就是……一旦你仅仅相信一个东西,尽管你会感觉到它的确定性,你总是有可能会犯错误,与之相对,一旦你**知道**一个东西,如果你一直知道,那么你**永远不**可能会犯错误:并且这不只是程度上的区别,而且是种类上的区别。"②也就是说,"知道"这个词的用法并不包含错误,而"相信"或者"确定性"这几个词的用法则与可错性相容,两者之间就如同想象和相信一样,是种类上的区别。

我们回到本节开头对于事物的存在和不存在之间的区分。就命题而言,真命题当然对应着一个事实,而假命题则没有与之符合的事实。因此,有些事实存在,也就是在宇宙中有这些事实;有些事实不存在,也就是在宇宙中没有这些事实。但摩尔认为,我们不能很自然地说某个事实实存,存在和实存之间有所不同。因此摩尔说:"尽管所有实存的东西都必定也'存在',然而很多'存在'的东西仍然的确不实存。"③在摩尔看来,我们在第一章中讨论的殊相,都实存于一定的空间和时间之中,而所有实存的东西都存在,因此所有的殊相都存在。在这个意义上,实存和存在在种类上并没有区别,只是用法不同。但既然事实可以作为存在而不实存的一个示例,那么实存这一属性必然有一个特殊的不同于存在的特征。反过来,存在而不实存的事物必然就没有

---

① G. E. Moore, *Some Main Problems of Philosophy*, London: George Allen and Unwin, 3rd ed., 1962, p.271.

② G. E. Moore, *Some Main Problems of Philosophy*, London: George Allen and Unwin, 3rd ed., 1962, p.273.

③ G. E. Moore, *Some Main Problems of Philosophy*, London: George Allen and Unwin, 3rd ed., 1962, p.300.

这个特征，或者也会有一个与之完全相反的特征。摩尔认为，要讨论这个问题，除了我们已经考察过的与命题相对的事实之外，还需要考察另外一种存在物（entity），存在于这个宇宙之中但却不实存的共相。这将是我们下一章所要讨论的主题。

第三章　共　相

第一节　属性和关系

　　共相问题是一个古老的哲学问题。围绕这个问题所展开的实在论和唯名论之争也从未离开过哲学家们的视线，尽管在不同的领域总会以不同的面目出现。摩尔从对存在和实存之间的区分入手引入共相问题。比如，"狮子"作为一个对象，可以用"存在"、"实存"这些谓词进行谓述，我们可以说"狮子存在"、"有狮子"，也可以说"狮子实存"。但"狮子实存"作为一个命题，不可以用"实存"进行谓述，但可以用"存在"，或"是一个事实"、"是一个真理"来表达，由此我们可以说"狮子实存"是一个事实或者是一个真理，"狮子实存"这个命题存在。因此，按照摩尔的分类，"实存"的主词必须是一个殊相或者感觉材料，而诸如"事实""真理""命题""共相"等存在物通常不能用"实存"进行谓述。各种唯名论者只承认殊相以某种方式存在，认为"共相"既不实存，也不会以任何方式存在，而摩尔所主张的实在论虽然不承认"共相"实存，但仍然会以某种方式"存在"。

　　正是在存在而不实存的意义上，摩尔认为仅有两种类型的存在物可以如此，第一类是事实，第二类是共相。按照上一章对命题知识的论述，所谓的事实或真理总是与一个真信念相符合，而与这一信念中所涉及的对象没有直接关系。具体来说，"观世音是会救人的"这个命题的真假和"观世音"本身作为对象是否实存没有直接关系，而在于"观世音是会救人的"这一事实是否存在或者"观世音是会救人的"这一命题是否是一个真理。但我们一直没有探讨作为对象的"观世音"究竟和作为命题主词的"观世音"有什么关系，或者反过来说，作为对象的"观世音"在什么意义上会成为作为命题主词的"观世音"，后者和"是会救人的"这一属性结合起来成为了一个命题，从而就可能会有一个与之符合的事实。对此摩尔做了一个类似的断言："我把这棵树和'是橡树'这个属性放在一起的那个时刻，整个事情就发生了变化。我**能够**相信，这棵树具有'是橡树'这个属性与这棵树具有这个属性可以是一个真理……并可以符合同一个信念；然而，尽管这棵树本身和'是橡树'这个属性本身可能都是真实的，但都不是'真理'并且都不可能符合于任何信念。"①换言之，在一个信念中，当主词被判断为具有某个属性的时候，下判断的那个时刻，"整个事情就发生了变化"，我们甚至可以说，事实或者真理在判断的那个时刻发挥了作用，使得原本作为对象的事物结合成为一个可以被判断为真假的命题，并且我们能够相信这个命题从而获得了与这个命题相关的知识。因此，如果要清晰考察事实或者真理究竟是什么，不妨从判断中归属于某个主词的"属性"入手，也就是说，必须进一步探究共相问题。

共相的特性在于可以被不同的事物所具有，比如被不同时间的事物所具有，或者同时在不同的地方被不同事物所具有。例如"白色"既可以被"这匹白马"所具有，也可以被"这张白纸"所具有。当属性在这样被运用的时候，包含了"具有"这一关系，因此这种属性都可以被等同于关系性属性。从传统上来看，共相有两种类型，一种是属性，另一种是关系，并且作为"属性"的共相预设或者依赖于"关系"这类共相。对此，摩尔区分了十一类共相，其中六类是属性，五类是关系。他说：

> 这三种属性的类型是这些：（1）是由某个非共相事物的关系的具有所组成的属性；（2）是由非共相事物组合中任何一个事物的关系的具有所组成的属性；（3）是由非共相事物的组合中的一个成员所组成的属性。所有你们所看到的这三种属性预设了另一种类型的共相——我已经把这种类型称为关系。我们所发现的这三种关系的类型是这些：（1）两个词项之间的直接关系；（2）两个词项之间的间接关系，是由它们每一个都和某第三个非共相的事物具有某种关系这个事实所组成；（3）两个词项之间的间接关系，是由它们每一个都和非共相事物的组合中某一个或另一个具有某种关系这个事实所组成。……一旦我们承认这六种共相的类型，我们当然也会承认另外五种类型。也即，（1）三种属性的类型，是由不是"非共相的某个东西"的关系的具有所组成的属性，而是"我们已经承认的那种类型的共相"的关系的具有所组成的属性；（2）两个词项之间的两种间接关系，是由不是"非共相的某个东西"具有某种关系，而是和"我们已经承认的一种或另

---

① G. E. Moore, *Some Main Problems of Philosophy*, London: George Allen and Unwin, 3rd ed., 1962, p.311.

一种类型的共相"具有某种关系。①

　　某个非共相事物包含了殊相和感觉材料。我们首先简要考察六种属性。第一种属性是"由某个非共相事物的关系的具有所组成的属性"。我们可以任意举出此时此刻空间中有四个非共相事物，比如我们可以在黑板上用白粉笔画上相隔一定距离的四个点，分别为 A、B、C 和 D。这样我们可以说：B 和 A 相隔一个距离、C 和 A 相隔一个距离、D 和 A 相隔一个距离。因此，B，C，D 三个事物共同具有"和 A 相隔一个距离"这个属性，或者说，这个属性就是由某个非共相事物（A）的关系（与之相隔一个距离）的具有所组成。
　　第二种属性是"由非共相事物组合中任何一个事物的关系的具有所组成的属性"。A 这个白色圆点是一个特定的非共相事物，但白色圆点的事物有很多，肯定不止 A。这些类似于 A 的不同白色圆点可以形成一个组合，而 A 只不过是这个组合中的任何一个白色圆点，而不是特定的某个白色圆点，那么我们同样可以说，B 和任何一个白色圆点相隔一个距离、C 和任何一个白色圆点相隔一个距离、D 和任何一个白色圆点相隔一个距离。因此 B，C，D 三个事物共同具有"和任何一个白色圆点相隔一个距离"这个属性，或者说，这个属性就是由非共相事物组合中某个事物（某个白色圆点）的关系的具有所组成。
　　第三种属性是"由非共相事物组合的一个成员所组成的属性"。B，C，D 三个事物除了具有上述两个比较明显与"相隔一个距离"这个空间关系相关的关系性属性，也即只归属于 B，C，D 而不归属于任何其他事物的属性外，至少还共同具有一个与之相关的属性。如上所述，A 和 B 之间相隔一个距离 β，A 和 C 之间相隔一个距离 γ，A 和 D 之间相隔一个距离 δ。β、γ、δ 都是非共相事物，三者彼此相似但各不相同。如果我们把这三个"相隔一个距离"的空间构成一个组合 βγδ，那么我们可以说，与 B 相关的这个空间 β 是这个组合中的一个成员、与 C 相关的这个空间 γ 是这个组合中的一个成员、与 D 相关的这个空间 δ 是这个组合中的一个成员。因此三个空间的事物分别都共同具有"是这个组合中的一个成员"这个属性，或者说，这个属性就是由非共相事物（三个空间事物 βγδ）组合的一个成员所组成。这个属性和前面两个属性有很大不同，并不是由某个事物或者某个组合的关系的具有所组成。
　　我们可以称前面三种属性为与殊相相关的属性，下面还有三种属性类似

----

① G. E. Moore, *Some Main Problems of Philosophy*, London: George Allen and Unwin, 3rd ed., 1962, p.319.

于前面三种属性，只不过把"非共相事物"换成"共相事物"，我们可以称之为与共相相关的属性。比如对于"白色"这一共相，第一种属性就是"和这个白色色块相隔一个距离"，第二种属性就是"和白色色块组合中任何一个白色色块相隔一个距离"，第三种属性就是"三种不同颜色组合的一个成员"。

下面来考察五种关系。第一种关系是"两个词项之间的直接关系"。所谓的"直接关系"是指关系的两端之间不存在第三个事物。摩尔举了两个例子："我认为很明显，A（这个白色色块）和它所占据的这个空间的关系就是一种直接关系……直接关系的另一个例子是这种关系，我说过，这些空间中每一个和这三个空间所组成的组合很明显具有这种关系——我们用每一个都是该组合的一个成员来表达这种关系。"[①]第一个例子是 A 和 A 所占据的空间的关系。这种关系通过"x 和 x 所占据的空间的关系"来表达，不论 x 是 A、B 还是 C，这三个关系都是完全相同的。同样，与 B 相关的空间 β 和空间组合 βγδ 之间，也就是说 β 是这三个空间组合的一个成员，这种关系也是直接关系。这种关系通过"y 和这三个空间的组合的关系"来表达，不论 y 是 β、γ 还是 δ，这三个关系也都是完全相同的。但下面提到的间接关系就不一样了。

第二种关系是"两个词项之间的间接关系，是由它们每一个都和某第三个非共相的事物具有某种关系这个事实所组成"。比如，B 和 A 相隔一定距离，也就是 B 和 A 之间有第三个非共相的事物——空间 β。A 和 β 有一个关系，B 和 β 也有一个关系，也就是说，A 和 B 分别是 β 的两端。那么，B 和 A 具有一种间接关系——B 通过 B 和 A 之间的第三个非共相的事物"空间 β"这个事实而建立起来的关系。同样，C 和 A 也具有一种间接关系，这个关系同样包含了两者都是 γ 空间的一端这个事实。我们可以看到在第二种关系中，B 和 A 所建立的这种间接关系不同于 C 和 A 所建立的间接关系。因为这两个关系所包含的作为中介的事实中的特定空间不同，一个是 β，另一个则是 γ。

第三种关系是"两个词项之间的间接关系，是由它们每一个都和非共相的事物的组合中某一个或另一个具有某种关系这个事实所组成"。第三种关系和第二种关系类似，只不过这里的第三个非共相事物并不特指 β 或者 γ，而是指组合 βγδ 其中任意一个空间，泛指某一个或另一个。B 和 A 所建立的间接关系与 C 和 A 所建立的间接关系是完全相同的。因为这两个关系尽管

---

① G. E. Moore, *Some Main Problems of Philosophy*, London: George Allen and Unwin, 3rd ed., 1962, p.318.

包含了第三个非共相事物,但这个事物只不过是组合中的某一个。

上述三种关系被称为与殊相相关的关系。另外第四种和第五种关系则分别把第二种关系和第三种关系中的"非共相事物"换成"共相事物"。我们也可以称之为与共相相关的关系。

如上十一类属性和关系不仅彼此之间很容易混淆,而且由于语言的不准确性,往往与事实相混淆。比如,当我们说"白马是马"这个命题的时候,判断这个命题为真,也就是有一个与之相符的事实,也即事实上白马是马。但是在这个事实发生的时候,"白马"同时也具有了"是马""马性"这个属性,而且这个属性中还包含了"具有"这一关系,或者说"白马"成为各种各样的马所组成的那个组合的其中一个成员的关系。因此,在说出一个普通的命题的时候,可能表达了某个事实,也可能在表达所包含的属性或者关系,但事实和后面两种共相并不是一回事。

如果考虑到关系性属性,这三者的差别就比较清楚了。比如,"贾宝玉是贾政的其中一个儿子"这个命题对应一个与之符合的事实:贾宝玉是贾政的其中一个儿子;同样"贾环是贾政的其中一个儿子"这个命题也对应一个事实:贾环是贾政的其中一个儿子。这两个事实是完全不同的。但贾宝玉和贾环都有一个共同的属性,"是贾政的其中一个儿子",并且只有他们才具有这个属性,其他人没有。贾政是非共相事物,那么"是贾政的其中一个儿子"就是第一类属性。这两个属性之所以相同,是因为贾宝玉和贾环都是"贾政"的儿子,但贾琏就不是。当然贾宝玉和贾环还有另一个共同的属性:"是贾政类似的不同父亲组合中某人的一个儿子。"这个属性是第二类属性。这两个属性之所以相同,是因为贾宝玉和贾环都包含了是某人的"儿子关系",贾琏也是,当然薛蟠也是。这两个属性都包含了"是……的其中一个儿子"这种关系。与这两类属性相对应,也有两种关系:一种是"贾政的其中一个儿子",另一种则是"贾政类似的不同父亲组合中某人的一个儿子"。这两种关系都是间接关系。关系不同于属性,属性"是贾政的其中一个儿子"归属于贾宝玉和贾环,但是关系"是贾政的其中一个儿子"只不过是表达了与贾宝玉相关的一个关系而已。出于和属性相同的理由,这两个关系中,前者不可能出现在其他事物之中,而后者则有可能出现在其他事物之中。

除此之外,在表示这个命题的时候,还有第三种属性,贾宝玉具有"是贾宝玉和贾环这一组合其中一员"这个属性,贾环同样也具有这个属性,并且,这两个属性是完全相同的。这个属性也是只归属于贾宝玉和贾环,不归属于其他事物,比如贾琏。这个属性则包含了"是……其中一员"这一关系,也就是第一种直接关系。同样,这个关系也只是表达了贾宝玉和组合之间的一个关系而已。在这种直接关系中,对于贾宝玉和贾环来说,仍然是同一个关系,但是对于贾琏来说,也可以"是贾宝玉、贾环和贾琏这一组合其中一员",也就是说尽管贾琏和之前的贾宝玉所具有的属性不同了,但是这个属性却包含了与之前完全相同的一个关系:"是……其中一员。"

摩尔认为:"对于我来说似乎尽可能弄清楚的一个东西就是,所有这三种事物(事实、属性、关系)彼此都不相同,所有这三者毫无疑问都存在,并且在宇宙中存在。"[①]通过上面的区分可以发现,事实和属性、关系之间有着很大的不同,而属性和关系这两类共相之间有着千丝万缕的关联。由于我们语言的不确定性,在作出判断的那个时刻,在谓述中出现的共相各不相同,很可能已经表达了几个不同层面的意思。不过摩尔在做了如上区分之后,还提出了另外一种与之前的关系性属性和关系不同的共相,他称之为第三类共相。

第二节　相似和同一

上一节中提到,当我们说出"这匹白马是白色的"这一命题的时候,可能会存在与之符合的一个事实,这个事实或者包含了"是白色的"或者"白色性"这一被归属于"这匹白马"这个特定物质对象的属性,或者包含了"这匹白马"这个事物与具有白色性的其他殊相之间的一种关系。此外,在不同的情况下,属性和关系都可以用不同的方式得到理解。在这一命题中,"是白色的"表达了一个共相,而"这匹白马"则表达了一个非共相事物。摩尔区分了两类非共相事物,一类是感觉材料,另一类通常是物质对象。他认为,当某个共相归属于它或者与之建立的某种关系的时候,主词究竟是感觉材料还是物质对象,情况是不一样的。他说:"我们用'白色性'所意指的东西似乎对我来说就是一个归属于物质对象的属性,初看起来就是由我所谓'白色色块'的感觉材料所具有的关系组成,因而当然并非归属于这些感觉材料本身的属性。"[②]按照摩尔的主张,感觉材料总是处于私人空间之中,和物质对象是完全不同的。不管把感觉材料理解为物质对象的表面,还是理解为物质对象的一部分,或者按照摩尔在这段话中的表达,归属于物质对象的属性是由感觉材料与之所具有的关系所组成的,从而这个属性肯定不在上述归属的意义上直接归属于

① G. E. Moore, *Some Main Problems of Philosophy*, London: George Allen and Unwin, 3rd ed., 1962, p.323.
② G. E. Moore, *Some Main Problems of Philosophy*, London: George Allen and Unwin, 3rd ed., 1962, p.327.

感觉材料本身。总之,谈论"白马"这个物质对象是白色的,和谈论"我们所看到的这个白色色块"这个感觉材料是白色的,两者完全不同。摩尔甚至认为,这个问题是"最后一个重要的问题,如果我们真的想要理解这个宇宙的组成部分会是什么"。[①]

对于"白马"这个物质对象而言,"白马"是白色的,白雪、白纸等也是白色的,那么这匹白马所具有的"白色性",只归属白马、白雪、白纸等事物而不归属于其他事物。按照上一节对关系性属性的分类,这匹白马的"白色性"可以等同于"是白马、白雪、白纸等组合中的一员"这一属性。但对于"白色色块"这个感觉材料而言,情况就不一样了。我们不可以把这个"白色色块"的"白色性"仅仅等同于"带点蓝色的白色色块、带点黄色的白色色块、带点绿色的白色色块等组合中的一员"这一属性。与之相关并且仅仅与之相关的共同又特别的共相或者唯一属性,既不是关系,也不是关系性属性,当然肯定也不是殊相、事实等。因为对于颜色而言,我们可以说带点蓝色的白色是一种白色,也可以说带点白色的蓝色是一种白色,当然更可以说,这是一种蓝色。这的确也是"白色"这一词的用法,在这种意义上,任意一种颜色当中或许都可以有"白色性"。因此,上述具有白色性的各种颜色的组合,是一种任意的组合。但很显然,当我们使用单词"白色"来谓述某种感觉材料的时候,我们是在说白色色块是白色,带点蓝色的白色色块是白色,而带点白色的蓝色色块是蓝色,而不是白色。因此,这里颜色的组合并不能是任意的,而是要在这些颜色中具有某个归属于它们而不归属于其他颜色的"白色性",摩尔把后面这些颜色的组合称为是"自然的组合",以区别于"任意的组合"。他说:"我们应当明确称为'白色'的所有感觉材料所组成的组合的确以某种方式不同于这种组合:其所有成员都明确以某种方式相关于彼此,一个纯粹任意的组合的成员在这种方式中彼此并不相关,它在某种意义上是一个自然的组合。"[②]事实上,摩尔并没有进一步阐释这一颇为"自然主义"的方案。以自然的方式把具有"白色性"的各种颜色给组合起来,并没有说明什么,只是否定了一种任意的组合,即只是否定了仅仅用"关系或者关系性属性"解释这一唯一属性的方案。但我们完全可以进一步追问,具有"白色性"的各种颜色形成"自然"的组合是什么意思?

摩尔认为,对于这个问题可以通过感觉材料在某个方面的相似性

---

①　G. E. Moore, *Some Main Problems of Philosophy*, London: George Allen and Unwin, 3rd ed., 1962, p.328.

②　G. E. Moore, *Some Main Problems of Philosophy*, London: George Allen and Unwin, 3rd ed., 1962, p.330.

(resemblance/similarity/likeness)来确定。相似也是一种关系,比如带点蓝色的白色色块相似于带点黄色的白色色块,那么我们就可以说这两个色块有一种相似关系。不仅如此,带点蓝色的白色色块和带点黄色的白色色块之所以可以从宇宙中的其他事物中区分出来,就是因为它们都有一个"既共同又特别"的属性——相似性。摩尔说:"举出任意一个特定白色的感觉材料,然后所有其他白色色块的确相似于它,这就是把它们从宇宙中其他事物区分开来的东西……所有其他白色色块的确相似于我们这个白色色块。"①

相似关系是介于同一关系和不同关系之间的一种关系。之前也提到过一个例子,比如我此刻正在看这篇论文,当然会有某个感觉材料 a 出现,过了一小会儿之后,会有另一个感觉材料 b 出现。对于物质对象来说,虽然不同时刻微观结构发生了变化,也就是就微观结构的视角来看两者已经不同了,但由于物质对象这一殊相是一种可变的持存物,我们仍然可以说这篇论文在两个不同时刻是同一的。殊相的同一性可以通过具有相同的属性来加以说明,但感觉材料则不一样。当我们此刻在看这篇论文的时候,不同时刻呈现出来的感觉材料确实发生了轻微的变化,但这两个感觉材料 a 和 b 之间只是一种相似关系。因此,在摩尔看来,就感觉材料来说,相似性和同一性是完全不一样的两种关系,不能把某种程度上的同一看作是相似关系,也不能把精确的相似看作是同一关系。

把相似性运用于两个作为殊相的特殊事物之间时,还会产生一个反驳。比如白马和白雪之间在某个方面具有相似性,两者都"是白色的",而且其他事物没有。但是对于这些事物来说,还会有其他相似之处,比如两者都"是在宇宙之中",等等,也就是说,对于任意的不同事物,在它们之中都能够找到至少一个相似之处。在这个意义上来说,摩尔认为"宇宙中所有事物都相似于任何其他事物"②,也就是说,相似性只不过是一个事物的某方面和另一事物的同一方面之间的关系,并不能对事物本身做出区分。这显然就太弱了。而谈论两种感觉材料之间的相似性时,情况就不一样。摩尔用了另外一个似乎更为精确的概念来形容两种感觉材料之间的相似——内在相似性(internal likeness)。比如带点蓝色的白色和带点黄色的白色之间具有内在相似性,而与黑色不具有内在相似性。也就是说,尽管黑色和之前两种颜色可能会在某些方面具有共同的属性,比如都是一种颜色,但是,黑色和这两种颜色"就其

---

① G. E. Moore, *Some Main Problems of Philosophy*, London: George Allen and Unwin, 3rd ed., 1962, p.331.
② G. E. Moore, *Some Main Problems of Philosophy*, London: George Allen and Unwin, 3rd ed., 1962, p.331.

自身或从内在来说,是不相似的"。但如何定义内在相似性是一个问题。比如带点蓝色的白色和带点黄色的白色之间可以说具有内在相似性,但带点蓝色的白色和纯蓝色之间,很明显也可以说具有内在相似性。更不用说,带点蓝色的白色和带点白色的蓝色肯定在程度上具有极高的内在相似性,至少相较于纯白色来说。但我们会把带点蓝色的白色称为白色,而不把带点白色的蓝色称为白色,因此,就算在程度上引入极高的内在相似性,也并不足以找到不同的感觉材料之间"既共同又特别"的属性。这些感觉材料可以按照这个属性把自身与其他不同的事物给区分出来,因为这个唯一属性仅仅归属于这些感觉材料,而不归属于其他事物。

由于相似性或者内在相似性定义的模糊性,将其作为区分事物的唯一属性,尽管会出现各种各样的质疑,但还是比较符合我们对于这种唯一属性的日常看法。比如对于所有可以被称为白色的色块来说,相较于宇宙中的其他事物,不管是带点蓝色的白色,还是带点黄色的白色,都更为相似于或者极高程度上内在相似于某个纯白色色块。这就是我们之所以称这些为白色的原因,也即它们都相似于某个纯白色色块,从而在一定程度上彼此相似,而其他事物则不相似,以此而把这些白色的色块从其他事物中区分出来。但摩尔认为,就算可以接受这种相似的理论,仍然会面对一个无法克服的致命反驳。他说:"这个特殊的白色色块的确并不**相似**于自身:它**就是**自身——这是一个完全不同的事情。"[1]换言之,相似关系"只是在两个不同事物之间才能拥有的关系——至少**在量上**不同的事物——是两个事物"[2]。因此,纯白色色块不能与自身具有相似关系。与各种白色具有相似关系的那个纯白色色块,和自身并不具有相似关系,但这个色块当然也可以被我们称为白色,因此相似性并不是所有这些被称为白色的色块的唯一属性,至少存在一个例外,也即这些白色的色块所相似的那个纯白色色块。这个色块之所以被称为白色,并不是因为相似性,而是因为这个色块**就是**纯白色色块,也即同一于自身。

在哲学史上围绕如何规定同一性的问题,出现了一个著名的同一性悖论。我们来看弗雷格的例子。长庚星就是启明星,也就是说长庚星和启明星所指称的是同一个东西,那么长庚星和启明星具有同一关系。但是我们很容易设想,比如在天文学还不发达的古代,一个既认识长庚星,也认识启明星的人,很有可能并不知道长庚星就是启明星。如果同一性是规定某事物的一种

---

[1] G. E. Moore, *Some Main Problems of Philosophy*, London: George Allen and Unwin, 3rd ed., 1962, p.333.

[2] G. E. Moore, *Some Main Problems of Philosophy*, London: George Allen and Unwin, 3rd ed., 1962, p.334.

必然关系,那么为什么同一性又要依赖于后天的经验知识呢? 这就是同一性悖论。弗雷格通过区分意义和所指,一定程度上解决了这个问题。也就是说,同一性是指两个词项所指称的是同一个东西,并不代表意义也是一样的。罗素与弗雷格类似,也把同一性视为一个事物与其自身之间的关系,但他对同一性悖论的解决方式与弗雷格不同。罗素并不承认所指和意义之间的区分,而是将其作为一个限定摹状词。限定摹状词只有在一个表示同一性的命题之中才具有同一的意义。同一性问题在罗素那里就仅仅是在命题中把词项分析为相同的摹状词,而与弗雷格所指的事物本身是否实存无关。维特根斯坦完全不接受弗雷格和罗素的观点。他认为同一性问题根本就不是一种事物和自身之间的关系,严格来说,后者根本就不能算是一种关系。按照韩林合的研究,维特根斯坦对于同一性问题的观点是:"为了知道它们表示的是否是相同的对象,我们必须先行弄清楚它们各自表示了什么对象;而一旦弄清楚了这一点,我们也就知道了它们表示的是同一个对象,还是不同的对象。……两个符号是否表示了相同的对象,这点是不可断言的,因为这点已经显示于这两个符号之中了,而'可现实的东西,不可说'。"①也就是说,维特根斯坦并没有把同一性视为一种关系,而是视为一种已然显示于两个彼此同一的符合之中的不可说的东西。这一断言初看起来当然没有问题,但事实上并没有给同一性提供正面的结论。一方面,这种说法承诺了太多的东西,也即在前提中就承认了两个符号已经显示了这个同一性,另一方面,这种说法又承诺得太少了,因为"只可显示,不可言说"这种说法显得过于神秘——既无法澄清"不可言说"是什么,也无法澄清"可显示"和"可说"之间的关系是什么。

摩尔把与相似性相对应的同一性视为某个感觉材料与自身之间的一种关系。感觉材料并不是物质对象,也不是某事物所对应的一个符号,因此某个特定的感觉材料并不会对应不同的意义,而同一个物质对象可以有各种意义。比如启明星和长庚星都指称同一颗星,同一个事物可以有不同的名称或者符号。但感觉材料不同,比如早上看到的那颗悬于天空的圆形明亮的感觉材料就是那个纯白色色块,而傍晚看到的那颗特别亮的感觉材料则是那个带点黄色的白色色块,这是两个不同的感觉材料。当其中某个感觉材料与自身同一的时候,仅仅代表早上看到的纯白色色块与自身相同一,而晚上看到的带点黄色的白色色块与自身相同一。因此,对于感觉材料与自身之间的同一关系而言,根本就不存在在弗雷格和罗素那里所遇到的同一性悖论的问题,

---

① 韩林合:《分析的形而上学》,北京:商务印书馆,2013年,第57页。

而且,这里的同一关系也与维特根斯坦所反对的关系不同,后者是指两个不同事物之间的或者符号之间的一种关系。如果把维特根斯坦对同一性的解释运用于感觉材料之上,那么摩尔可能会说,维特根斯坦需要进一步解释,感觉材料与自身之间同一性"显示"在这个感觉材料与自身之中究竟是什么意思。难道不是因为感觉材料与自身相同一,才能"显示"这个同一性? 也就是说,我们不能从"显示"的同一性中反过来论证这种同一性。

总之,当摩尔把非共相事物限定在感觉材料之中时,不同感觉材料之间的相似性以及某个感觉材料与自身的同一性成为了选出"自然"组合的一种方式。我们或许可以通过这两种方式在这些感觉材料中找出"既共同又特别"的唯一属性。摩尔认为,这一点构成了一种看似颇为合理的方案,也即相似和同一之间析取的方案。这将是我们下一节要考察的内容。

第三节　析取和合取

通过对不同感觉材料之所以被称为"白色"的第三个共相——"白色性"的分析,摩尔得出了第一个析取主义的结论,也即:"这个属性的确真正归属于所有白色色块,而不归属于其他。我意指的这个属性是这样的,它们每个的确真正具有这个属性:或者和所有纯白色色块在颜色方面具有所要求程度的相似性,或者就是纯白色色块。"[①]也就是说,这个属性就是相似性和同一性的析取。这个属性归属于这个组合当中的所有成员,而不归属于在宇宙中任何不在这个组合当中的其他事物。因此,这个析取属性把任何可以被称为白色的色块从其他事物中挑选出来,所有纯白色色块满足这个析取项的第二个条件,也即"就是纯白色色块";而对于那些不是纯白色的其他白色色块来说,都满足这个析取项的第一个条件,也即"和纯白色色块在颜色方面具有所要求程度的相似性"。因此我们可以说,对于任何被称为白色的色块来说,都满足这两个析取项的其中一个,即都拥有这个析取属性。

与这种析取理论区别最大的就是合取理论,即:"还存在相似性和纯粹同一性的关系来说**共同**的某种东西。"[②]也就是说,纯白色色块和自身之间的同一性关系和其他白色色块和纯白色色块之间的相似性关系,这两种关系中还

---

① G. E. Moore, *Some Main Problems of Philosophy*, London: George Allen and Unwin, 3rd ed., 1962, pp.338 – 339.

② G. E. Moore, *Some Main Problems of Philosophy*, London: George Allen and Unwin, 3rd ed., 1962, p.334.

有共同的某种东西——两者"合取"的共同的关系既是纯白色色块和自身之间的关系,又是与纯白色色块相似的其他白色色块与它之间的关系。或者反过来说,我们之所以称某个感觉材料为白色色块,只不过是因为该色块拥有某个属性,这个属性中包含了相似性和同一性中的关系着两者共同性的某种东西。所有的纯白色色块与自身同一,因此拥有这个共同的东西;所有其他白色色块与纯白色色块相似,因此也拥有这个共同的东西。摩尔认为,这种理论只不过是回答第三种共相难题的"一个可能解答"。

虽然摩尔没有进一步为这个共同的东西给出一种确切说法,但他还是给出了另一种与析取理论不同的可能方案:"这个属性是什么也很明显。他们会说,它很明显是由这个事实所组成:在它们所有**当中或者出现在它们当中**,有某个纯白色;某个量的纯白色就是在它们所有当中的**一个要素**,或者纯白色就是**在某个程度上**在它们所有当中的一个要素。"[1]比如带点蓝色的白色被称为白色,而蓝色不是白色,因为带点蓝色的白色当中,有"某个纯白色",或者纯白色出现在了带点蓝色的白色当中,而蓝色当中没有"某个纯白色",或者纯白色没有出现在它当中。不仅如此,"某个纯白色"可以在不同程度上出现在它当中。比如带点蓝色的白色和带点白色的蓝色相比较,前者有更多的白色,也即,"某个纯白色"更多程度上出现在带点蓝色的白色当中。这个方案与之前的析取理论最大的不同之处在于,"纯白色"所指的东西不同于任何纯白色色块,而是"对它们所有来说本身就是一个共同的共相的某个事物"[2]。因此,这里没有纯白色色块和其他白色色块之间的相似关系,也没有纯白色色块和自身之间的同一关系,也即,"纯白色"并不是指某种感觉材料,而本身就是一个共相,是所有这个组合的感觉材料都拥有的那个共相。

但是对于这个说法,可能会产生更多问题。摩尔为此给出了进一步的分析:"首先,我们必须要问的第一个问题是,这个所谓的'纯白色'的共相是什么;它是否并非不同于纯白色的色块,并且,如果不同,以何种方式不同。其次,我们必须确认,通过说它是在所有白色色块当中意指什么,我们所谓'出现在'的这个东西是否就是和它们具有那种**关系**。如果是的话,这种关系是什么。最后,我们应该必须追问,通过说它是**在不同程度上**在它们之中意指什么,所意指的东西是否相比较于在另外的地方就有更多纯白色出现在其中;或者另一方面,纯白色是否就是一个没有任何程度的事物,真正的问题只

---

① G. E. Moore, *Some Main Problems of Philosophy*, London: George Allen and Unwin, 3rd ed., 1962, p.340.

② G. E. Moore, *Some Main Problems of Philosophy*, London: George Allen and Unwin, 3rd ed., 1962, p.340.

是在于相比较于在其他地方它更多出现在某些地方之中,或者在其出现的程度上有所不同。"①这里摩尔提出了三个亟待解决的问题。第一个问题是"纯白色"共相是什么,附带的一个问题是该共相和作为感觉材料的纯白色色块之间有什么区别。第二个问题是"纯白色"在所有白色色块"当中"或者"出现在"所有白色色块"当中",这里的"出现在……当中"是什么关系。第三个问题是"纯白色"在"不同程度上"出现在它们当中,这个"不同程度"意指什么?

对于第一个问题,摩尔的回答是:"你们实际上正在看一个共相'纯白色',这个共相就是你们通过视觉感官直接感受到的东西的一部分。"②这是一个很悖谬的回答,因为通过感官直接感受的东西一般来说不可能是共相,但摩尔坚持认为这个回答的优点恰恰在于"它使得'纯白色'这个共相成为毫无疑问的某个事物——我们所有人实际上看到的,并且我们所有人都亲熟的某个事物"。③ 也就是在我们感受到某个白色色块的时候,我们都亲熟于"纯白色"这个共相,而且已经毫无疑问地接受了"纯白色"这个事物。但与之前在回答想象的事物和命题事物的时候一样,摩尔并没有进一步解释"亲熟"关系。

从否定的意义上来看,该共相不同于作为感觉材料的纯白色色块。按照我们第一章的论述,当我们直接感受某个感觉材料的时候,该感觉材料在某个特定的时间占据了某个私人的空间。在这个位置上的白色色块和另一个位置上的白色色块可能有几分相似,却是两个不同的感觉材料。同样,某个形状的白色色块和另一个形状的白色色块也是两个不同的感觉材料,但是对于"纯白色"共相来说,"它是一个并且同一个颜色,同时具有两种不同的大小和形状:它在一个位置上具有一个大小和形状,在另一个位置上具有另一个大小和形状:它本身同时在两个位置上——一个并且同一个事物真的就是在两个位置上,并且具有同样的形状和大小"④。在两个占据不同空间的位置上,"纯白色"是完全一样的,而作为感觉材料的纯白色色块却是不一样的。同样,在两个不同时间中,情况也是如此。比如在某个时刻直接看到某个纯白色色块的这张白纸,稍过一会儿之后的另一个时刻,感觉材料已经发生了变化,但是纯白色这个共相仍然是一样的。也就是说,在两个不同的时

① G. E. Moore, *Some Main Problems of Philosophy*, London: George Allen and Unwin, 3rd ed., 1962, pp.340 - 341.
② G. E. Moore, *Some Main Problems of Philosophy*, London: George Allen and Unwin, 3rd ed., 1962, p.342.
③ G. E. Moore, *Some Main Problems of Philosophy*, London: George Allen and Unwin, 3rd ed., 1962, p.342.
④ G. E. Moore, *Some Main Problems of Philosophy*, London: George Allen and Unwin, 3rd ed., 1962, p.341.

刻,同一个事物可以在同一个位置上。摩尔把这种情况称为绝对静止:"每当我们推测一个事物对于任何长度的时间来说都是绝对静止的时候,我们就是在推测,它在**两个不同**的时间上处于同一个位置。"[①]因此,对于这样一个"纯白色"共相来说,既可能在同一个时间出现在不同的位置上,也可能在不同时间出现在同一个位置上。

那么究竟这个"纯白色"共相是如何"出现在"所有白色色块"当中"的呢?如上所述,这个共相可以在同一个时间出现在不同位置的所有白色色块当中,也可以在同一个位置上出现在不同时间的所有白色色块当中。对于某个特殊的白色色块来说,在某个时刻占据了空间中的某个位置,我们可以称之为一个殊相。摩尔认为,对于"出现在……当中"的关系,有一种错误的理解。比如我现在看到了这个白色色块,由于纯白色出现在这个白色色块当中,也即纯白色这个共相占据了这个白色色块的整个空间,那么单词"这个特殊的白色色块"所意指的东西就是此时此刻"占据了这个特殊空间的共相"。在另一个时刻或者不同的位置上的"另一个特殊的白色色块"所意指的就是"占据了另一个特殊空间的共相"。尽管这两个共相都是同一个"纯白色"共相,但这些共相只能够出现在不同时间、空间中的殊相当中。由于殊相是不同的,从而"占据了这个特殊空间的共相"不同于"占据了另一个特殊空间的共相"。如果这种理解是正确的,那么作为殊相的"占据了这个特殊空间的纯白色"和作为共相的"纯白色"就不是一回事。对于前者来说,"纯白色"这个共相仅仅用来把这个特定色块殊相标记出来,没有独立意义,究其根本还是一个殊相。

但摩尔认为这种理解是不正确的。"占据了这个特殊空间的纯白色"本身就是"纯白色"这个共相。当我们说"占据了这个特殊空间的纯白色是圆形的"时候,在宇宙中不可能会存在"占据了这个色块空间的纯白色"的殊相,也不可能有某个圆形的属性或者方形的属性归属于这个殊相,而是仅仅意指在宇宙中存在这个"纯白色"共相,这个共相可以是圆的,同时也可以是方的。就像我们在谈论想象的事物一样,比如我们在谈论"观世音会救人"、"孙悟空有一根金箍棒"的时候,这些句子的真假取决于整个句子所表达的那个事实的真假,与宇宙中是否实存"观世音"、"孙悟空"并没有直接关系。同样,当我们说带点蓝色的白色色块是白色的时候,作为整个句子来说,作为共相的"纯白色"包含于这个带点蓝色的白色色块当中,与是否实存"这个蓝色的白色色块"这个殊相没有直接关系。在摩尔看来,这是一个有点激进的方案。他说:

---

① G. E. Moore, *Some Main Problems of Philosophy*, London: George Allen and Unwin, 3rd ed., 1962, p.342.

"首先，我们必须强调，按照这种理论，被称为'纯白色'的事物只是不在纯白色色块之中：它不是在它们之中，而是**同一于**它们。每一个纯白色色块**就是**这个事物；并且就是一个且是同一个色块。事实上，按照这种理论，谈论**不同**的纯白色色块或者**每一个**纯白色色块就是一个真正的错误；事实上只有**一个**色块，在很多不同的位置上并且具有很多不同的大小和形状。"①这种理论实际上已经把除了空间和时间之外的殊相给消解了，任何我们用感官感受到的东西都可以被理解为这样一个"共相"，从而这个"共相"遍布于宇宙中所有属于该组合的事物当中。

对于"不同程度"的理解，有两种可能的情况。一种认为"纯白色"共相本身就具有不同的程度，因此一个纯白色色块具有比较高程度的"纯白色"共相，而带点蓝色的白色相对来说具有比较低程度的"纯白色"共相。另一种认为"纯白色"共相本身并没有程度上的区别，但是纯白色共相和这些白色色块的关系具有不同的程度，也就是在不同程度上出现在这些色块当中。对于这两种不同的理解，摩尔认为都有可能，因为找不到完备的理由来进行反驳。

总之，按照这种理论，这种"纯白色"共相在任何意义上都不同于作为感觉材料的白色色块，并且"纯白色"共相出现在所有白色色块当中。这一点不仅是我们用感官感受到一个白色色块的时候，毫无疑问地亲熟于这个共相的意义，而且还是在无需虑及试图从判断中分析出来的作为殊相的特定某个色块，从而直接在这一个并且同一个的共相事物遍布于所有白色色块当中的意义上。对于这种理论的反驳，严格来讲仅仅只有一个：这个"纯白色"共相是什么？如果我们可以区分出这个事物，那么就会有除了析取属性之外的另一个归属于所有白色色块，而不归属于宇宙中其他事物的第三个共相。但摩尔对此所持有的观点是非常消极的，他认为："我不可能清楚地感受到真的存有某个非常简单的属性，完全不同于当我看着一个纯白色色块的时候我看到的那个色块，这就是对所有这样的色块来说既共同又特别的东西。"②但由于这个理论和析取理论是仅有的两种可供选择的理论，因此，摩尔认为如果我们拒绝了这些理论，那么，我们在谈论某个色块是纯白色的时候，在我们心灵前面根本就不具有任何东西。但实际上摩尔还是坚持："我们当然在某种意义上知道它是什么：我们所有人都在我们心灵之前具有它。"③

---

① G. E. Moore, *Some Main Problems of Philosophy*, London: George Allen and Unwin, 3rd ed., 1962, pp.344 - 345.

② G. E. Moore, *Some Main Problems of Philosophy*, London: George Allen and Unwin, 3rd ed., 1962, p.352.

③ G. E. Moore, *Some Main Problems of Philosophy*, London: George Allen and Unwin, 3rd ed., 1962, p.352.

第四节　颜色和数字

共相问题几乎是哲学史上最迷人的问题。围绕这个问题,有理念、形式、普遍观念等相关问题,还有关于真理、善、美、智慧、正当等等各种不同共相的讨论。摩尔站在实在论的立场,主张共相在一定意义上是存在的,尽管他承认共相没有如殊相这般实存于某个特定的时间和空间之中。与以往的哲学家不同,摩尔并没有直接投身到这场旷日持久的战役之中,而是独辟蹊径,在方法论上使用一种分析的工具,把庞大的问题分解开来。

传统中有很多关于共相的讨论,比如真实问题和真理问题可以通过区分命题和非命题事物而得到解决。而其他的各种共相,大致上都可以被分为两类:关系和属性。比如柏拉图说:所有灵魂都是不灭的。"不灭"在这里就是一个共相,同时也是灵魂的一个属性,也可以被理解为是一种关系。也就是说,我们可以把苏格拉底的灵魂、柏拉图的灵魂、亚里士多德的灵魂等组成一个类,其中每一个灵魂都是这些具有不灭特性的灵魂组合的一员,同时每一个灵魂也具有这种"是……组合一员"关系的属性。当我们说"所有灵魂都是不灭的"时候,"不灭"这一性质大致上就可以这样来进行分析。[①] 但要注意柏拉图在《斐德若》篇中谈到灵魂"不灭"的时候,并不是说"不灭"就是在时间中一直持存着,而是说灵魂是我们生命这场运动的推动者,是开端,而不是被推动者,从而进一步得出灵魂是不朽的。[②] 因此,"不灭"仍然可以被进一步分析为其他更为简单的性质。

同样,灵魂也可以被分解为不同部分,其中包含了感官能力,而不同的感官能力还可以进行区分,比如以视觉能力作为分析的例子,"我看到了这张白纸",当然是我运用我的视觉能力在一定的环境之下,直接感觉到了这张白纸,并且直接感觉到了这张白纸具有白色这一属性,或者直接感觉到了这张白纸与白色色块之间的一种关系。摩尔认为,这张白纸作为一个殊相,尽管"是白色的",但本身不可能"是"白色的。因为白色这种颜色只不过是一个色块,或者说是一个感觉材料,两者不可能在这个意义上是同一的。当我们看到了这张白纸的时候,实际上仍然可以进一步分析为:我看到了这个,这个

---

① 摩尔在《捍卫常识》一文中曾断言:"没有好理由来支持:人类在我们身体死亡之后,持续实存(exist),并有意识(be conscious)。"见 *Philosophical Papers*, London: George Allen and Unwin, 1959, p.52.

② 见刘小枫编译:《柏拉图四书》,北京:生活·读书·新知三联书店,2015年,第321页。

是白色的,并且这个白色色块是这张白纸。这里的"这个"指的并不是这张白纸,而是指作为感觉材料的这个白色色块。在摩尔看来,引入感觉材料之后,情况就发生了根本变化。他说:"毫无疑问的确归属于百合花和雪的这样一个属性,就是和感觉材料——可以被称为白色色块的那种东西——的某种关系的拥有。尽管这种属性或许可能**包含了**我们第三个种类的共相,但它确实**不是**这个共相,它只能够包含这个共相,这种情况是因为或许可以被称为白色色块的那种感觉材料自己就具有某个其他的共同属性,这个属性或者**是**这个共相或者包含了这个共相。"①对于这张白纸来说,很明显拥有白色性这一属性,但实际上还拥有其他各种属性,比如这张白纸"是纸"、"是方的"等,因此,这张白纸可以说包含了"白色性"这一共相,但本身"不是"、不可能同一于这一共相。但感觉材料不同,当我们说这个白色色块是白色的时候,这个白色色块或者"就是"、同一于这个白色,或者相似于这个白色。在这个意义上,摩尔坚持主张"这张白纸是白色的"和"这个白色色块是白色的"两者之间有着根本性的区别。

当摩尔把其他各种复杂的判断分析为类似"我看到了这个白色色块"、"作为感觉材料的白色色块是白色的"这类最简单的判断的时候,他就澄清了历来在共相问题讨论中一些混淆的地方。共相除了属性和关系这两种形式之外,对于感觉材料而言,还有第三种类型的共相,这个共相只归属于这些白色色块,而不归属于宇宙中其他事物。对于颜色而言,第三种类型的共相可能会有两种情况,第一种情况是相似性和同一性之间的析取属性,第二种情况是"白色性"这一共同属性。

但在摩尔看来,并非所有的共相都可以按照颜色这种方式进行分析,比如数字就不可能被区分为如上这两种情况。当我们看到桌子上有两个硬币的时候,心灵中会产生归属于这两个硬币的 2 这个共相,但这个共相并不是直接和感觉材料相关。同样,数字 2 和"白色性"这个共同属性一样,既不是关系性属性,也不是关系,但却和白色性一样,是可以被我们以某种方式直接感受到的一个共相。之所以把数字也称为第三个类型的共相,原因也在于此。摩尔认为:"我们可以把数字 2 放在我的心灵之前,并且看到它是什么,而它就是几乎以相同的方式,就像我们以这种方式可以在我们直接感受到某个特殊感觉材料所做的那样。"②与颜色不同,比如白色和带点蓝色的白色之

---

① G. E. Moore, *Some Main Problems of Philosophy*, London: George Allen and Unwin, 3rd ed., 1962, p.354.

② G. E. Moore, *Some Main Problems of Philosophy*, London: George Allen and Unwin, 3rd ed., 1962, p.366.

间当然可以有不同程度的白色之间的相似性，不管是白色性本身具有程度还是白色性与色块之间关系具有程度，对于在两个硬币和两本书之间，我们或许可以说在数字 2 上具有相似性，但这个意义上的相似性没有程度上的差异，因此颜色上的相似性不同于数字 2 的相似性。同样，对于数字 2 来说，只是对应着一对苹果、两本书、两只铅笔等具体事物，不可能如白色性一样可以直接就是一个白色色块，因此，数字 2 也找不到一个对应的感觉材料"数字2"与之具有同一性。对于共相数字 2 来说，就不存在上述所说的析取属性，而仅仅只是第二种情况，数字 2 只能被视为由各种一对一对的不同具体事物组成的"类"，也即只能被视为是一个共同属性。

颜色和数字是两类不同的第三种共相。对于颜色来说，可以在两种情况中进行理解。第一种情况偏向于唯名论的解释，只承认一个最弱意义上的共相，也即析取属性。具体来说，这种属性认为，白色色块、带点蓝色的白色色块、带点黄色的白色色块等所有白色色块，之所以被称为白色，是由于所有白色色块都具有一个析取属性：或者与一个纯白色色块相似，或者就是这个纯白色色块。这种主张并不承认在这些色块之外存在一个总的"白色性"属性。尽管如此，我们也不能直接称这种情况为唯名论。在驳斥洛克（John Locke）的观念论的时候，摩尔认为洛克主张观念是从心灵中产生的，也即共相是"心灵的劳作"（work of mind），混淆了思想的过程和思想的对象。他说："出于这个理由，这两个不同的事物——思想行动和思想的对象，我认为常常会被混淆。当我们念及数字 2 的时候，我们采取的思想行动当然是某种心理的东西——某种依赖于心灵的东西。但是只要我们相当清楚地认识到数字 2 本身就是某种非常不同于这种思想行动的东西，我认为就不会有任何理由来设定数字 2 或相似关系是'心灵的劳作'。"[1]

摩尔提出析取属性作为不同感觉材料所拥有的第三种共相也不同于当前流行的各种唯名论思想，我们或许可以把这种情况称为析取属性实在论。在共相作为思想的对象而非思想本身的意义上，同样，共相也非语言、概念等，因此我们既不能把摩尔的这种理论称为语言唯名论，也不能称为概念唯名论。同样，有些被称为特普论的唯名论者，承认某个殊相拥有某些关系或属性，但这些关系和属性只归属于这个殊相。摩尔虽然承认有些种类的关系和属性的确与这个殊相相关联，但并不承认关系或属性本身可以在殊相关系或殊相属性的意义上来理解。特别是就感觉材料而言，就算关系或属性只归

① G. E. Moore, *Some Main Problems of Philosophy*, London: George Allen and Unwin, 3rd ed., 1962, p.371.

属于某个感觉材料,但不同感觉材料之间至少仍然有一种相似性。相似性本身至少是两个不同感觉材料所共同具有的,并不能仅仅归属于某个特定的感觉材料。摩尔在《特殊事物的特征是共相还是殊相?》①一文中曾经详细反驳过斯托特(Stout)教授主张的类似特普论的一个观点:所有的特征或属性都仅仅特征化或者归属于一个殊相,不存在一般意义上的共相。也就是说斯托特教授认为,如果 A 和 B 是两个不同的具体事物,那么归属于 A 的每一个特征都只归属于 A,归属于 B 的每一个特征都只归属于 B,不可能存在一个特征既归属于 A,同时又归属于 B。摩尔的论证首先对斯托特教授的这个主张进行澄清,也即"归属于 A 的每一个特征都只归属于 A"可能有两种意义。第一种强调"只归属",也即,归属于 A 的特征所指的那个东西和归属于 B 的特征所指的东西不同。第二种强调斯托特教授的"特征"是一种独特的用法。接下来摩尔依次对这两种意义进行了反驳。对于第一种可能意义,他说:"如果'A 是圆的'并且'B 是圆的'这些表达都是真命题,那么在一方使用'是圆的'的这个意义时就必定**不同于**在另一方使用的那个意义。"②既然"是圆的"归属于 A 和归属于 B 是不一样的,那么只有进一步对"是圆的"的意义做出分析。当我们说"A 是圆的"时,也就是说"A 向我呈现一个特殊的圆形色块 R1",或者在说,"A 被 R1 特征化",并且关于 R1,它具有某个特征 P,也即"是圆的"。同理,对于"B 是圆的"也可以做同样的分析:"B 向我呈现一个特殊的圆形色块 R2","B 被 R2 特征化",并且关于 R2,它具有某个特征 P,也即"是圆的"。R1 和 R2 都是感觉材料,由于 A 和 B 是两个不同的具体事物,因此 R1 和 R2 同样也是不一样的。但 A 和 B 都具有特征 P,这一点是一样的,只不过 A 具有的特征 P 所指的 R1,而 B 具有的特征 P 所指的 R2。这里摩尔构造了一个归谬论证(reductio ad absurdum)。对于感觉材料来说,椭圆形色块相似于圆形色块,假如 R1 和 R2 不仅是圆形色块,而且还是椭圆形色块,现在 A 是圆的,指的是 A 具有 R1,并且 B 是圆的,指的是 B 具有 R2,那么当我们说 A 是椭圆的,指的也是 A 具有 R1,并且 B 是椭圆的,指的也是 B 具有 R2,这就可以得出一个荒谬的结论:"A 是圆的"所意指的东西和"A 是椭圆的"所意指的东西是相同的。因此,这就反驳了把"A 是圆的"分析为"A 呈现为感觉材料 R1,并且 R1 具有某个特征 P'是圆的'"的观点。摩尔主张"A 是圆的"就意味着"A 具有某个种类 P 的特征"。对于斯托特教授的第二种可能意义的反驳很简单。如果这里"特征"的用法就是"特征化仅仅指一个具体事物",那

① G. E. Moore, *Philosophical Papers*, London: George Allen and Unwin, 1959, pp.17 - 32.
② G. E. Moore, *Philosophical Papers*, London: George Allen and Unwin, 1959, p.21.

么论证的责任就在斯托特教授这一方,也即,他"必定会主张我们能够**先天**看到特征化一个具体事物的绝对具体特征,**必定仅仅**特征化一个事物,或者**不可能**是一个共同特征"①。而摩尔认为在逻辑上总是有可能,一个绝对具体特征事实上的确可以特征化 A 和 B。当斯托特教授认为**必定仅仅**特征化一个事物的时候,不可能给出任何充分的理由来论证这个观点。通过对这两种意义的反驳,摩尔认为斯托特教授之所以把一个特征仅仅作为殊相,是因为混淆了事件和特征,前者是一个殊相,但后者却总是有可能作为一个共同的特征。

第二种情况更偏向于实在论的解释,主张所有白色色块都拥有"白色性"这一共同属性,或者说"纯白色"共相不同程度上出现在这些白色色块当中。比较带点蓝色的白色色块和纯白色色块,前者具有更低程度上的"纯白色"共相,或者说和"纯白色"的关系在程度上要更低,而后者则反过来。但摩尔并不接受柏拉图式的极端实在论方案。他认为:"当柏拉图主张共相可以在模型或模式和摹本的关系中与它们的殊相对立时,我认为,他很显然在想,它就可能在它们都彼此相似的那个方面中相似于它们。"②这里的共同属性并不在任何意义上是感觉材料,也不相似于感觉材料,尽管不同感觉材料之间可以具有相似性。而柏拉图把这种共相视为殊相的对立物,具有独立的意义。在摩尔看来,"纯白色"共相尽管是所有白色色块的共同属性,但本身只是"归属于"某个感觉材料。不同于颜色,对于数字这类共相来说,由于本身不可能是感觉材料,因此只能在第二种情况下作为一个共同属性归属于一对苹果、两本书等事物。因此,我们或许可以把第二种情况称为共同属性实在论。

摩尔并没有在这两种情况的第三种共相之间进行取舍。他晚年出版在莫利学院开展讲座所写的讲稿的时候,在附言中作了一点修正,并且直接坦言对于这个问题的论述是"很糟糕的,部分几乎是不可理解的"。摩尔本来就没有打算建构一种完备的系统性理论,但是这并不意味着他提出的方案是零散甚至混乱的。恰恰相反,他的形而上学和知识论主张是自成一体的,不仅仅是"剔去"了所有多余的假定,而且还为我们人类健全的常识保留了某些必要的东西。对他来说,我们这个宇宙不仅如其所是运行着,而且我们还知道这个宇宙是如此这般运行着。他的哲学就如同一项永不停歇的事业,不厌其烦兢兢业业地修补着我们的智识世界中对于这个宇宙的理解有可能存在的各种漏洞,在这个意义上,我们认为他的哲学是成功的。当然,这并不意味着我们不可以继续沿着他的道路进一步对此作出反思。

---

①   G. E. Moore, *Philosophical Papers*, London: George Allen and Unwin, 1959, p.24.
②   G. E. Moore, *Some Main Problems of Philosophy*, London: George Allen and Unwin, 3rd ed., 1962, p.361.

第五节 我的反思：重新理解共相

所有人都是会死的。"是会死的"是一个共相，在这个陈述中作为属性归属于"人"。"会死的"是一个复杂属性，可以还原为不同的简单属性。比如感觉到濒死的痛苦，或者感觉迟钝、意识模糊、呼吸停止，等等。我们可以举出几个例子，比如苏格拉底被毒死了，但苏格拉底的灵魂是不灭的，耶稣被钉死于十字架，但是几天后复活了，凯撒被刺杀了，等等。如果我们把死亡分析为某个纯粹的简单属性，那么就不会出现同一性悖论。苏格拉底和苏格拉底的灵魂不是一回事，耶稣的肉身和复活的耶稣也不是一回事。单单就感觉和意识消失这一维度来谈论死亡，的确所有人都是要死的。既然死亡的时候感觉和意识消失了，那么作为私人的感觉材料同样也就消失了：苏格拉底被毒死的那个时刻，苏格拉底的感觉材料消失了；耶稣被钉死的时候，耶稣的感觉材料也消失了；凯撒被刺杀的时候，凯撒的感觉材料同样也消失了。

我们可以模仿摩尔提出的第一种情况的方案进行分析：比如，"这种感觉材料的消失"就是所有这些感觉材料所拥有的第三类共相。可以想象，苏格拉底、耶稣和凯撒在死亡时候的感觉各不相同，凯撒遇刺之后过了好一会儿才死，可能最痛苦，耶稣被钉死的时间也较长，期间当然也是痛苦的，而苏格拉底喝完毒酒后就死了，不那么痛苦。当然，三人都死了，也就是三人的感觉材料都消失了，在这个意义上，虽然三人的死亡各有不同，但三人在死亡时所感受到的感觉材料都与"会消失的感觉材料"具有不同程度上的相似性。按照这种方案，我们还需要进一步解释什么是"不同人在死亡的时候所感受到的消失的感觉材料在不同程度上的相似性"。比如一个失去知觉的植物人或者享受安乐死的病人当然也会死亡，但是在死亡时的感受肯定和一般人有所不同，我们可以将这种死亡理解为最低程度痛苦的死亡、没有痛苦的死亡，甚至对于极少数特殊的人来说，还有带着快乐的死亡。因此，除了摩尔谈到的两个不同感觉材料之间相似性的最大反驳——无法涵盖与自身的同一性之外，我们认为还需要提供如何区分相似和不相似之间的一个东西。比如，a相似于 b，c 也相似于 b，a、b、c 等组成一个集合，这个集合中的成员通过与 b相似而彼此相似，而 b 则与自身同一。由于相似性和同一性之间的析取属性作为第三个共相只归属于这个集合中的成员，而不归属于其他，那么我们可以很容易推出 a 和集合之外的 e 不相似。在当前这个例子中，我们可以把 e设想为是孙悟空被黑白无常索了命，晃晃悠悠被勾到了地狱里，谁也没料到后来却在地狱里销了生死簿。同样,从带点蓝色的白色和带点白色的蓝色之间要判断出前者相似于白色,不相似于蓝色,而后者相似于蓝色而不相似于白色,也会遇到这个问题。因此,要判断不同成员之间的相似性,同时也意味着要判断与不是该集合的成员的不相似性,而后者已经预设了需要有待于同一性和相似性之间的析取属性来进行挑选的这个集合。也就是说,析取属性不仅要标示出同一性和相似性,还要标示出相似性和不相似性,而后者已经蕴涵了有待于挑选的"集合",因此这是一个循环论证。从这个意义上来讲,析取属性承诺的东西太少了,还需要添加更多的东西才能真正把这个集合中的事物从不同的事物中挑选出来。

按照摩尔提出的第二种情况,不同人在各自死亡时所体验到的"这种感觉材料的消失"各不相同,但都拥有一个共同属性——"这种感觉材料的消失"。与析取属性不同,这个共同属性与某个特定的人在死亡时所体验到的特定感觉材料的消失没有关系。当我们说这个人死了的时候,是"这种感觉材料的消失"这个属性在不同程度上出现在了这几个人的死亡之中,而在并非死亡的那些成员中则不会出现。这种情况的好处在于不需要在各种不同的特定死亡情况中去寻找彼此之间的相似和不相似,但令人担忧的是,如果抽离了这些特定的死亡情况,那么"这种感觉材料的消失"这个共同属性本身究竟是什么呢? 我们无法直接以某种方式感受到"这种感觉材料的消失"这个共相究竟意味着什么,同样,我们也无法很清晰地描述这个共同属性以何种方式"出现"在这些感觉材料之中,而不"出现"在另外其他事物之中。从这个意义上来讲,共同属性承诺的东西又太多了。

因此,我们在这里可以试着提供介于这两者之间的一个方案。我们可以把第三个共相称为F。所有在这个集合中的成员都拥有一个F,这个F就是"否定不是这个集合的成员"。比如对于不同白色色块组成的所有白色色块这个组合,某个特定的带点蓝色的白色、特定的带点黄色的白色、纯白色等,我们称为白色,这些都是这个组合的成员,但之所以如此,就是因为它们各自都拥有F,也即拥有"否定不是白色色块"这个属性。

F和析取属性不同。对于析取属性而言,不论是相似性还是同一性,都必须就这个集合之中的某个或者某几个成员而言,从而已经预设了这些成员已经先行在这个集合之中,并且不在这个集合之外。而F则不同,"否定不是这个集合的成员"无需先行预设这个成员已经在这个集合之中,也无需在集合中不同成员的不同程度的相似性上作出比较。每一个该集合的成员都有一种能力,或者会产生一个作用,这个能力和作用就是"否定"不是这个集合的成员。对于苏格拉底的"这种感觉材料在消失"来说,是指苏格拉底有能力

"否定这种感觉材料不会消失",从正面来讲,或许有能力"开启一个新的生命"。同样,对于这个特定蓝色的白色色块来说,是指这个色块会产生一个作用"否定不是白色色块",这个作用也被其他所有白色色块所拥有。因此,在F中,不仅与这个集合中某个特定成员或某些成员之间的同一和相似没有直接关系,而且也与某个特定成员是否实存于这个集合之外没有直接关系。F这个共相仅仅是对于不是这个集合中的成员的一种"否定"。

其次,F也和共同属性不同。对于共同属性而言,不仅需要考虑这个共同属性本身是什么,还要澄清这个共同属性究竟以什么方式出现在特定成员之中。由于F是"否定不是这个集合的成员",与这个集合中的特定成员没有直接关系,因此无需考虑以什么方式出现在这些特定成员之中,更不用考虑在什么程度上与集合中的特定成员有关系。对于F本身是什么,无需考虑究竟在什么意义上"共同",更无需如柏拉图主义者那样承诺一个特定的存在物。因为F是就集合中的每一个特定成员而言,这些成员每个都拥有F,意味着每个都有能力或者会产生一种作用。因此,尽管这个属性是集合中每个成员所共同拥有的,但却与每一个成员之间有着千丝万缕的关系,而且甚至可以说就是每个成员自身所要求的一种能力或作用。在这个意义上,可以避免"共同属性"带来的承诺太多问题。

对于这个理论,有两个可能的反驳。第一种是,当我们说F是"否定不是这个集合的成员"的时候,已经预设了区分集合中的一员和不是集合中的一员,因此这种理论同样也会遭到循环论证的指控。也就是说,要否定不是集合的成员,就要预设不是集合的成员和是集合的成员两种情况,而后者恰恰是需要通过F挑选出来。对于这个反驳,前面已经进行了驳斥,因为"否定不是这个集合的成员"并不需要预设该成员是否是这个集合的成员,这个句子并不是就"成员"本身而言的,甚至可以说与"成员"实存与否没有直接关系。换言之,假如说出现一个无法判断是否是这个集合的一个成员,那么就根本不可能有"否定"这种行为出现。"不是这个集合的成员"只不过是否定这一行为的对象,通过这一行为,该集合的成员的对立面得到了否定。

第二个反驳正是和"否定"相关。F是集合中某个成员所拥有的第三个共相,那么该成员就有能力或会产生作用,来否定不是该集合的成员。有能力否定或者会产生作用否定究竟是什么意思?这种"能力"或"作用"并不是一种感官能力。比如对于之前提到过的"感觉材料消失"这个共相,当我们说有能力否定感觉材料不会消失的时候,这种能力所否定的就是感官能力。感官能力可以直接领受感觉材料,但我们提到的否定能力则与感官能力不同,它是潜在于主体之中的,在完成否定这一行为的时候同时也得到了实现。如果说亚里士多德把灵魂在运用实践智慧的过程中实现称为第二种实现,那么我们这里所提出的否定对立面的过程是一种否定的第二种实现。在我们看来,一方面,该集合中任何简单的事物都会有这样一种能力或作用,这种能力直接针对"不是这个集合的成员"的否定,并且在否定中这种能力得到了实现;另一方面,这种能力或作用也仅仅在于这一点,当对立面没有出现,或者否定已经完成的时候,与之相对应,集合中的事物也不会有这种能力或作用出现。正是在后一种意义上,我们认为才是摩尔真正要讲的以自然的方式形成一个集合。

如果我们把 F 称为"否定性共相"理论,那么该理论的优势在于提供了一个最小程度上的温和实在论(moderate realism)版本。之所以仍然称之为"实在论",是因为除了存在殊相之外,还存在 F 属性。F 是一个共相,并且 F 可以在同一时间出现在不同的地方,也即可以出现在不同具体的成员当中,因为"否定"本身和具体的成员之间没有直接关系。金岳霖曾提供过一种"校对古籍"的实在论方案,在这种方案中,主体有一种通过校对这一实践活动把错误的东西圈点出来的能力,其优点在于我们不需要执着于区分正确和错误的标准是什么,但他并没有对"校对"这个隐喻做进一步的解释。而"否定"是一种否定性的实践活动,这种方案有着"校对"的优点,而且为这种能力给出了一个说明。

之所以称这种实在论为"最小程度上的温和"实在论,是因为这种否定能力不仅与某个具体的殊相有着千丝万缕的关系,而且这种能力也是相对应于"不是该集合的成员"而出现的。也就是说,这种能力通过否定在每个殊相之所以如此集合起来的意义上发挥着作用,但本身则仅仅是在这种特定情况下才出现的,并没有独立自存的意义。我们可以模仿摩尔晚年对感觉材料和客观物质之间关系的一个讨论,也即,这里存在一个相反的"诡谲式"等同。从反思的视角来看,集合中的成员具备了这种能力或这种作用,从而不断否定不是该集合当中的成员;而从自然的视角来看,集合中的成员又无需具备这种能力或作用,因为,集合中成员的能力是相对应于不是集合的成员而出现的,而后者仅仅在反思的视角下才会出现。在这个意义上,这种能力虽然是该集合的所有成员都具备的,但却是可错的,而且会随着"不是该集合的成员"的变化而发挥不同的作用。

第四章　感觉材料

第一节　什么是感觉材料

最初的问题是：当我们看到一个物质对象的时候，发生了什么？摩尔的回答分为如下四点。1. 发生了一个意识行动——"看"。2. 看到了一个色块，这个特殊的色块具有一定的颜色、大小或者形状。3. 这个色块和相关的物质对象之间有某种关系。4. 我们知道，我们看到了一个物质对象。前面两个回答主要和主体相关，也就是与"己"相关；后面两个回答主要和物质对象相关，也就是与"物"相关。

1. 什么是感觉材料？摩尔在很多地方对感觉材料举过一些例子。

> 它们包含了在我看的时候实际上看到的颜色、各种不同的形状；我实际上听到的声音；当我感觉到牙疼的时候直接觉知到的我称之为"痛苦"的特别种类的存在物；还有很多其他的……但是我还希望在它们之中包含着在我做梦或者常醒着的时候直接觉知到的那些被称为"图像"（image）的存在物；……所有这些存在物我都打算称为感觉材料。[①] 我打算称这些由感觉（sense）给出（give）或者呈现（present）的事物（things）（颜色、大小和形状）为感觉材料（sense-data）——在这个例子中是由我的视觉感（sense of sight）给出的。[②]

我们可以把感觉材料分为三个类别：第一类大致上是视觉、听觉、嗅觉、

---

① G. E. Moore, "The Subject Matter of Psychology", *Proceedings of the Aristotelian Society*, New Series, Vol.10(1909 - 1910), pp.57 - 58.

② G. E. Moore, *Some Main Problems of Philosophy*, London: George Allen and Unwin, 3rd ed., 1962, p.30.摩尔在 1952 年出版该讲座讲稿的时候，加了一个注脚，认为色块并不等同于大小、颜色、形状等，感觉材料严格来说指的是色块，而非后三者，后三者很容易被误解为色块所具有的"属性"。但这个区分并没有影响摩尔对感觉材料所作的分析。

味觉、触觉的感觉对象。第二类是身体上的痛苦,比如牙疼,这一类可以理解为第一类的伴随物,也可以包含快乐。第三类是一些图像(image),包括梦境、后像、重像、幻象等;这一类并非纯粹五官感觉的对象,但和回忆、观念等也有明显区别。

2. 在后来的"回应"中,摩尔对感觉材料有一个比较清晰的定义:"我所用并且想要用的'感觉材料'的意义是这样的:任何被**直接领受**的东西……**必定**是一个感觉材料。"[①]但这个定义并非一致,因为直接领受的对象不仅可以是感觉材料,还可以是命题,尽管两者的直接领受方式不一样。如果我们把定义修正为"感觉直接领受的东西",那么很难说痛苦和后像等也可以包含于其中。但不管怎样,我们还是可以从以上引文中看到感觉材料的两个特征:感觉材料和感觉有某种意义上的关联,并且感觉材料本身就是某种事物。

首先来看第一个特征。感觉材料是通过感觉而给出或者呈现出来的,因此,没有感觉活动,感觉材料就没法被给出或者呈现出来,从而也就不实存。换言之,感觉材料就是所感觉的东西。感觉材料和感觉之间是紧密关联的,有感觉必然有感觉材料,有感觉材料必然有感觉。如果把感觉作为心灵的一部分,那么我们可以说,感觉材料是依赖于心灵的,也就是说,在心灵中感觉材料才呈现出来,在心灵中感觉材料才实存。摩尔认为,对于感觉材料而言,这种意义上的实存是毫无疑问的。比如,"没有人对于感觉材料的实存(existence)产生过或者已经产生了争议"[②]。除此之外,摩尔还谈到,感觉材料是私人的,"两个人不可能完全领受同一个感觉材料"[③]。另外对于私人性,他说:"没有任何一个被某人领受的感觉材料能够和其他人领受的感觉材料在同一个空间之中。"[④]这里的空间关系是感觉材料自身所携带的,因此为私人空间,与公共的物理空间不同。

很多人由于常常利用感觉材料的这几个特点而混淆了感觉材料和感觉活动。摩尔认为这就是观念论者所犯的错误。"我要提出,观念论者坚持对象和主体是必然关联在一起的,主要是因为他没能看到它们是**不同的**,它们完全是**两个东西**。当他想到'黄色'并且想到'黄色的所感物(sensation)'的时候,他没能看到后者有某些前者所没有的东西。"[⑤]观念论者由此而主张

---

① G. E. Moore, *The Philosophy of G. E. Moore*, Paul Arthur Schilpp (ed.), p.643.

② G. E. Moore, "Is There Knowledge by Acquaintance?", *Proceedings of the Aristotelian Society*, Supplementary Volumes, 1919, Vol.2. p.181.

③ G. E. Moore, *Some Main Problems of Philosophy*, London: George Allen and Unwin, 3rd ed., 1962, pp.40 - 42.

④ G. E. Moore, *Some Main Problems of Philosophy*, London: George Allen and Unwin, 3rd ed., 1962, pp.40 - 42.

⑤ 摩尔:《反驳观念论》,收于《哲学研究》,杨选译,上海:上海人民出版社,2009 年,第 13 页。

"经验的对象离开主体是不可想象的……否认黄色可以离开黄色的所感物而始终存在(be)。"对此摩尔做过批评:"因此,当我们谈论有所感物的时候,我认为,我们用'所感物'所表达的东西就是在领受某种感觉材料的时候的体验,而不是这些感觉材料本身。"①这一批评结合下面这一特征理解将会更为清楚。

第二个特征是,感觉材料这个存在物(entity)是事物(thing),这就意味着,存在(being)感觉材料。按照摩尔的分类,事物在本体论上要优先于事件(event)和事实(fact)。比如我们可以谈论有某事物(being)、某事物实存(exist),某事物实存是一个事实,也可以谈论有某事实事件,但我们不会谈论某事实实存,也不会来谈论某事实实存是一个事实。摩尔对于"存在感觉材料"有过多次确定的表述。比如,"当然,是否**存在**这样的被当然认为**存在**的存在物(entities)是毫无疑问的,不管它们是否被正确地描绘为'所感物(sensations)'、'感觉呈现物(sense-presentations)'、'感觉材料'等。"②"但是存在感觉材料这一点完全没有任何疑问,在我使用该术语的意义上。"③"如果他已经理解了我打算要怎样使用'感觉材料'这一术语,那么他就会说当然**存在感觉材料。**"④

3. 结合上述两个特征,我们可以看到,尽管感觉材料依赖于感觉,但本身并不是感觉。感觉活动是一个事件,而感觉材料是一个事物。同样,感觉材料本身的实存也不同于感觉的实存。比如摩尔认为:"蓝色的所感物包含了两个不同的要素,也即意识和蓝色,当蓝色的所感物实存的时候,就会产生这个问题,到底实存的是意识,还是蓝色,抑或是两者。但至少有一点很明显:这三者都是彼此不同的。因此,如果有人告诉我们,'蓝色实存'和'蓝色和意识两者都实存'是**同一个**事物,他就犯了一个自相矛盾的错误。"⑤对此,摩尔有过如下论证:"当我不看的时候,与此同时我对它的正在看就不再实存了。"⑥体验、感觉、正在看和"看"这一感觉过程是同一个过程,因此,没有在看的时候,必然没有"看"这个感觉活动实存。但是,"我看到的颜色色块,在我看到它之后可能还继续实存,这一点是完全可设想的(conceivable),我并不

① G. E. Moore, *Some Main Problems of Philosophy*, London: George Allen and Unwin, 3rd ed., 1962, p.31.
② G. E. Moore, "The Subject Matter of Psychology", *Proceedings of the Aristotelian Society*, New Series, Vol.10(1909-1910), p.58.
③ G. E. Moore, "A Defence of Common Sense", *Philosophical Papers*, London: George Allen and Unwin LTD, 1959, p.54.
④ G. E. Moore, *The Philosophy of G. E. Moore*, Paul Arthur Schilpp (eds), pp.647, 627-628.
⑤ 摩尔:《反驳观念论》,收于《哲学研究》,杨选译,上海:上海人民出版社,2009年,第17—18页。
⑥ G. E. Moore, *Some Main Problems of Philosophy*, London: George Allen and Unwin, 3rd ed., 1962, p.31.

是说它事实上是真的，而是说它是可设想的。……我认为它很有可能不再实存了。但是我有一个很强的倾向（disposition）相信它还实存"①。"在关于可感物（sensibles，也即感觉材料）没有被经验到的时候是否实存这个问题上，我只能说，（1）我认为当然没有充分的理由来断言**没有任何**所感物实存；（2）我认为或许应该给予我们本能信念——某些种类的所感物实存——以一定重要性。"②两者的区别可以简述如下：感觉的实存就是感觉活动的实存，从而不同主体的感觉活动必然是不同的；感觉材料的实存虽然也在某种意义上依赖于感觉活动，但不同主体的感觉材料之间尽管很有可能不同，但却很可能有相似性。这种不同体现在，当感觉经验不再实存的时候，感觉材料的实存是可以设想的，是一种倾向和本能的信念，反之，离开感觉经验，也不能断言感觉材料不再实存，而且没法否认感觉材料存在。

从 1918 年摩尔发表论文《对知觉的一些判断》一直到 1925 年发表《捍卫常识》，这期间他从逻辑的角度谈论了感觉和感觉材料之间的区别。也就是说，在这一阶段，摩尔更强调把感觉材料作为判断的对象，而不仅仅局限于认识论上的感觉活动的对象。他说："感觉材料是这样一种东西：像这些判断一样的判断似乎总是对这种东西作出的；这种东西看来是所有这样的判断的真正的或根本的对象。"③摩尔认为，如果说判断是对于感觉材料的判断，那么作为一般判断的主词的那个东西就和感觉材料有一种关系。借鉴摹状词理论，他说："当我判断'这个墨水台是一个好大的墨水台'时，我实际上是在判断'有且仅有一个墨水台，这是那个墨水台外表的一部分，而且，正是这样的那个墨水台是个很大的墨水台'。"④在这里，"那个墨水台外表的一部分"是呈现出来的部分，而"这"就是指我所看见的感觉材料。任何判断最终都可以被还原到某种感觉材料和呈现出来的部分之间的关系上。在《捍卫常识》一文中，他也谈到了这种还原："我现在正在感受一只人手，我的这个知识是从一对更简单的命题中演绎出来的——这些命题我只能用这种形式来表达：'我正在感受这'并且'这就是一只人手'。"⑤对于这种关系，摩尔认为是一种

---

① G. E. Moore, *Some Main Problems of Philosophy*, London: George Allen and Unwin, 3rd ed., 1962, p.31.
② 摩尔：《感觉材料的地位》，收于《哲学研究》，杨选译，上海：上海人民出版社，2009 年，第 185 页。
③ 摩尔：《对知觉的一些判断》，收于《哲学研究》，杨选译，上海：上海人民出版社，2009 年，第 180 页。
④ 摩尔：《对知觉的一些判断》，收于《哲学研究》，杨选译，上海：上海人民出版社，2009 年，第 184 页。
⑤ G. E. Moore, "A Defence of Common Sense", *Philosophical Papers*, London: George Allen and Unwin LTD, 1959, p.53.

等同关系,"这""就是"那个墨水台外表的一部分。在这里,他更加明确了感觉材料和感觉经验之间的区别,并反驳了之前自己把感觉材料和"感觉上的东西"混同起来的观点。感觉材料不同于感觉起来的东西。从不同的角度去看同一个东西,看起来的东西是不同的,但感觉材料只是似乎不同。在不同的时间去看一个东西的外表所呈现出来的感觉材料,以及戴着蓝眼镜和没戴眼镜所呈现出来的感觉材料,尽管看起来不同,但并不能说"就是"不同的,感觉材料只是似乎不同。他举了个例子:"现在,在我看来可能的就是,当我在一英里之外看一棵树时,相应于这棵树的那个感觉材料感觉起来也许并不真的是比当我只从一百码的距离外看那同一棵树时相应于那棵树的那个感觉材料要小,而只是感觉起来似乎小了。"①被感觉起来的东西直接关联于变动不居的感知主体,而"那个墨水台外表的一部分"作为物理对象显然独立于感知主体。正是因为大多数哲学家毫不犹豫地假定了被感觉起来的东西的不同就是感觉材料的不同,而不是似乎不同,才使他们误以为感觉材料并不"等同于"那个墨水台外表的一部分。摩尔则反过来主张这种"关系"是终极的不可分析的心理关系,不能进一步解释,比如进一步解释为某种复杂的因果关系。

对于感觉材料存在和感觉经验之间关系的问题,随着感觉材料地位逐渐从认识论上升到本体论,摩尔在晚年作了一个小小的修正:"我倾向于这么认为的理由在于,就像头痛在没有被感觉的(felt)情况下会存在是不可能的那样,任何有可感知属性'蓝色'的东西,更一般地说,**任何被直接领受**(directly apprehended)**的东西,也就是任何感觉材料**(sense-datum)在没有被感受的情况下会实存,也是不可能的。"②要注意的是,尽管有了这样的修正,但摩尔也并没有放弃感觉材料和感觉之间的区分。感觉材料本身并不是属性,但感觉材料在不同的感觉经验中会呈现出所具有的属性,因此感觉材料的存在需要与感觉经验共存。

第二节 两个方案:罗素和金岳霖

罗素受摩尔影响,在 1912 年出版的《哲学问题》中,对感觉和感觉材料进

① 摩尔:《对知觉的一些判断》,收于《哲学研究》,杨选译,上海:上海人民出版社,2009 年,第 190 页。
② G. E. Moore, "A Reply to My Critics", *The Philosophy of G. E. Moore*, Volume Two, (ed.) Paul Arthur Schilpp, London: Cambridge University Press, 1968: pp.653-660.

行了区分："让我们把感觉中所直接认知的东西称作'感觉材料'：如颜色、声音、气味、硬度、粗细，等等；把直接察觉到这些东西的经验称作'感觉'。这样，只要我们看见一种颜色，我们就有一种对于颜色的感觉，但是，颜色本身乃是一种感觉材料，而不是一种感觉。"①从中我们可以看到，首先，感觉材料不同于感觉，因为感觉是心灵的经验，是属于意识领域的范畴。其次，感觉材料是在感觉中被直接认知的东西，是感觉活动的对象。当然，感觉材料也不同于物理对象，或者说物质。罗素对感觉材料的关注主要集中在感觉材料和物理对象的关系上，两者虽然是不同的，但却有一种符合关系。

对于这种符合关系，罗素早在《哲学问题》中就提出了三种说法。第一种是本能信仰说："在视觉中，感觉材料本身被人本能地相信为是独立的客体，但论证却指明客体不可能是和感觉材料同一的。"②本能信仰在这里有点类似于无需哲学论证的常识信念。

第二种是标志说或者代表说："我们的感觉材料实际上是某种不依赖于我们和我们的知觉而独立存在的东西的标志……颜色、硬度、声音等等不过是它的一些现象而已。"③不依赖于知觉的东西是物理对象，感觉材料是物理对象的标志。比如我们凭借感官直接感觉到的东西并非物理世界中光的波动，但是我们却可以直接感觉到光的波动在我们个人空间中的标志——颜色。罗素认为，我们不能直接"认知"物理对象的知识，但是可以通过感觉材料的"摹状"而获得这种知识。后者是一种真理的知识，是超出感觉材料之外的共相。

第三种是结果说："我们暂且同意物体虽不能完全和我们的感觉材料相似，但却可以看成是形成我们的感觉的原因。"④我们身体或者心灵中的感觉经验不会无缘无故突然出现，在罗素看来，只有把我们自己放在和物理对象同一个公共空间之中，我们才能产生感觉。物理对象作为原因作用于感官而产生感觉，造成了作为结果的感觉材料。因此，罗素在与康德知识论的对比中提出："我们可以把感觉材料认作是物理对象和我们自身相互作用而产生的结果。"⑤

标志说是从主体认知物理对象的认识论角度来谈论感觉材料，而结果说则是从物理对象作用于主体的发生学角度来谈论感觉材料。此外，罗素还把感觉材料作为殊相，把与感觉材料有关的关系、性质、抽象观念作为共相，而

---

① 罗素：《哲学问题》，何兆武译，北京：商务印书馆，2007 年，第 5 页。
② 罗素：《哲学问题》，何兆武译，北京：商务印书馆，2007 年，第 16 页。
③ 罗素：《哲学问题》，何兆武译，北京：商务印书馆，2007 年，第 19 页。
④ 罗素：《哲学问题》，何兆武译，北京：商务印书馆，2007 年，第 21 页。
⑤ 罗素：《哲学问题》，何兆武译，北京：商务印书馆，2007 年，第 69 页。

命题则必然牵涉到共相与共相之间的关系。他说:"凡是在感觉中所给定的东西,或和感觉中所给定的东西同性质的东西,我们就说它是一个特殊的东西;与此相反,一个共相则是那种能为许多特殊的东西所分享的……"①

1914 年,罗素在詹姆斯、马赫等人的影响下,又进一步拓展了之前的感觉材料理论,主要体现在这一年发表的《我们关于外间世界的知识》《论亲知的性质》《感觉材料和物理对象之间的关系》之中。

在《论亲知的性质》中,罗素把"在这个人的心灵之前"出现的感觉材料视为是在对"我"、"现在"等观念的认识发生之前的"我的当下经验"。这个经验整体包括我经验之外的以及我没有意识到的那部分经验。"不是世界上全部事物,而是某些事物在我意识生命中的任一给与的瞬刻共同集合成一组,可以把这一组称作'我当下的经验'。"②外在于我们的一切事物是无法被我们直接认识的,需要从这种经验中推论出来:"通过科学的语言,我们能根据不同的概率认识关于将来的许多事物,但这些事物都是推论出来的:无一是人们直接认识的。"③罗素把这种经验又称为"亲知",以区别于对某个客体的"摹状":"既已确定经验是由一种关系建立的,那就最好用一个不大中立的词,我们将同义地使用'亲知'和'觉察'。"④当然,在罗素看来,作为共相的主体也是得"摹状",而非亲知:"我们的理论坚持认为:当我们亲知关于客体 0 的经验时,其感觉材料是'某物亲知 0'这一事实。"亲知的对象是当下经验,也就是"某物亲知 0"这一感觉材料,当然此经验以某种方式相关于客体 0。

在《我们关于外间世界的知识》一文中,罗素把感觉材料作为其中一种无需进一步论证的具有确定性的无可怀疑的"硬"材料,作为对比,设置了"软"材料这一概念,就是一些派生的信念,包括是否有他人心灵、外间世界的知识等等。后者是前者以某种逻辑证明的方式推出来的。此外,罗素仍然保留了结果说:"因此到此为止,并没有任何充分理由假定,可感对象必有外在的原因。但是哲学上的物自体和物理学上的物质却是作为可感对象以及感觉的外在原因而出现的。"⑤但这种结果说已经发生了变化,也即这里的"物质"是以两种方式结合起来的:一种是"独立于我们的意识而持存的某物",另一种是"依赖于我们而持存的感觉"⑥。也就是说,罗素在这一时期已经从构造的角度来理解物质。

① 罗素:《哲学问题》,何兆武译,北京:商务印书馆,2007 年,第 75 页。
② 罗素:《逻辑与知识》,苑莉均译,北京:商务印书馆,1996 年,第 168 页。
③ 罗素:《逻辑与知识》,苑莉均译,北京:商务印书馆,1996 年,第 162 页。
④ 罗素:《逻辑与知识》,苑莉均译,北京:商务印书馆,1996 年,第 196 页。
⑤ 罗素:《我们关于外间世界的知识》,陈启伟译,上海:上海译文出版社,1990 年,第 55 页。
⑥ 罗素:《我们关于外间世界的知识》,陈启伟译,上海:上海译文出版社,1990 年,第 56 页。

在 1921 年《心的分析》中,罗素提出了改造之后的中立一元论,并且直接放弃了对感觉和感觉材料的区分。"假如我们承认这片颜色可以既是物理的也是精神的,那么从感觉中区分出感觉材料的理由就消失了,并且我们可以说,在看这片颜色时,这片颜色和我们的感觉是同一种东西。"①但这并不是说罗素改变了之前的观点,而是一方面把原来属于心灵范畴的感觉划归为心理学的研究对象——精神世界,另一方面把感觉材料与感觉等同起来,仍旧保留原来非心非物的中立地位。感觉材料本身还是殊相,只不过相较于这个殊相本身,罗素更关心感觉材料与物理现象和精神现象之间的关系。罗素指出:"在实践中,我们并不关心在感觉中进入我们经验的实际殊相;我们更关心殊相所属其中并作为标记的整个系统。"②

对于本能说,罗素本来就不够重视。与之前感觉材料理论的最大不同在于,罗素在对感觉材料和物理对象之间的关系进行阐述时彻底放弃了结果说,并且对标志说进行了大幅度改造。

罗素认为,感觉材料构成了物质和心灵的基础,是物理学和心理学的一种中立的材料。"我将简要地描述那门基础科学,即我心目中的真正形而上学的性质;在这门科学中,心灵和物质同样地被看作产生于一种中立的材料,这种材料……构成了物理学和心理学都可以建立于其上的基础。"③作为殊相的感觉材料以两种不同的方式作为物质和心灵的基础。一种是主动的方式,一种是被动的方式。被动的方式合并起来的是心理学的对象。殊相以两种被动的方式进行合并,在一个给定空间、一个给定时间内的殊相合并被称为"视景",类似于照相,在一段时间内"视景"合并起来被称为"个人历史",类似于摄影。因此,心理学领域的意识都是与这种方式相关于殊相,在这个意义上,罗素认为:"感觉是我们可以意识到的某种东西,但不是我们必须意识到的一种东西。"这些由不同的人在不同地点从不同的观察角度的多个殊相的集合,就被构造为物理对象、物质或者事物。之所以被称为"构造",原因在于罗素认为这些物质并非"实体",这是殊相以主动的方式进行合并。正是在后面这种把物理对象构造出来、推论出来的意义上,感觉材料才被称为是某种物质现象的标志。

与罗素相比,金岳霖对观念论的反驳要更为彻底。他并不满足于对感觉材料和感觉的区分。在金岳霖看来,拈出感觉材料这一概念,还不足以让我们从观念论的窠臼中摆脱出来,因此他提出了另外的一对范畴——"正觉"和

---

① 罗素:《心的分析》,贾可春译,北京:商务印书馆,2010 年,第 122 页。
② 罗素:《心的分析》,贾可春译,北京:商务印书馆,2010 年,第 168 页。
③ 罗素:《心的分析》,贾可春译,北京:商务印书馆,2010 年,第 254 页。

"所与"。就为知识提供材料而论,"所与"对应着"感觉材料",但这两个概念不仅在外延上不同,而且所扮演的角色也有所不同。

　　感觉材料有时候被认为是感觉者的内在状况,有时候被认为是感觉活动的一个结果或者对象,而且在罗素看来,感觉材料与外物之间有着非常复杂的符合关系。而金岳霖的"所与"实际上是正觉的对象,也是正觉的内容。与感觉材料相近的一个概念是"呈现",呈现是官觉这种官能活动的内容或者对象。正觉是一种特别的官觉,因此,并非所有的官觉都是正觉,只有"正常的官能者在官能活动中正常地官能到外物或外物底一部分即为正觉"[①]。同理,并非所有的呈现都是所与,只有作为外物或外物底一部分,也即作为正觉的对象或内容的呈现才是所与。不仅如此,金岳霖还进一步认为,我们无需从官觉出发去寻找如何获得正觉之路。情况恰恰是反过来的,正觉本已有之,如果我们要从官觉中挑选出其他非正觉的官觉,比如错觉、幻觉等,还得依赖于正觉的校对。

　　但严格来说,金岳霖认为不仅所与和感觉材料不一样,而且呈现的地位也和罗素的感觉材料不一样。但是,如果我们把金岳霖的"所与"或"呈现"看作是他特有的"感觉材料",那么他在《知识论》中不仅明确拒绝了感觉材料的结果说,还拒绝了标志说或者表征说,以及由此而发展起来的构造说。

　　理解正觉和所与的关系是解开金岳霖知识论的关键。我们认为,金岳霖对这个问题的认定保留了朴素实在论的看法,这也可以被认为是本能信仰说的一个变体。不过他在这里对此有个析取论式辩护[②]:"假如 x 官觉是正觉,x 当然有 III 节所讨论的关系。但是官觉不必是正觉,假如 y 官觉不是正觉,y 当然没有那样的关系。"[③]所以金岳霖断言:有正觉,所与就是外物或者外物的一部分,这并不妨碍官觉也可能不是正觉。

　　金岳霖首先否认了正觉与所与之间是一种因果关系:"正觉这一件事体

---

①　金岳霖:《知识论》,北京:商务印书馆,1983 年,第 125 页。

②　对此的详细讨论可见邵明的《金岳霖所与理论研究》(北京:北京大学出版社,2012 年)。邵明把析取法作为金岳霖驳斥唯心主义的真正方法:"在感官感知问题上应用析取的方法,可以说是金岳霖最为重要的一个技术性突破。"(第 218 页)不仅如此,邵明还提出:"在感知问题上,或在知识论上,金岳霖可以说是最早一个提出这种析取思想的哲学家。大约过了二十多年,一个英国哲学家辛顿(J. M. Hinton, 1923—2000)才开始使用析取来反对感知上的因果理论。后来在麦克道尔(John McDowell, 1942—　)影响深远的文章中析取法被正式作为一种哲学方法加以运用之后,这才逐渐广为人知,并被运用于其他领域……"(第 209 页)邵明后面提到,尽管金岳霖的析取思想类似于后来麦克道尔等人,但是后来塞拉斯(Wilfrid Sellars)和麦克道尔对理由空间的讨论,并不会被金岳霖接受,甚至可能会被金岳霖批判。因为我们可以看到,金岳霖的"所与"尽管是客观的,而且还等同于外物,但不能说是一种莫名其妙的"神话",只不过金岳霖是用自己的"道"来统摄"所与",而非麦克道尔的理性或者理性的潜能。

③　金岳霖:《知识论》,北京:商务印书馆,1983 年,第 166 页。

也许有它底来因去果;但是这件事体是一关系集合,关系集合是一件事,关系又是一件事;关系集合有因果并不表示关系或该集合中的关系是因果关系。"①正觉的对象是所与,而所与就是外物或者外物的一部分。他甚至认为,我们可以仅仅从正觉中就直接分析出所与。外物作为原因作用于个体,在个体中造成所与的结果,这只不过是这一事件的"关系集合"。因果关系根本就与这不相干。对于那些非正觉的官觉而言,即便是官觉的呈现是外物的结果,但也不能仅仅按照因果关系从呈现出发推论出外物如何。对于正觉来说,因果关系承诺了太多东西,而对于非正觉的官觉来说,因果关系又不能起到太大的作用,因此,金岳霖才说:"对于是正觉的官觉说,因果完全是多余的;对于不是正觉的官觉说,因果说又说不通。"②

其次,金岳霖还否认了感觉材料与物理对象之间各种各样的"代表说"。对于非正觉的官觉而言,呈现代表了某种意义上的外物,但所代表的并不是真正意义上的物理对象。因为个体在一般非正觉的感觉活动之中,并不能直接感知到物理对象。对于该个体而言,物理对象是需要从呈现中推论出来或者构造出来的东西,而代表说所处理的问题是物理对象和感觉材料之间的关系,因此两者并不相干。因此金岳霖说:"x 底呈现是不是代表外物呢? 这样的官觉虽有环境中的外物,不必有对象上的外物。"③对于正觉来说,更是如此。所与就是外物或者外物的一部分,而代表说则是指两个个体之间的一种关系,那么至少意味着代表和被代表的是两个个体,而正觉关系中所与和外物是一个个体。金岳霖列举了以往感觉材料的三种代表说。在照相式的代表中,感觉材料是物理对象的单纯被动反映物。在地图式的代表中,感觉材料是物理对象的一个简单标志,这事实上有点类似于罗素早期的感觉材料观。还有一种是图书馆目录式代表,感觉材料本身就有秩序,而物理对象则按照这一秩序进行排列。这三种代表说的共同缺陷是以静态的方式来看待感觉材料和物理对象之间的关系,把两者视为不同的两个个体。

正觉和所与之间的关系构成了知识的基础,对这个问题的探讨贯穿于金岳霖的一生。包括早在 1936 年就发表于《清华学报》上的《论手术论》对手术论的批判,以及二十世纪五十年代在《罗素哲学》中谈到的"蓝本因"问题。

手术论的提出就是为了抛弃感觉材料和物理对象之间无法解决的符合问题。"一个概念就是与它相应的一套手术",自然界中有很多知识原本是建立在所与的基础之上的,但是在手术论看来,这些知识的真假问题只有"在手

---

① 金岳霖:《知识论》,北京:商务印书馆,1983 年,第 135 页。
② 金岳霖:《知识论》,北京:商务印书馆,1983 年,第 167 页。
③ 金岳霖:《知识论》,北京:商务印书馆,1983 年,第 167 页。

术方面的相融，或概念方面的一致，事实上知识的可靠性反因此而严格。"①因此，按照这种理论，电子的半径并不是指自然世界中电子的真实半径，而是在实验室的某种研究程序中所运用的手术下所能得到的结论而已。这种观点的确是避免了感觉材料理论中各种代表说、因果说所带来的"所与神话"问题，但在金岳霖看来，就像实用主义一样，把所与的客观性给抹杀了。金岳霖在这里就已经坚持了后来在《知识论》中的观点，并没有放弃符合说："如果有证实问题发生，证实的意义仍是符合，而不是融洽或一致。这样话又说回来了，如果证实的意义是符合，则自然与我们对于自然的知识要分别，概念与我们对于概念的知识要分别。"②

"蓝本因"的说法是金岳霖在五十年代之后对罗素感觉材料理论的批判中，吸收了辩证唯物主义和实践论的基础上提出来的，这也是对物质事物与感觉材料之间关系的一个正面的肯定性理论，这个理论颇具隐喻色彩。他说："客观物质事物与感觉映像之间的因果关系是蓝本因—复制果的关系。建筑师画蓝图，建筑工人按着蓝图把房子盖出来。蓝图是蓝本，盖出来的房子是复制品。"③在结果说中，外物是作用于个体官能的因，而感觉材料则是其结果。这里的原因和结果之间是一种建筑工人按照建筑师的蓝图，通过"盖房子"这一实践活动而把房子这一复制果给"实现"出来的关系。因此，"蓝本因"的因果很明显已经不仅把原来的结果论颠倒过来，而且还纳入到"建筑工人"改造客观世界的实践活动之中。当然，金岳霖此时提出这种观点，不免受到了时代和环境的影响，但是我们未必不可以把这种观点视为其早年的《论道》中就已经提出的观点的一种发展：把正觉和所与的关系视为个体的现实过程。甚至未必不可以把在《知识论》中的可能—现实的辩证运动过程，与本然世界的无极—太极之道的运行过程对照而观。

感觉材料是一种殊相，而所与则有所不同。在所与呈现出来的时候，具有客观的秩序，但它首先是一个殊相。与罗素的不同之处在于，金岳霖不否认呈现也可具有相同的性质，也即所与涉及到了共相。他举了一个例子："这桌子上有两个特殊的洋火盒子，它们的确是两个，的确是特殊的；但是这并不阻止它们之各为洋火盒子。这就是表示：正常的官能个体，在正常的官能活动中，目有同视，耳有同听……等等我们称这样的呈现为客观的呈现。"④为什么

①　金岳霖学术基金会编：《金岳霖全集》第三卷下，北京：人民出版社，2013 年，第 1387—1388 页。
②　金岳霖学术基金会编：《金岳霖全集》第三卷下，北京：人民出版社，2013 年，第 1405—1406 页。
③　金岳霖：《罗素哲学》，上海：上海人民出版社，1988 年，第 150 页。
④　金岳霖：《知识论》，北京：商务印书馆，1983 年，第 133—134 页。

说官能个体所呈现的对象是特殊的,但并不能否认此对象也涉及到共相与共相的关联？这是因为金岳霖并不认为殊相和共相在现实中是割裂的,他认为两者只不过是个体的不同实现方式,他在《论道》中甚至把中国传统哲学当中的"体用"和"性情"范畴来对应这两种实现方式。不仅如此,他还认为:"说个体底变动有共相底关联,同时也就承认个体底变动居式。说个体底变动有殊相底生灭,同时也就承认个体底变动由能,因为所谓变动所谓生灭在本书底最根本的意义仍是能有出入。"①也就是说,所与呈现的秩序是"共相底关联"和"殊相底生灭"的统一。

第三节　感觉材料和物质对象

摩尔对于感觉材料地位的认识前后也发生过些许变化。不过,与罗素注重感觉材料和物理对象之间的关系、金岳霖注重正觉和所与之间的关系不同,摩尔始终把感觉材料作为直接领受的对象。一方面,从常识的视角出发,感觉材料和物质客体之间持有一种肯定性的确信,而另一方面,从反思或分析的视角出发,感觉材料却和物质客体之间持有一种否定性的怀疑。摩尔早期有不少关于"感觉材料"的论文,比较有代表性的是当时未发表的伦敦莫利学院的系列讲座《哲学中的若干主要问题》,《感觉材料的地位》等。1918 年《对知觉的一些判断》一文发表之后进入第二个时期,我们认为在这篇文章之后,摩尔的感觉材料开始不局限于传统认识论的地位。第三个时期的标志是1939 年《外部世界的证明》、《对我批评的回应》和《感觉材料和物质对象的关系》等文章的发表。尽管摩尔在这三个时期都是把感觉材料放在上述两个不同的视角下,但其地位却在不断发生变化。接下来,我将简要阐述感觉材料在这三个不同时期地位的变化。

在第一个阶段,摩尔对感觉材料的论述主要围绕感觉材料和感觉之间的区分而展开。与罗素和金岳霖不同,摩尔始终致力于捍卫常识出发的本能信仰说。摩尔的常识说包含了两个层面,一个是感觉材料本身是否存在,另一个是我们是否确实知道与其相关的物理对象的存在。对于第一个层面,摩尔主张,在感觉不存在之后,感觉材料的存在是"可以设想的"(conceivable),而且我们有"很强的倾向(disposition)相信"感觉材料的存在,或者反过来来说,我们不能确定感觉材料不存在。这种说法在不同地方都有表述,比如:"我认

---

① 　金岳霖:《论道》,北京:商务印书馆,1987 年,第 166 页。

为,我看到的颜色的色块在我看到它之后可能还继续存在,这一点是可设想的。……现在我马上闭上我的眼睛,我就不再看到那个感觉材料了:我对它的看就已经不存在了。但是我决不能确定,感觉材料就不存在了,并且不在那里了。我当然不是说:我认为它很有可能不存在了,但是,我有一个很强的倾向相信它还存在。"①在这一时期,摩尔认为,感觉当然是依赖于心灵的,但感觉材料也在某种不同的意义上依赖于心灵,而且很容易分辨出两种依赖方式之间的不同。感觉材料的依赖表现在它只能被自己私人的感官所直接领受,而不能被其他人直接领受。

第二个层面,我们可以直接领受感觉材料,但是否"知道"这些东西之外的物质对象存在呢? 摩尔"相信"物质对象的存在,但"知道"所需要的不仅仅是某个信念而已,还需要更多的东西。但摩尔仍坚定主张"知道"外在物质对象存在。对此,摩尔的辩护方式稍微有点绕②,他说:"就算你真的的确不知道物质对象的存在,至少,你不知道你不知道这一点。"③摩尔认为,之所以你会主张不知道"物质对象的存在"这一断言,是因为当你主张这一点的时候,你对物质对象存在的信念持有一些观点。那么,如果你对物质对象存在的信念通常所持有的观点是错误的,而且还不同于我们运用常识所相信的东西,那么你就不能断言不知道"物质对象的存在"。正是在这个归谬的意义上,摩尔才说"你不知道你不知道这一点",从而捍卫了我们事实上通常持有的常识观点。摩尔这里对通常一般人所持有的物质对象存在的观点的讨论颇为晦涩,他在讲座中否定了标记说、各种各样的原因—结果说,同时也否定了密尔—罗素式的构造说,在1914年发表的《感觉材料的地位》一文中,尽管他对于感觉材料和物质对象之间的关系稍许乐观一些,但结论最终还是否定的。

---

① G. E. Moore, *Some Main Problems of Philosophy*, London: George Allen and Unwin, 1952, p.31.

② 摩尔比较喜欢用这种辩护方式。他首先抛出自己的观点,然后对不同意这种观点的各种理论进行"分析",从这些理论的不成立,反过来论证不能否定自己所主张的观点。这种方法再加上摩尔谦逊的措辞,往往使很多研究者误以为摩尔在这些理论中举棋不定,没有自己的看法。比如 E. D. Klemke 在分析了各种理论之后说:"我没有发现,对于感觉材料和物理对象关系的这个问题,就像其他那么多问题一样,摩尔解决了这个问题,或者对于这种关系是什么形成了某个确定的结论。"(*The Epistemology of G. E. Moore*. Northwestern university Press, 1969, p.170)比如陈启伟《论 G. E. 摩尔的实在论思想》一文中说:"……实际上这三种回答摩尔在不同时期不同作品中都曾采纳过,但后来或者自己否定了,或者疑而不决,亦信亦疑。"(《西方哲学研究——陈启伟三十年哲学文存》,北京:商务印书馆,2015 年,第 473 页)亦可见贾可春:《乔治·摩尔的感觉材料理论》,北京:知识产权出版社,2009 年,第 124 页。

③ G. E. Moore, *Some Main Problems of Philosophy*, London: George Allen and Unwin, 1952, p.127.

第二个阶段的文本主要有论文《对知觉的一些判断》和《捍卫常识》。在这个阶段,摩尔强调把感觉材料作为判断的对象,而不仅仅是感觉活动的对象。他说:"感觉材料是这样一种东西:像这些判断一样的判断似乎总是对这种东西作出的;这种东西看来是所有这样的判断的真正的或根本的对象。"①摩尔认为,如果说判断是对于感觉材料的判断,那么作为一般判断的主词的那个东西就和感觉材料有一种关系。借鉴摹状词理论,他说:"当我判断'这个墨水台是一个好大的墨水台'时,我实际上是在判断'有且仅有一个墨水台,这是那个墨水台外表的一部分,而且,正是这样的那个墨水台是个很大的墨水台'。"②在这里"那个墨水台外表的一部分"是呈现出来的部分,而"这"就是指我所看见的感觉材料。任何判断,最终都可以被还原到某种感觉材料和呈现出来的部分之间的关系之中。在《捍卫常识》一文中也谈到了这种还原:"我现在正在感受一只人手,我的这个知识是从一对更简单的命题中演绎出来的——这些命题我只能用这种形式来表达:'我正在感受这'并且'这就是一只人手'。"③对于这种关系,摩尔认为是一种等同关系,"这""就是"那个墨水台外表的一部分。

对于这一结论,摩尔还是运用与之前类似的归谬论证。也就是说,对于这种等同关系持有不同意见的人来说,你们在主张这一点的时候,就会依赖于一些假设性的证据。如果这些证据并不成立,那么对于这种等同关系的反驳也就不成立。只不过对于一般人通常持有的假设性的证据,除了继续反对感觉材料和物理对象之间的结果说、标志说、代表说之外,还反驳了之前自己把感觉材料和"感觉上的东西"混同起来的观点。感觉材料不同于感觉起来的东西,从不同的角度去看同一个东西,看到的内容是不同的,但感觉材料只是似乎不同。在不同的时间去看一个东西的外表所呈现出来的感觉材料,以及戴着蓝眼镜和没戴眼镜所呈现出来的感觉材料,尽管看起来不同,但并不能说"就是"不同的。感觉材料只是似乎不同。他举了个例子:"现在,在我看来可能的就是,当我在一英里之外看一棵树时,相应于这棵树的感觉材料感觉起来也许并不真的是比当我只从一百码的距离外看那同一棵树时相应于那棵树的感觉材料要小,而只是感觉起来似乎小了。"④被感觉起来的东西直

① 摩尔:《对知觉的一些判断》,收于《哲学研究》,杨选译,上海:上海人民出版社,2009 年,第180 页。
② 摩尔:《对知觉的一些判断》,收于《哲学研究》,杨选译,上海:上海人民出版社,2009 年,第184 页。
③ G. E. Moore, "A Defence of Common Sense", *Philosophical Papers*, London: George Allen and Unwin LTD, 1959, p.53.
④ 摩尔:《对知觉的一些判断》,收于《哲学研究》,杨选译,上海:上海人民出版社,2009 年,第190 页。

接关联于变动不居的感知主体,而"那个墨水台外表的一部分"作为物理对象显然独立于感知主体。正是因为大多数哲学家毫不犹豫假定了被感觉起来的东西的不同就是感觉材料的不同,而不是似乎不同,从而使他们误以为感觉材料并不"等同于"那个墨水台外表的一部分。摩尔则反过来主张,这种"关系"是终极的不可分析的心理关系,不能进一步解释,比如进一步解释为某种复杂的因果关系。

因此,在这个阶段摩尔一方面肯定感觉材料"等同于"这个墨水台外表的一部分,另一方面则同时认为自己在感觉上感觉起来的东西是不同的,但这种不同仅仅是在感觉上,而非在直接领受的感觉材料上,对感觉材料而言,只是似乎不同。对于这一"矛盾",摩尔在《捍卫常识》中提出了一种更费解的说法:"第一眼会采纳一个很自然的目光,该事物的确并不等同于他整个右手,而是等同于(be identical with)他实际上正在看的右手表面的那个部分,但是(在稍许反思之后)他还将会能够看到,怀疑该事物是否能够等同于他那只手的表面的那个部分。"[①]也就是说,在"自然"视角下,我们确信感觉材料等同于物理对象,而在"反思"视角下,又怀疑感觉材料等同于物理对象。"自然"和"反思"之间的这对看似矛盾的张力,成了第三阶段摩尔所要着力澄清的主题。

第三阶段最著名的论文是《外在世界的证明》,另外还有,《感觉材料的主体性》、《感觉材料和物理对象之间的关系》、《视觉感觉材料》。《外在世界的证明》这篇文章是从康德对外在世界存在证明的丑闻开始进入讨论的,但摩尔对于是否能够给出"外在事物"的满意证明(proof)的态度颇为微妙,他在文章开头就坦言"这个问题依然值得讨论"。当然我们最关注的还是论文最后部分对"两只手存在"这一命题的证明。

这个论证的前提是:"举起一只手,做个手势,说:这里是一只手……"结论是:"两只手存在。"摩尔断定,我知道前提,也即我知道通过某个手势和句子中"这里"的结合(combine)所指示(indicate)出来的在这个位置中有一只手。对于这个前提,摩尔没有证明,也不试图去证明,并认为自己不能证明,也相信它不可能被证明。这个前提由两部分构成,第一部分是所表述的部分,可分析为行动和语言两个要素,两者都包含了同一个对象;第二部分是由被分析的两个要素的结合所指示出来的部分。摩尔的"结合"和"指示"颇难理解,但恰恰是"结合"和"指示"出来的这个东西,构成了论证的前提。摩尔断言,在这个证明的前提中并不涉及未经证明的信念:"我不知道它,而只是

---

① G. E. Moore, "A Defence of Common Sense", *Philosophical Papers*, London: George Allen and Unwin LTD, 1959, p.54.

相信它，并且情况有可能并非如此，这么说是多么荒谬！"①但"知道"这个前提究竟意味着什么，我们很难确定，我们只能发现，这里的"知道"是通过做个手势并说出句子而"选出"有一只手。

但摩尔似乎对于别人对他"如何选出"的晦涩性指控不以为意。他认为，之所以有这样的质疑，原因恰恰在于质疑者本人没有呈现出这个说明——没有理解自己的哲学怀疑。摩尔在后面那篇回应博斯玛（Bouwsma）先生对他反驳的文章中说："我们不可能说出博斯玛先生在一个没有对他呈现的说明中发现的晦涩性是什么。"②

感觉材料和作为外在事物的手之间的等同关系的哲学怀疑，意味着"自然"和"反思"两个矛盾的视角可以用某种我们称为"诡谲式"的方式并存。没有呈现这一点的一般人，在反思的时候往往伴随着心理上的怀疑。因此，在《捍卫常识》一文中所提及的"自然"和"反思"两种视角之间的"矛盾"的说法，如果以心理上的怀疑来理解，那么实际上是不矛盾的。他说："读者会一直确信，事实上是他的手的外形的一部分，即那个被看到的对象就等同于他的手外形的一部分，而且读者对此会持续感到确信，即便是他怀疑这个被直接看到的（我认为他能够选出的）对象，是否就等同于这个被看到的对象。"③从自然的眼光来看，一般人感到确信的命题是：被看到的对象等同于手外形的一部分。常识告诉我们，我们所看到的东西，就是"手外形的一部分"这一物理对象。但反思之后，一般人又会产生心理上的怀疑：被直接看到的对象（感觉材料）是否等同于被看到的对象。因此，尽管一般人反思之后在两者之间举棋不定，但被直接看到的感觉材料与被看到的对象并不是一个东西，因此这两个命题并不是同一个命题，这一点没有问题。因此这两种视角并非直接自相矛盾。

但是，摩尔真正所要捍卫的观点并非如此，就他的"哲学怀疑"来说，他的反对者做出"矛盾"的指控本身是成立的，尽管反对者并没有捕捉到摩尔的真正观点。他说："如果它是等同的，那么我在同一个时刻既正在感到确信又正在感到怀疑那同一个命题。"④也就是说，既感到确信又感到怀疑的命题就是

① G. E. Moore, "Proof of an External World", *Philosophical Papers*, London: George Allen and Unwin LTD, 1959, p.146.

② G. E. Moore, "Relation of 'Sense-data' to Physical Objects", *The Philosophy of G. E. Moore*, Volume Two, (ed.) Paul Arthur Schilpp, London: Cambridge University Press, 1968, p.632.

③ G. E. Moore, "Relation of 'Sense-data' to Physical Objects", *The Philosophy of G. E. Moore*, Volume Two, (ed.) Paul Arthur Schilpp, London: Cambridge University Press, 1968, p.632.

④ G. E. Moore, "Relation of 'Sense-data' to Physical Objects", *The Philosophy of G. E. Moore*, Volume Two, (ed.) Paul Arthur Schilpp, London: Cambridge University Press, 1968, p.637.

同一个命题：被直接看到的对象等同于被看到的对象，等同于手的外形的一部分。从自然的眼光来看，我们确信被看到的对象等同于他的手的外形一部分，假如有问题的话，便有能力依照心灵中呈现的这一等同关系的观念（idea）执行"选出"这一操作；但在稍许反思之后，又会怀疑被看到的对象（感觉材料）就是等同于他的手的外形一部分。[①] 这就是一个矛盾，但摩尔并没有因为这是一个矛盾而放弃自己的观点。而且他还认为，这里恰恰就是感觉材料和物理对象之间真正的困惑所在。他说："我的怀疑是一种哲学怀疑，而且，就像其他哲学怀疑一样，当然不可能通过任何经验性观察而得到平伏。"[②]我们把摩尔的这种哲学怀疑称为感觉材料和物理对象之间的"诡谲式"等同。

尽管从单纯认识论上的感觉活动来看，摩尔的感觉材料的地位变化是一条逐渐靠近客观事物之路（前期是被相信为持存的感觉活动的对象，中期逐渐走出感觉活动成为判断的对象，后期则直接把感觉材料等同于物理对象），但是从反思或分析的视角看来，摩尔的感觉材料却是一条逐渐远离之路（前期只是否定从感觉材料到物质对象的推论、构造活动，后期则直接怀疑感觉材料和物理对象之间的等同关系）。最终，摩尔一方面确信感觉材料等同于物理对象，但在另一方面又对这种等同关系持有一种哲学怀疑，他从未如金岳霖一般把具有这种等同关系的两者视为一种必然分析的结果，也始终没有接纳罗素把物理对象从感觉材料出发以这样那样的方式进行构造的方案。

第四节　痛苦和快乐

痛苦（pain）和快乐（pleasure）是人类最基本的两种情感，因此不论是生理学家、心理学家、哲学家甚至很多宗教，都在致力于寻找其特殊的本质。在摩

---

① 在最后一篇论文 *Visual sense-data*（收于 Robert J. Swartz（ed），*Perceiving*，*Sensing*，*and Knowing*，New York：Anchor Books，1965，p.136.）中，摩尔进一步主张，我们正在看或者直接看的那个**唯一一个**感觉材料是不可能等同于物理对象的外形一部分。但这里对等同关系的否定和哲学怀疑不太一样，退回到了我们前文所提到的第二个阶段的主张。这篇论文强调，如果把感觉材料理解为认识论上所看到的**唯一一个东西**，那么就不能等同于物理对象。Paul Snowdon 在 *G. E. Moore on Sense-data and Perception*（收于 Susana Nuccetelli and Gary Seay（ed）．*Themes From G. E. Moore: New Essays in Epistemology and Ethics*，Oxford：Oxford University Press，2007，p.119）一文中并没有理解摩尔在文章中是从认识论上否定了等同关系，而摩尔实际上主张："迄今为止没有任何哲学家清楚说明两者的这种关系。"

② G. E. Moore，"Relation of 'Sense-data' to Physical Objects"，*The Philosophy of G. E. Moore*，Volume Two，（ed.）Paul Arthur Schilpp，London：Cambridge University Press，1968，p.637.

尔看来,痛苦和快乐不仅构成了伦理学中最基本的要素,而且痛苦类似于感觉材料,都是我们可以直接感受的对象,并且可以通过这种直接感受而获得关于痛苦的知识。他曾对痛苦和快乐的种类做过一个区分:第一种是物理痛苦,特指身体上的有机体所感物(organic sensations),按照汉语的习惯用法,这种痛苦就是疼痛;第二种是感官痛苦,指闻起来、听起来等感官上的痛苦;第三种是其他痛苦,比如害怕、羞愧、失望、看到他人痛苦、无聊、欲求被阻止、期待没满足、感到自己做了不正当的行为等。① 快乐也可以做出类似区分。第一种身体上的快乐是最基本的,第二种感官上的快乐接近于第一种,而第三种往往复合了各种心理和身体上的感受。就痛苦是我们感到痛苦的时候所感到的东西而言,可以直接类比于感觉材料,因为黄色就是我们在看黄色的时候的视觉感觉材料。但摩尔强调,并不是说所有的痛苦和快乐都可以被还原到第一种。他说:"有人会认为,这段韵律之所以是快乐的,是因为它引发了快乐的有机体所感物;但是我认为这不是真的:相较于我拥有某种快乐的有机体所感物,我更为确信它的确使我快乐。"②总之,我们大致可以区分出两类痛苦,一类是生理上的痛苦,另一类是与生理相混合的心理上痛苦。同样地,快乐也有两类,一类是生理上的快乐,另一类是与生理相混合的心理上的快乐。

痛苦和快乐与欲求(desire)紧密关联,这一点可以作为引发我们各种行动的原因。比如,很多人会把"趋乐避苦"视为人的一种本能,因此,欲求同样也有两种:一种是就其自身而欲求(desire……for its own sake),另一种是作为手段而欲求(desiring as a means)。

第一种欲求通常是由在生理上的痛苦或快乐所引发的。摩尔把这种欲求称为"自然需要"(natural needs),而且也通常可以被表达为"我想要(want to)……"。③ 那么,究竟什么是"就其自身而欲求"某个行动呢? 这个概念是理解摩尔的痛苦理论的一个关键之处。尽管摩尔只在为数不多的地方提到过,并且他也从不曾为此进行过任何体系化的整理,但由于这一理论自身的重要性,我们仍然可以在这里做出一个较为合理的阐释。

我们先来看摩尔自己举的一个例子。摩尔有个孩子叫尼基,在他出生的那个早上,发出了第一个声音。摩尔认为,"婴儿第一声啼哭"就是这种欲求

---

① 参见 G. E. Moore, *The Commonplace Book of G. E. Moore 1919 – 1953*, Casimir Lewy (ed.), London: George Allen and Unwin, 1962, p.34.

② G. E. Moore, *The Commonplace Book of G. E. Moore 1919 – 1953*, Casimir Lewy (ed.), London: George Allen and Unwin, 1962, pp.32 – 33.

③ G. E. Moore, *The Commonplace Book of G. E. Moore 1919 – 1953*, Casimir Lewy (ed.), London: George Allen and Unwin, 1962, p.36.

的表达。这个欲求并不伴随不快乐的感觉,也不是对某种不满足的表达,而是在这种心灵状态中,"他具有一幅图像,他想要(want to)看到的那种事物的图像"。① 但这里的"那种事物"、"图像"究竟是什么? 婴儿刚出生的时候还没有看到这个世界,但摩尔却认为婴儿已经具有了想要看的事物的图像。一种推测是,这个事物已经在胎儿状态下就有了,是"与生俱来"的,或者说在"前世"就看到过这个世界中的事物了,前提是如果有"前世"的话,由此,这些事物才可以出生的时候在婴儿心灵中留下一幅图像,才可以说"具有这种事物的图像"。但如果这个假设成立的话,在婴儿出生的那个早上"之前"(我们暂且不管这个说法是否有意义)已经看到过那个事物,那么我们就很难探求婴儿是否一定会出现"想要"看那种事物的欲求。另外一种推测是,图像是还未曾看到但想要看到的那个事物的最初状态,并且这幅图像自身必然会产生一个要求,也即"就其自身"的"想要看到那种事物"的欲求。甚至可以进一步推测,这幅图像是那种事物的一个潜在状态,有待于通过"想要看"这一欲求而实现为那种事物的状态。但这个说法仍然有很多问题:比如这幅图像是从何处而来? 图像和这个欲求之间的关系如何理解? 这种关系是否意味着我们有一种特殊的能力,比如概念能力,结合这幅图像看到我们想要看的事物? 此外,这个说法仅仅限定在"婴儿第一声啼哭"上,充满了太多隐喻的色彩。

抛开这个例子,我们来考察摩尔对这类痛苦或快乐所引发的欲求的一个一般性说明。他认为:"**一般来说**,当你在任何显著的程度上拥有处于痛苦中这一**所感物**(sansation)的时候,你同时也欲求消除(desire to be rid of)这个**所感物**。"② 在后面,他做了一些补充性的说明。首先,这一条不太适用于心理上的痛苦或者痛苦的思想。面对后面这种痛苦,人们往往不是像鸵鸟一样把这种思想给消除掉,而是会转而消除造成这种痛苦思想的事物或行动。其次,当这种欲求被这个所感物引发的时候,摩尔认为并不是说"出于消除这种不适的原因,而欲求这个行动"③。也就是说,消除这个所感物是这个欲求本身所要求的,而不是"出于消除某种不适"这一外在原因而做出欲求这一行动。有了这两条补充性说明,我们可以进一步明确上述这段话中,"痛苦"、"所感物"、"欲求消除"这三者是同体的。也就是说,"痛苦"就其是感觉对象

---

① G. E. Moore, *The Commonplace Book of G. E. Moore 1919－1953*, Casimir Lewy(ed.), London: George Allen and Unwin, 1962, p.37.

② G. E. Moore, *The Commonplace Book of G. E. Moore 1919－1953*, Casimir Lewy(ed.), London: George Allen and Unwin, 1962, p.31.

③ G. E. Moore, *The Commonplace Book of G. E. Moore 1919－1953*, Casimir Lewy(ed.), London: George Allen and Unwin, 1962, p.36.

而言就是一种"所感物",而这种"所感物"必然要求自身"欲求被消除"。摩尔正是在这个意义上,把痛苦所要求的欲求称为"就其自身"而欲求。我们可以发现,这一点与我们在上一节中谈到的感觉材料和物质对象之间的"诡谲式等同"颇有类似之处,只不过上述这种等同是两个事物之间的一种关系。而这里对痛苦而言,自身内部就蕴涵了这种诡谲式矛盾:一方面,主体自身处于这种痛苦的所感物之中,另一方面,这一痛苦自身又要求一种欲求来消除这一所感物。与黑格尔式的辩证否定不同,这种自我否定并没有出现中介物,也没有在摩尔的文本中找到一种否定后的肯定性事物出现,这种直接的否定或者痛苦自身就意味着否定。

我们可以通过对比第二种欲求——作为手段的欲求来进一步澄清这个问题。严格来说,这种欲求并非完全作为手段,而是部分作为手段,部分仍出于自身要求。摩尔说:"除了就其自身而欲求之外,有时候你也可以出于其他理由来欲求它,比如,由于你认为……这会让你在很长一段时间内处于不适的状态……在当下没有感受到任何生理不适的情况下,你预料到你在很长一段时间内没有其他选择机会。"[1]这里的预料是指你在思想上期待在将来会有某种痛苦,而在此刻或当下却没有痛苦的情况。出于将会到来的预料和期待而采取欲求消除或避免它的行动,就是作为手段的欲求。作为对比,我们可以发现,就其自身的欲求所消除的所感物并不是在预期中的痛苦,也就是说,并没有在时间中来谈论痛苦和欲求,而作为手段的欲求则依赖于一段时间之后的痛苦作为原因。第二种欲求可以在时间中被延续,如果得不到满足,还会进一步产生另外的痛苦。摩尔认为:"我认为我们必须说,超出一定时间的未满足欲求,这个纯粹的**持存物**(continuance)可能引起它不快乐;并且当这种不快乐开始之后,满足的延迟使得它更加不快乐。"[2]这里的欲求就被视作是在一定时间中的持存物,并且这种欲求的满足与否则会辗转引发痛苦以及更进一步的痛苦。

同样,快乐类似于痛苦。不过摩尔在谈论第一种欲求的时候,不同于痛苦所感物的自我否定,他并没有直接分析处于快乐之中这一所感物。而对于从预料或期待而来的第二种欲求,快乐与欲求避免痛苦这一行动相反,"一般来说,你会欲求取得(get)这一所感物"[3]。

---

① G. E. Moore, *The Commonplace Book of G. E. Moore 1919 – 1953*, Casimir Lewy (ed.), London: George Allen and Unwin, 1962, p.36.

② G. E. Moore, *The Commonplace Book of G. E. Moore 1919 – 1953*, Casimir Lewy (ed.), London: George Allen and Unwin, 1962, p.37.

③ G. E. Moore, *The Commonplace Book of G. E. Moore 1919 – 1953*, Casimir Lewy (ed.), London: George Allen and Unwin, 1962, p.30.

尽管摩尔并没有更进一步澄清痛苦和快乐的本质,但是他严格区分了痛苦本身和痛苦的影响(attack of pain),以及快乐本身和快乐的影响。痛苦本身如同感觉材料一样,有其独立的意义,而痛苦的影响只不过是在一个具体的环境下痛苦给我们身心带来的一种影响,这两者有着本质上的不同。这一点构成了他和维特根斯坦之间的一个重大分歧:摩尔认为痛苦本身具有意义,而维特根斯坦则始终认为痛苦并不具有"这是一棵树"这种意义,因此并不能说"我知道我在痛苦",而"我知道这是一棵树"则是有意义的。这也是维特根斯坦晚年仍与摩尔讨论并思索的一个问题。维特根斯坦的一位学生诺尔曼·马尔康姆在《回忆维特根斯坦》中曾经提起过摩尔与维特根斯坦之间就此问题的一次冲突。[①] 前几年,《心灵》杂志上发表了这次冲突内容的详细记录的整理稿[②],接下来我们引用这个稿件,并在引文后面给出我们的评析。

以下 W 指维特根斯坦,M 指摩尔。

> W:有人听过"it's certain 我在疼"吗? 这么说话的人非常少。M 所形容的那种情况中,it's certain 是多余的,不是吗? 加上这个东西是你的小癖好,还是在表达比"我在疼"更多的东西? 在有些情况下,加上"it's certain"是有点不同,但是你能想象在某种情况下,这种不同会发生在"我在疼"这里吗?(我在疼。你确定? 不是。)我有权问你,在英文中这个句子是怎么用。

维特根斯坦认为"我在疼"前面加上 it's certain 是多余的,并不增加什么内涵。"我在疼"在维特根斯坦看来表达了(非特定)主体和疼之间的一种(现象学的非对象的)特殊关系。"我在疼"不同于与事实相关的命题,也即这里所谓的事物陈述(things-statement),比如"这里有一棵树"、"我兜里有三块钱"。我们对一个事实命题在认识论上产生怀疑,是有意义的。因此,我可以说 it's certain 我兜里具有三块钱。因此,如果在"我在疼"前面加上 it's certain 是有意义的,那么只有两种错误情况:第一种是弄错了(非特定)主体和疼之间的关系,忽略了"我在疼"具有现象学的地位,也就是混淆了"我在疼"和事实命题;第二种是错误使用了 certain。维特根斯坦认为摩尔犯了第一种错误。但是两人的分歧实际上是在第二种,也就是关于 certain 的理解不同。

---

① 参见诺尔曼·马尔康姆:《回忆维特根斯坦》,李步楼、贺绍甲译,北京:商务印书馆,2012 年。

② Norman Malcolm, Gabriel Citron(ed.), A Discussion Between Wittgenstein and Moore on Certainty(1939):From the Notes of Norman Malcolm, *Mind*, Vol.124, January 2015, p.493.

M：你懂怎么用，就像我一样。我们对这个句子的用法是一样的。

摩尔承认"我在疼"这个句子具有不同于一般命题的独特地位。

W：我不懂它是（was）怎么用的。英文中这个句子是否这么用，我们问谁呢？如果我们都不懂，谁又能懂呢？

维特根斯坦强调他不懂摩尔的"我在疼"的用法，也就是说，维特根斯坦还是认为两人对"我在疼"的理解不同，并认为摩尔在混淆这个句子和事实命题。

M：it's certain 用在事物陈述上是如何的？在你所用的意义上，这样使用增添了什么东西吗？有一种"我在疼"的用法，等同于（is equivalent to）"it's certain 我在疼"。

摩尔承认事物陈述和疼痛陈述不同，且摩尔知道，维特根斯坦承认 it's certain 可以用在事物陈述上，而且不是多余的，是有意义的。对维特根斯坦而言，确定性表示对一个认识论上可怀疑的句子的确定，而对摩尔而言，确定性是一种高程度的相信，而且已经有事实寓于命题之中。疼痛与感觉材料相似，摩尔认为，it's certain 可以用在疼痛陈述上，就类似于可以用在感觉材料的实存上一样。这不表示可以在认识论上怀疑疼痛，而是一种哲学的怀疑，两者尽管等同，但不可替代。

W：这两者可以相互替代吗？
M：不可以。
W：那么，在它们的用法中，不同在哪里？
M：我不知道。

摩尔认为，我直接领受一个红色色块感觉材料，该色块"诡谲式"等同于一个物理对象，但这两者并非同一。就等同而言，两者并无不同；就两者并非同一而言，两者的确不同。这是一种哲学上的怀疑。因此，摩尔对这一层面问题的回答，始终都是"我不知道"。对于疼痛这种生理上的痛苦，按照我们对摩尔痛苦理论的分析，本身就要求"欲求被消除"，同样也面临这一哲学上的怀疑，因此摩尔也只能回答"我不知道"。

W：我不能理解这一点。你如何学习这些句子呢？你已经学完了，并且理解了它们。如果有不同，为什么你不能说出不同之处呢？

维特根斯坦不能理解这里的"哲学怀疑"。他始终主张，任何词汇的意义都显现在学习和理解这一语言游戏之中。所以维特根斯坦认为，摩尔既然在不可替代地使用"it's certain 我在疼"，怎么会说不出和使用"我在疼"之间的不同？

M：事物陈述的用法和带有"it's certain"的事物陈述的用法，这两者不同在哪里？

摩尔一直抓住两人对 certain 理解的不同，因此先从分歧比较小的事物陈述开始讨论，因为两人都承认 certain 可用于事物陈述。

W：这很容易。比如，"it's certain 这是一块奶酪"。我们这么使用"it's certain"：当已经有了一个怀疑（there have been a doubt），并且我们已经解决了这个怀疑（have been settled）的时候。我们可以来描述这样一些情况，在那里只是用"这是一块奶酪"，而在另外一些情况中，我们可以说"it's certain 这是一块奶酪"。

M：你已说得很清楚的一点是，当你已经处于怀疑（have been in doubt）的时候，你运用了检验，然后说"it's certain"。

这里明确了两种 certain 的理解。在维特根斯坦看来，certain 是对一个认识论上的怀疑的解决。表面上看摩尔是对维特根斯坦观点的重复，但摩尔强调的是哲学上的怀疑，因为你在怀疑的同时也在运用检验，而不是认识论上的怀疑，先怀疑后解决这个怀疑。

W：另一种情况是，"你只是相信这个吗？或者 is it certain?"意思是，"有好的证据吗？或者你只是猜测这个？"现在，这些就是关于"it's certain"用法的事实，你可以用这种用法来教一个小孩或老外。你在使用这个词的场合上来教他们。

维特根斯坦坚持认为，certain 关联在一个可怀疑的事实陈述上，在教和学这一语言游戏的场合中已经确定了这个词的意义。

  M：为什么它要用在这些场合上？难道你不是在你使用这个句子的时候，说了关于这些场合的某些东西？你说的东西是什么呢？

摩尔的潜台词是，在使用这个词的时候所说的"关于这些场合的东西"本身在认识论上是不可怀疑的，和这个词在这个场合的使用不相干。

  W：你如何来教一个人理解"拾起来"的意义？当你说他理解了这个词的时候，首先要有一大块初始环境，其次则要有各种各样的例外，当我们说这个词的时候然后他拾起来，并不是如此简单。

这里维特根斯坦重复了语言游戏理论的观点——词的意义在于它可以在某种情境下使用，certain 的意义就是用在一个可怀疑的事物陈述上，因此不可用在"我在疼"上。

  你听过有人这么用"it's certain 这是大拇指"吗？

  M：但我们很容易想象，在一些环境中，每个人都会这么说，并且会认为这么用是很自然的。

  W：比如"it's certain 这是我的大拇指。"有人能够想象，在一些环境中，他会这么说，比如当手指以某种方式被拧的时候，又比如"it's certain 我在疼"。我们可以想象这是坏语法，或者我们可以想象，有些人在表达他们具有一种强烈牙疼的时候来使用这个句子。这并不会让你满意，因为你只是想要与"it's certain"另一用法相类似的意义。但相类似的意义是什么？难道我们不可以说这种意义**就是**相类似的意义？这就是我为什么认为它想要表达强烈牙疼，而不是轻微牙疼……因为就这里有更大的诱惑来说，它就是**相类似**的意义。

维特根斯坦认为，it's certain"这是大拇指"，"我在疼"这两种表述中有一种坏语法，比如"我在疼"表达了一定程度上的疼痛。在这个非现象学的意义上，"我在疼"**就**类似于事实命题，也即可以进行怀疑。但维特根斯坦知道摩尔一方面承认"我在疼"的现象学地位，并非在这个层面上谈论疼痛，另一方面又要类似于事实命题。因此就如同"我知道我在疼"一样，这是一种僭越、一种"更大的诱惑"。

  M：你的意思是，一个东西不可能比另一个东西要更加类似于某个东西？

　　W：我的意思是，类似的用法可能已经固定下来了，或者我们可以固定它。你如何决定一个句子是否具有意义？如果在某些场合上我们很自然地使用它，那么意思是，大多数人都会想要在某些场合来使用它，或者说，它和某个其他的句子的意思一样？

维特根斯坦强调意义在于用法，并在用法中固定，而不强调意义是什么（比如把 it's certain 在使用中固定为"强烈的"意思）；或者说，他强调"什么意义"依赖于用法。

　　在有人推测一个人在撒谎的时候，可能会这么说："你在疼，你确定？"可能在这样的环境下被给出答案："我确定。"这个和"当我说我不在疼的时候，我没有撒谎"的意思一样吗？

前者是非现象学意义上的"我在疼"，后者是一般意义上的"我不在疼"，两者的意思不一样。

　　"国王在闲逛"和"国王在散步"的用法一样吗？黑板下棋和写着下棋是一样的游戏吗？有人可能说"本质上是一样的游戏"，但是这依赖于我们说的本质是什么，依赖于在此刻的要点是什么。"it's certain 我在疼"是一个古怪的短语，这种用法从来不会是完全自然的或者重要的，带有"it's certain that"的事物陈述是完全自然的，它的用法是非常常见的，尽管有几种不同的用法，每一种用法也都是完全自然的。

维特根斯坦始终认为，非现象学意义上的"我在疼"可以用"it's certain"，但这是一个古怪的不自然的用法，一般来说是不可以这么使用的，而只能用于事物陈述：也即对认识论上可怀疑的命题进行确认。

　　M：我仍然对事物陈述中"it's certain"的用法感到困惑，且对"如果我们考虑它所使用的场合就不存在困惑了"这种说法不太满意，比如，你说我们在我们已经处于怀疑中（have been in doubt）并且怀疑被解决的时候使用它。但是似乎对我来说，说怀疑已经被解决就是说"it's certain"。也即，它的意义和用法之间有一种不同，并且因为它有某种意义，它才在某些场合中使用。

摩尔再一次把对话拉回到两人分歧较小的事物陈述中。摩尔认为,维特根斯坦把 certain 理解为对认识论上怀疑的解决,这并不是彻底的解决,仍然还有困惑。对摩尔来说,这种困惑是一种哲学上怀疑,仍然不妨碍把 it's certain 的意义理解为怀疑已经被解决。it's certain 在某个场合中的使用过程和意义是不同的。先有意义,后有用法。

     W:要是你在黑人的地盘,听到他们说"Boo Hoo",你会怎么理解它的意思呢?当然是通过观察他们使用它的时候所做的事情。

     同样,我们通过观察它所使用和教导的场合来学习"it's certain"是否意指给出信息,以及给出的是什么信息。

维特根斯坦坚持认为任何表达都是先有学—教的语言游戏,通过观察这个语言游戏,从而理解意义。

     M:"it's certain 这是奶酪"给出了和"这是奶酪"相同的信息吗?

     W:如果有人在这个场合做了相同的行动,那么我会说"它们在**本质上**给出了相同的信息",强调**本质**是因为这个词是模糊的。

摩尔在这里设了一个陷阱,因为维特根斯坦一开始的主张是对于疼痛陈述来说,it's certain 是多余的,也就是加不加都是一样,加了也没有意义。但对于事物陈述来说,加了 it's certain 就有了另外一种意义,因此"it's certain 这是奶酪"和"这是奶酪"是不一样的。但是按照维特根斯坦用法决定意义的观点,却又只能得出两者是一样的结论。的确,维特根斯坦只能得出"本质上"两者是一样的,虽然在非本质的意义上,一个事实陈述加上 it's certain 会提供新的信息。

综上,我们可以看出,对于疼痛陈述来说,维特根斯坦和摩尔一样都坚持疼痛是私人的,但摩尔的疼痛类似于感觉材料,本身就包含了一种哲学的怀疑,也即产生痛苦的同时就是欲求消除自身,但并不妨碍谈论 it's certain 我在疼,甚至也可以进一步说"我知道我在疼"。维特根斯坦则不同,他把疼痛视为现象学上第一人称的一种体验,只能观察疼痛的行为表达。而"certain"、"知道"等最自然的用法是用于事物陈述,表示对一种认识论上怀疑的解决,不能用于疼痛。

在维特根斯坦看来,摩尔混淆了事物陈述和疼痛陈述,因此把只能用前者的 certain 误用到了后者上。当然非要这么用也没关系,只不过要把"我在疼"降低到非现象学的意义上,从程度上来考察疼痛,但这是一种古怪的用法。

在摩尔看来,维特根斯坦并没有理解疼痛的真正意义,而只是在疼痛的使用上打转,因此他不仅不知道疼痛,而且也不能对"我在疼"持有一种真正意义上的确定性。摩尔把这种疼痛的使用称为疼痛的影响(attack of pain),不同于疼痛本身。客观地看,维特根斯坦的疼痛反而是无法怀疑的,而 it's certain 只能用于对某个事物陈述的怀疑之后的解决。然而,摩尔的疼痛不仅是可确定的,甚至也是可知道的,虽然在认识论上和维特根斯坦一样对疼痛是无法怀疑的,但其本身必然包含了一种哲学上的怀疑。

第二部分

摩尔的伦理学

第五章 不可定义的善

第一节 伦理学的两个基本问题

所有伦理学上的问题都可以归结为两类，一类涉及善（good）①，另一类则涉及正当（right）②，这两个词都是属于道德谓词。在使用中，不同的谓词对应不同类型的主词。善对应的是某事物或某东西（thing），正当对应的是某行动（action）。比如，某日我路过一口井，突然见到一孩童在井边玩耍，将要掉入井中，在这一情境之中，我恻隐之心萌动，并且马上把小孩从井边拉了回来。这里，我们可以说"恻隐之心"是善的，但很少说"恻隐之心"是正当的；同时，我们可以说"把小孩从井边拉回来"这一行动是正当的，但如果说这一行动是善的就会很奇怪。当我们说"某东西"的时候，显然并没有涉及其他东西，比如在什么时间的某物或者什么地点的某物。当我们说"某行动"的时候则不然，因为行动往往涉及一些具体的变化，比如"把小孩从井边拉回来"这一行动就描述了一定时间和空间之中某些东西的变化。因此，我们总是可以从一个行动中去寻找引发这一行动的原因以及行动最后获得的结果。

值得一提的是，摩尔在文本中运用上述两类命题的时候，往往使用不同形式来表述。当我们说"这东西是善的"，也就是指"这东西就其本身是善的"或"这东西具有内在价值"。而当我们说"这行动是正当的"，也就是指"这行动是我们应当（ought to）做的"或"这行动是我们有义务（duty）去做的"。伦理学研究并没有刻意区分这两者，因此我们还可以说"这行为（conduct）

---

① good 一词翻译为善。善在汉语中有表示赞许，也有表示一种好的能力，比如"善于"，也有表示形而上的善，比如"上善如水"，当然也有表示具有道德上的好品质，比如"为善去恶"。善在汉语中的多义性可以用来翻译 good 一词的多义性。

② right 一词翻译为正当。在现代汉语中，还有两个词"正确"和"对"可用。"正确"一词外延较多，而且不常用于道德领域。"对"字实际上更加确切，但过于口语化，在译文中单作为概念，翻译不太流畅。因此我们选用"正当"，值得注意的是，摩尔所用的"正当"与义务论传统的"正当"是不一样的。与之对应，我们把 wrong 翻译为不正当。

作为手段是善的"或"这行为具有作为手段的价值"。按照摩尔的区分，我们可以用善来形容行为，但很少用善来形容行动，因为前者强调一种状态，而后者更强调一种运动过程，可以分析出行动的原因和结果。因此，按照传统实践哲学，"正当、不正当"或者"善、恶"都可以用来形容行为，正是在这个意义上，摩尔认为："行为无疑是伦理判断最为通常也最有兴趣的对象。"①

有了上述"正当"和"善"这两个不同的道德谓词，那么用系词与主词相联结之后，也就有了相对应的两类伦理命题。那么，我们接下来讨论另一个问题，即如何来证明或者否定这两类命题？如果"恻隐之心"的确就是"善的"，那么"恻隐之心是善的"就是真的。如果"把小孩从井边拉回来"这一行动的确就是正当的，那么"这一行动是正当的"就是真的。一个命题的真或假，一般而言，取决于证明这一命题的证据。在这里，摩尔断言，第一类命题的真或假是不需要证据的，这类命题仅仅自身就能证明自己，其真值无需从其他地方推论出来。也就是说，当我们回答第一类伦理命题的时候，心灵之中立刻就涌现出答案，并没有其他中介的东西出现。而第二类命题则不同，当然可以有很多证据去证明或证否这一命题，这些不同的证据之间可能相互支持，也可能相互反对，以至于最后的结论充满了或然性，而几乎不可能达到某种确定性。但是与证明相关的证据总是可以确定下来的，而且这些证据必然包含了两种真理：一种是与行动结果相关的因果上的真理，另一种则是与第一类命题相似的能够自我证明的伦理上的真理。

这两类命题的区分很重要，因为混淆了这两者，就会有很多奇奇怪怪的回答。当不同的哲学家用不同的答案来回答不同的伦理学问题时，他们根本还没有弄清楚这些伦理学问题究竟是属于哪一类的，而只有先理解了上述两类命题的区分，才能开始着手运用不同的道德原理来寻找证据，证明所要证明的命题。实际上，绝大多数人的内心对每个伦理学问题都有一个确切的答案，善的就是善的，正当的就是正当的。但是在大多数时候，我们在提出某个伦理学问题的时候，往往混淆了究竟在问什么，才使得我们不能认清自己，觉得它们的答案有时候是善的、正当的，但有时候却又是恶的、不正当的，甚至会认为有些问题的答案既是善的又是恶的、既是正当的又是不正当的。摩尔曾不止一次地强调，越是清晰地区分开这两类问题，就越有可能获得正确的答案。比如，当我突然见到一小孩在井边玩耍，马上动了恻隐之心。有一个

---

① 摩尔：《伦理学原理》，长河译，上海：上海人民出版社，2005年，第7页。部分译文参照 G. E. Moore, *Principia Ethica* (Cambridge University Press, 1999)有所调整，下同不注。

人对我的表现表示点头赞许,因为恻隐之心就是我一念良知或天理本性的流露,如果把此心扩而充之,推己及人,不难实现某种理想的伦理社会。为什么如此呢?因为我动此心,并不是因为当时我讨厌小孩落井后的哭声,也不是为了得到小孩父母和邻居赞誉我的快乐,而是心灵之中立刻涌现出来的东西。但是也有另一人对我的表现表示愤怒和不理解,因为见到小孩将入于井,所要做的是如何把这小孩从将要产生的痛苦中解救出来,而见到此情此景却还怀着某种意气情绪,不仅无益于此行动本身,而且往往还会由于片刻之迟疑而丧失救人之良机。因此,此二人同样具有我们一般人所认为的良好品行,但面对同一个情境,却做出完全相反的判断,这就是混淆了摩尔所区分的两类命题的结果。

那么,什么是善?(What is good?)或者善的定义是为何?(How good is to be defined?)我们首先来看摩尔这段著名的回答:"当我被问到什么是善时,我的回答是,善就是善,这就是事情的全部。或者如果我被问到善的定义是什么时,我的回答是,善不能被定义。"①

这一段颇令人失望的回答实际上非常重要,当然需要稍微解释一下摩尔所要表达的意思。先来看"善就是善"。这里的系词"是"表示前后两项之间是一种同一(identity)的关系,而定义一般是用来表达作为被定义项的某事物的本性的一些词组,这里的本性就是指该事物的基本属性。比如,一个很著名的定义:"人是有理性的动物",当我们问人是什么的时候,但凡人都有一些规定使之成为人的(或者人之所以为人)一些东西,而在亚里士多德看来,人与其他万物最为不同之处就在于有理性,因此有理性的动物就构成人的本质属性。而所谓的定义就是指把这些属性和人关联起来。因此,如果我们用一些定义项去定义被定义项的时候,这两者之间就一定是一种分析的同一关系。也就是说,我们可以从人这个词中分析出包含了有理性的动物这些属性,但是包含有善这一伦理词汇的命题绝不可能是分析的,全都是综合的。比如,"这朵花是红色的",这朵花和红色这两个概念之间并没有一种分析的等同关系,原因很简单,红色的东西不一定就是花,这朵花和红色之间的关联是依赖于这个现实之中一些其他的东西,恰好在这里这个时候这朵花才是红色的。也就是说,如果有什么属性与善用系词关联起来形成一个命题,那么这些属性就必然不可能从善这个词中分析出来,而只能以综合的方式关联起来。比如"快乐是善的",快乐和善之间的关系也不是一种分析的同一关系。

摩尔在这里对于"善是不可定义的"分析,是基于"善"这个词是一个简单

---

① 摩尔:《伦理学原理》,长河译,上海:上海人民出版社,2005年,第11页。

概念(simple notion),那么,任何一个简单概念都可以套用上述论证。反过来,如果说某个概念是可以定义的,那么这个概念也是一个复合概念,这些复合概念最终都是可以通过一些简单概念得以定义。但简单概念本身却不能被定义。比如"愉快"(pleased)可以被定义为或意味着(means)"一种快乐(pleasure)的感觉",但"快乐"就是一个简单概念,快乐就是快乐,不可以被定义。对于一个复合概念而言,定义中所包含的各种属性或概念都可以以某种方式构成这一复合概念整体的各部分,但是简单概念则不行。

那么到底什么是简单概念呢? 我们可以从摩尔对于不同例子的分析中大致理解这个概念。摩尔认为,比如对于"黄"这一简单概念:"就像你不能通过任何方式向一个还没有完全知道'黄'的人解释什么是黄。"①"它们(简单概念)是某种简单的东西,你能够思想到(think of)或者感知到(perceive)的东西,而且,对于那些不能够思想到或感知到它们的人,你永远不能通过任何定义使得这些东西的本性被人所知。"②这两处对于简单概念的描述比较明确,我们可以发现,简单概念尽管是不可定义的,但还是可以让人思想到或感知到的东西。那么,这里的"思想到"和"感知到"的意思是什么? 这个问题对于如何理解简单概念的不可定义是非常重要的。比如对于"黄"这一简单概念,我们可以用一些物理词汇来描述它,在一定条件下一定长度的光波,这些光波通过反射进入我们的眼睛,然后我们感知到了黄。但是"一定条件下一定长度的光波"并不是"黄"的定义,也就是说,对于一个从来没有感知到黄的人而言,黄是不被他所知的东西,因此即便你提供给他这种条件下的光波,他还是不能够理解黄。我们实际上所感知到的"黄"的确与现实空间中的某种光波有一定的对应关系,但这种关系不是一种同一关系,我们感知到的是"黄",而不是某种光波。

"什么是善?"(what is good?)这一问题不同于另一问题:"什么是善的东西?"(which is the good?)善是不可定义的,而善的东西(the good)是一个复合的整体,当然可以得到定义。善的东西只是善这个形容词所应用的(apply to)一个实体,换言之,善的东西是善在现实世界中所应用的一个具体对象。既然这个实体是善所应用的对象,那么就不同于善本身。因此,我们不难发现善和善的东西的最大的区别就是,一个善的东西作为实体也可能会有其他的属性可以应用,比如这个东西也可以是快乐的。就像我们的确可以从一个黄色的东西中测量到一定长度的光波,但这光波与黄本身并没有某种关系一

① 摩尔:《伦理学原理》,长河译,上海:上海人民出版社,2005年,第11页。
② 摩尔:《伦理学原理》,长河译,上海:上海人民出版社,2005年,第12页。

样,同样,我们也可以从善的东西中找到其他各种属性,但这些属性也不是善本身。摩尔认为:"很多哲学家认为,当他们说出这些其他各种属性的时候,实际上就是在给善下定义;并且认为这些属性事实上就不是其他的,而完全绝对就是与善性相等同的东西。"①这种混淆了善本身和善的东西,企图用定义善的东西的其他属性给善本身下定义的做法,摩尔认为犯了"自然主义的谬误"。

比如,一个感到快乐的人是愉快的,这就意味着这个人的心灵中,在这一愉快的时刻呈现出某种确定的感觉叫做快乐。这种快乐本身是不能被定义的,但是这种快乐所应用的心灵状态却可以产生不同的作用,这种心灵状态会引起欲望,而且我们也会意识到这种欲望,欲望和这种心灵状态之间就会有一种因果关系出现,但是快乐本身还是不能通过这种关系来定义。当然,快乐和欲望都是两种心理学上的自然状态,并不涉及伦理学上的善,但这里所犯的谬误与自然主义的谬误相类似。

至此,我们讨论了两个问题,第一个问题是简单概念是不可定义的,第二个问题是简单概念本身和此概念所应用的东西是不可混淆的。但是由于没有指出善这一简单概念的正面独特之处,我们就始终没能真正给出一个充分的理由来证明其他哲学家们在伦理学上的主张是错的,这就把我们引向了接下来充满争议的"开放问题论证"。

第二节 开放问题论证

善是什么? 摩尔给出了一个确定的回答,我们不妨先引述如下:"无论他何时思想到内在价值,或者说某物应当(ought to)存在的时候,在他心灵中都会出现一个独一无二的对象(此物之独一无二的属性),该对象就是我用善所意味的东西。"②那么,这种独一无二的对象究竟是什么呢? 摩尔的解释是非常晦涩的,他说我们每个人在平常都会察觉到(aware of)这个概念,尽管他可能根本从来没有察觉到它跟其他概念有何不同,大概有点像"百姓日用而不知",但是摩尔认为这个概念确实非常重要,因为在一个伦理的推理之中,他应当察觉到这个事实。搞清楚了这个对象的事实,对于很多事物的伦理判断就会少一些困难。

---

① 摩尔:《伦理学原理》,长河译,上海:上海人民出版社,2005 年,第 15 页。
② 摩尔:《伦理学原理》,长河译,上海:上海人民出版社,2005 年,第 20 页。

这种论断在很多哲学家看来是独断的,因为绝大多数人的心灵都是漂浮不定的,在刹那间就可以闪现出很多东西。这些东西大多数都是说不清道不明,而且也察觉不到这个东西相较于其他的特殊之处。这些哲学家仍然可以主张,善就是快乐,或者善就是想要欲求的东西,等等,而且这就是善的定义。这里摩尔提供了两个论证来反驳这些主张,后来的研究者称之为开放问题论证(open question argument),我们在这里重构《伦理学原理》13节中摩尔的论证。

先来看第一个论证。此论证针对的观点是:善是一个可以有不同定义项的复合体,比如善就是想要欲求的东西。这种观点认为:对于某一复合体的事物 A,当我们主张"A 是善的"的时候,同时也会主张"A 是想要欲求的东西",因此,"是善的"就是意指"是想要欲求的东西",也就是说,想要欲求的东西就是善。接下来就是摩尔的论证:

1. 如果主张"A 是善的",那么"A 是善的吗?"这一问题就是可理解的,也即我们心灵中会呈现某个东西,可以应用于 A。

2. 我们可以假设 A=想要欲求 A。

3. 从 1 和 2 中可以得出,"想要欲求 A 是善的吗?"这一问题仍然是可以理解的,也即我们心灵中会呈现某个东西可以应用于"想要欲求 A"。

4. 但是,其他哲学家主张"善的定义是我们想要欲求的东西"。

5. 从 3 和 4 中可以得出,"想要欲求 A 是我们想要欲求的东西吗?"也是可以有意义的,也即在我们心灵中呈现出"我们想要欲求'想要欲求 A'"这种状态。

6. 5 不成立,因为我们的心灵中不会呈现"我们想要欲求'想要欲求 A'"这么复杂的东西。

7. 因此,4 的主张"善的定义是我们想要欲求的东西"就是错误的。

这个论证中实质性的反驳在于步骤 6。论证的关键是,当我们做出"某物是善的"这一判断的时候,在心灵中出现的东西至少在那一时刻是没有这么复杂的。这一论证主要是围绕某种"善的东西"而展开的。

再来看他的第二个论证。这个论证针对的观点是:善就是快乐或者说快乐就是善。这种观点认为,快乐事实上和善是同一的(identity),或者说两者之间是一种分析的关系,仅仅指同一个概念。针对这个观点,摩尔的反驳更加简练:

1. 其他哲学家主张"快乐分析地等同于善"。

2. "快乐就是善的吗?"这一问题是可理解的,因为我们追问这一问题的时候,在心灵中会出现一个独一无二的清晰对象。

3. 从 1 和 2 中就可以得出，当我们追问"快乐就是快乐的吗?"时也会出现一个独一无二的清晰对象。

4. 3 不成立。因为 3 的问题是一个同义反复的分析关系，无需任何心灵的对象介入其中。

5. 因此 1 的主张"快乐分析地等同于善"就是错误的。

这个论证中实质性的反驳出现在步骤 4。因为追问 2 的问题的时候和追问 3 的问题的时候，我们心灵所呈现的东西肯定是不一样的。按照语言哲学的话来说，这两个命题所表达的意义是不一样的，这个论证并不涉及善的事物，而仅仅关注善本身。

这两个论证的共同特点在于第一个论证中的 3 和第二个论证中的 2 都是一个开放的问题，因此这一论证也被称为开放问题论证。两个论证的不同之处在于善和善的东西之间的区分。善是一个简单概念，而善的东西是一个复合的整体，对于善的东西可以有不同的定义项。对于这个定义项，总是可以有意义地追问它本身是善的吗? 或者对于不同的定义项来定义善的时候，总是可以有意义地追问它本身是善的吗? 这就是开放问题论证。在实质性的论证步骤中，当我们说某个问题是有意义的或可以理解的时候，是在求助于心灵中出现的一些对象或图像，这种方法有一定的优势，也即当我们求助于心灵的时候，的确可以在不同意见的个体之间获得某种共同的东西，因此，把这种东西作为中介就避免了循环论证的指责，并保证了开放问题论证的有效性。但这一方法的缺点也是显而易见的，一种很容易出现的质疑就是: 当我们说"A 是善的"或问"A 是善的吗?"的时候，心灵中呈现出来的这一独一无二的对象到底是什么意思? 这是理解摩尔的伦理学体系最为核心的问题，而且在他不同时期的作品中对此都有回答。

一些持有自然主义立场的研究者正是从这个地方入手，对摩尔的不可定义的善进行反驳或修正。1992 年，斯蒂芬·达沃尔、阿兰·吉巴德和彼得·莱尔顿三位教授联名发表了一篇著名的伦理学论文，文中针对开放问题论证的缺陷做了一个修正:[①]

> 我们应当清晰地提出关于为何会如此的哲学解释。这里就有这样一种解释。善性似乎对行动的导向有一种概念上的联系，当我们把开放问题"P 的确是善的吗?"解释为"在同等情况下，很清楚我们的确应当或

---

① 参见 Stephen Darwall，Allan Gibbard and Peter Railton，"Toward Fin de siècle Ethics：Some Trends"，*The Philosophical Review*，Vol.101，No.1，1992，pp.115 - 189.

者必须让自己致力于引起 P 吗?"的时候,这种联系就产生了。开放问题的开放性并不依靠任何错误和失察,这种自信来自于我们有能力想象这样一个头脑清楚的人,对于任何自然主义属性 R,这个人仅仅从 R 所指的事实中不能获得适当的行动理由或动机。如果这种想象是可能的,即使作为一个事实,我们都确实发现 R 在心理学上是有说服力的,也不能逻辑上推出 R 是行动导向的。这种对于行动逻辑上或概念上的联系的缺乏,确实给我们表明了存在可理解的追问"是否 R 的确是善的"的空间。

在这些学者看来,摩尔对于善的分析并不涉及关于行动的理由或动机这种道德心理学的问题。因此,在开放问题论证中,为什么任何一位有反思能力的人都能够提出有意义的、可理解的"P 的确是善的吗?"的追问,他们给出了一种哲学上解释。这种哲学解释对开放问题论证修正的关键之处在于引入了行动的动机和理由,即认为在行动哲学中,"善性"对行动的导向有一种概念上的联系。对于任何自然属性 R 以及相应的判断而言,都不可能具有如同善性一般对于行动的内在激发力。

为了更加清楚地展示出这一论证,我们不妨引用米勒在他的著作中对这一修正过的开放问题的论证的重构:①

1. 在同等条件下,做出道德判断和被这一判断所规定的那样激发而行动,这两者之间存在一种概念上的或内在的联系(这是一种内在主义)。在缺乏意志、软弱或其他心理挫折的情形下,判断某种行动在道德上是善的,就意味着被激发履行这种行动。在没有心理挫折等情形下,判断某种行动在道德上是善的,但却一致主张他没有看到履行这种行动的理由的人,并没有领会道德善性的概念。

2. 有反思能力的英语言说者确信他们能够想象一个头脑清楚的(并且其他心理健康的)人,这个人判断某种自然属性 R 所指的事实,但根据这一判断,却不能找到适当的行动理由或动机。

3. 如果在判断 R 所指的事实和相应的激发行动之间不存在概念上的联系,我们会期望有反思能力的英语言说者具有 2 中所描述的确信。

因此,我们根据上述三点,就可以得出三个结论:

4. 如果有关于 2 中所描述的确信的某种其他的解释,我们就可以断言在

---

① 参见 Miller, *An Introduction to Cotemporary Metaethics*, Cambridge: Polity Press, 2003, pp.21-23.

判断 R 所指的事实和相应的激发行动之间没有概念上的联系。

5. 如果有关于 2 中所描述的确信的某种其他的解释，我们就可以断言 R 所指的判断不是一个道德判断。

6. 如果有关于 2 中所描述的确信的某种其他的解释，我们就可以断言道德上善的属性不能等同于或还原到作为概念必然性的属性 R 中。

在这一重构论证的三个步骤之中，前提 1 引入了道德判断和激发行动之间的联系是一种动机内在主义的观点，前提 2 则重新解释了具备反思能力的英语言说者"有意义"的追问是指，能够设想这样一个人，这个人可以判断出具有自然属性的事实判断与行动的动机之间是没有内在概念上的联系的。2 的主张是弱的，只是通过引入行动的动机的解释设想了一种对于自然属性的否定性的界定，这就避免了直接面对道德属性和自然属性之间关系是否是同一或者还原的棘手问题。这一论证的结论 4 和 5 告诉我们道德判断对于行动是有内在激发力的，而具有自然属性的判断则不是如此。6 告诉我们摩尔开放问题论证的结论是"善"和"N"在分析上是不等同的。

上述从道德心理学出发对开放问题论证做出的修正，的确有其合理性，但显然并不是摩尔所要表达的观点。而且，恰恰是把善性看作是"引起某种行动"的概念，这已经不是在从善的本性上去回答问题了。前面已经论述过，在摩尔的伦理学体系中，善本身和善的东西之间有一个区分。就善本身而言，相应的问题是"善是什么？"我们只能回答，善本身是简单概念、不可定义、不可分析诸如此类。而就善的东西而言，涉及这个属性和其他事物之间的关系，相应地有两个问题。第一个问题是哪些事物就其本身而言是善的？第二个问题是用什么手段可以尽可能地获得目的善？也即善的手段和结果之间有什么因果关系？就道德心理学而言，更接近于后面这一类中的第二个问题。自然主义者之所以会犯各种错误，最明显的原因就是对上述三个问题不加区分。因此，上述对于开放问题论证的修正，认为"善性似乎对行动的导向有一种概念上的联系"的观点，就是把善本身与关于善的行为会产生什么效果进行逻辑上的联系，那恰恰就是犯了自然主义的谬误。

第三节　自然主义的回答

自然主义面对这样的攻击，必须选取自己的策略来回应这一论证。我们认为有两种方式可以回避开放问题论证，分别对应两种自然主义。第一种自然主义拒绝前提 1，这种策略告诉我们道德判断并不承诺一种动机的内在主义。① 与之对应,他们在道德心理学中提出一种外在主义的观点,也就是说,尽管在道德判断和相应地激发行动之间存在一种关系,但这种关系只是一种偶然的外在的关系。因此,当行动者做出 x 是善的道德判断的时候,并不必然会激发该行动者相应地依照这一判断所规定的内容而行动。如果道德心理学中的外在主义是正确的,那么这就意味着拒绝了前提 1,开放问题论证的效力也大为减少。因此,持这种主张的自然主义者仍然可以接受摩尔对于道德属性的不可还原的主张,但却并不导向非自然主义,而是主张道德属性就其本身而言只是一种不可还原的属性。与非自然主义不同之处在于,这种道德属性附随于非道德属性,这种附随关系不同于直接的还原或同一。比如,我们说一个行为有利于最大多数人的幸福就是道德上正当的,这就可以把某一个道德上正当的行为用有利于最大多数人的幸福来解释,但是对于所有道德上正当的行为,不能还原到如同有利于最大多数人幸福的某一种非道德属性或一组非道德属性中。但是作为一个功利主义者,我们也同意并不有利于最大多数人幸福的行为就不是在道德上正当的行为。这几种主张之间并不矛盾,只是表明了自然属性和道德属性之间的一种附随关系。

编排解释是由杰克逊(Frank Jackson)和佩迪特(Philip Pettit)共同提出并发展的理论。这种模式告诉我们如果某种相信 p 的状态要满足相应的不可定义性和附随性的条件,那么对其的合理解释就是它们本质上是自然的二阶的功能状态。可以借用橡皮擦的弹性作为例子。一个橡皮擦具有弹性,原因就在于它处于一种自然主义的状态中,这保证了在适当的压力下会产生弯曲,而后能恢复原形。这种底层的一阶的自然主义状态就是实现或完成弹性条件的特定分子结构。橡皮擦的弹性之所以不能根据自然主义特性来定义,是因为可能存在无数种分子结构能使一个物体实现弹性条件。而附随性是指这种弹性附随于橡皮擦的自然主义特性,因为如果它具有那些足以实现弹性条件的特性,它就具有了弹性。"足以实现弹性条件的特性"就是依据适当的编排模式与知觉环境相互作用。橡皮擦具有某种分子结构,并且能够在适当的压力下产生弯曲,而后恢复原形,这样一种相互作用的事实保证了橡皮擦是具有弹性的,这种作用可以导致把弹性归于橡皮擦之中。

同样,当我们判断某种行为是不正当的时候,对这一情境中的行为形成这一不正当性的信念,就是这样一种意向状态,这种意向状态类比于橡皮擦的弹性,与自然主义的特性之间的关系是不可定义的附随的。处于底层的一

---

① 内在主义有两种形态,一种强调作为一种道德事实的道德判断可以直接激发行动,而另一种则强调外在的道德判断必须纳入到行动者的主观动机集合中,才能够激发行动。

阶的自然主义状态与一定的情境在编排模式中进行复杂的相互作用时,这种行为就具有了一种二阶的功能状态。这种把道德属性放在二阶的自然主义状态中的解释,首先要处理与一阶自然主义状态的并行的复杂性,在编排模式的相互作用中还要处理情境的复杂性。理解这里的复杂性有助于解释附随性这一概念,但是对于道德信念而言这恰好是很困难的任务,因为我们仍然会在这两种状态关系的比较中形成一个不为人所知的黑箱而遗漏很多东西。

　　道德事实或属性能够在解释某行为的正当性的信念中起作用,就像通过橡皮擦的弯曲可以解释弹性,这种解释是根据一种包含一阶自然主义特性和情境之间相互作用的编排解释。张三拿着刀子捅李四,李四流着血并发出惨叫声,这一情境形成了张三拿着刀子捅李四是不正当的这一信念。那么在张三行为中的不正当性就可以通过这种编排模式来解释这一道德信念的形成,而且只有当这种不正当性所附随的杀人行为中的非道德属性在因果上有效地产生了这一信念时,这种行为中的不正当性才能够在因果上有效地产生"杀人是不正当的"道德信念。这种解释排除了这样一种情况,即存在某个可能世界,在那个世界中张三还是拿着刀子在捅李四,却并不认为这种行为是不正当的。但是这种不正当性并不是通过这种杀人行为的非道德属性来定义的,因为还存在这样一个可能世界,在这个世界中张三只是奋力地用手在打李四,但我们还是认为这种行为是不正当的。

　　非还原主义的自然主义的实在论者把诸如"善"这种道德属性作为一种不可还原的自然属性,并且附随于这种自然属性。除了上述的用编排模式来解释这种附随关系之外,还引用了普特南和克里普克的因果指称理论来解释自然主义的特性对形成道德信念的因果上的效力。这种理论认为"黄金"这一概念的意义并不在于黄色的、可延展的、闪亮的、金属性的等诸如此类的属性,这些摹状词只能被视为用来固定"黄金"这一术语的指称用的。这种固定是通过一个从句来实现的,而"黄金"这一术语所指称的东西只能是原子序号为79的元素。某种金属是黄金,当且仅当这种金属是由这种原子序号79的元素所构成时,这种元素才实际上在因果上造成了我们对于黄性、闪亮性、延展性等各种知觉的原因。同样,如果某种金属元素的原子序号不是79,那么这种金属就必然不是黄金,而黄金则可以通过我们对于黄性、延展性的知觉来解释。普特南(Hilang Putnam)著名的孪生地球论证同样如此,在地球上流动的无色的叫做水的液体指称 H_2O,而孪生地球上流动的无色的叫做水的液体指称另一种化学成分 XYZ。因此当一个地球人用水来描述这种液体的时候,真正在因果上起作用的是 H_2O,而对于孪生地球人,起作用的就是

XYZ,尽管它们各自的表面上的属性是完全相同的。水和自然属性 H_2O 之间并不存在同义或还原的关系,但是 H_2O 却在因果上有效地解释了水。

同样如果类比于道德属性,我们也可以同样构想一个"道德的孪生地球",把"善"比作是"水",那么同样可以找到一个非道德属性 N 与善之间不构成同义或还原的关系,但是却在因果上有效地解释了"善"。如果这种解释是可能的,那么对于开放问题论证中"x 是 N,那么 x 是善的吗?"的追问就无法开始,因为 N 与善之间并不是一种同义或还原的关系。霍根(Horgan)和蒂蒙斯(Timmons)基于这种思想实验,对开放问题论证重新做了修正并提出了对于这种非还原的自然主义的反驳。[1] 因为,不论自然主义者如何修正用科学语言去解释道德属性,总是可以期待在两者之间并不是一种封闭的关系,也就是说我们总是可以质疑这种解释是对于世界的最佳解释,附随关系的复杂性也充分表明了这点。因此如果道德属性和非道德属性之间的关系是开放的,那么我们总是提出开放问题论证来反驳这种自然主义。

第二种自然主义者则直接拒绝了道德属性与自然属性之间必然不相等同或不可还原的主张。他们认为开放问题论证所拒斥的是分析的自然主义,这种自然属性的确不能用来定义道德属性。但是还有另一种自然主义主张自然属性与道德属性之间的关系是一种综合的关系,这种自然主义可以被称作综合的还原主义的自然主义,这种观点主张道德属性可以与自然属性相等同,但这种等同不同于一种先验的分析的关系,不仅主张道德属性可以通过一种非道德的属性在经验上的解释,而且还认为这个后验的解释组成了一个实在论意义上的事实的领域。因此,这种自然主义不仅仅是在方法论上的而且还是在实质层面的自然主义。比如,当我们说一个行为有利于最大多数人的幸福就是道德上正当的,就是用最大多数人的幸福来解释道德上的正当,并且还需要研究这种最大多数人的幸福是否有助于按照我们的经验来后验解释这种正当性。与分析的定义不同,这种研究使得对于道德属性的自然主义定义是一种可修正的定义,对于这种定义的接受会受到后验科学经验的影响。

如何通过后验的经验上的证明来修正定义,使得道德属性与自然属性之间在意义上相等同,理解这一点对于综合的自然主义至关重要。莱尔顿

---

[1] 参见 Horgan, T., and Timmons, M. "New wave moral realism meets moral twin earth", *Journal of Philosophical Research*, 16, 1990, pp.447-465. "Troubles on moral twin earth: moral queerness revived", *Synthese*, 92, 1992, pp.221-60. "Troubles for new wave moral semantics: the 'open-question argument' revived", *Philosophical Papers*, 21, 1992, pp.152-175.

(Peter Railton)是通过对于道德判断内容的修正实现这一点的,而以往的自然主义对于道德判断的处理则不同,他们关注这一判断的语义和真值条件,因此,做出一个道德判断就意味着表达一种类似信念的具有真假值的认知状态。这一点使得莱尔顿的还原主义不同于非认知主义,因为后者与自然主义恰恰相反,只关注于对道德判断真值条件的修正,保留道德判断的内容,而非还原主义的自然主义则回避任何试图用自然主义的词汇去分析道德谓词,也并不主张对道德属性的定义做出任何形式的修正,这种修正的定义给综合的自然主义带来了更大的解释力。把道德属性"正当"定义为某种自然主义的属性 N,如果能够表明 N 这一事实能够在解释我们的经验中真正起到作用,而且这种属性 N"通过与心理学的进程相同一,能够以道德属性的特征的方式激发性保证人们",那么这种道德属性就不是可取消的,而是可确证的。

我们可以看出,莱尔顿的实在论来自于预设的事实国度,这一国度就包含了对某人可欲的或对他是善的非道德的价值。这种与可欲性相联系的欲望的概念能够同时起到解释性和规范性的作用。一个人实际的欲望往往是无知的或缺乏考虑的代名词,但是一个人的可欲性并不如此。因此我们可以这么来设定,当某事物对某个人是可欲的,当且仅当这个人在信息完全透明并且充分理性的情形下,欲求这事物。在这里信息完全透明是指对于信息的全面描述,而充分理性是指不受工具理性缺陷的影响。这种对于一个人而言关于善的信息完全透明的分析,莱尔顿认为就是理想的自我对实际的自我的要求,这才能够提出一种非道德的价值的自然主义实在论形式。这一非道德的价值不仅能够表明对于我们经验的解释性的作用,而且还能够表明对于一个人的善的事实的规范性作用。如果这一点能够做到,那么莱尔顿对于整合两种不同属性的综合的自然主义就获得了成功。

第四节　反驳形而上学伦理学

摩尔把斯多亚学派(Stoicism)、斯宾诺莎(Spinoza)、康德等人的伦理观点,以及受黑格尔影响的伦理学家的观点都称为形而上学的伦理学,后者的典型代表就是麦塔格尔特(McTaggart)。这种理论一方面承认善并不是自然客体,也即并不在时间中实存(exist),不能成为我们能摸到、能看到、能感到的知觉的对象。这一主张与摩尔的主张是相符合的。但这种理论在另一方面又进一步要求:"任何不实存于时间中的事物,必定至少**实存**于某处,只要它是**存在**的(to be),也就是说,任何不实存于自然(Nature)的事物,必定实存于某种超感觉的实在(supersensible reality)之中,无论这种实在是否无时间性。"①这里我们需要稍微解释一下。当我们说不在感觉的领域内实存时,并不等同于说在超感觉的领域内实存,这两者之间需要通过一个推理过程而关联起来。形而上学的伦理学家认为经过这种理性证明,可以得到关于实存的信念或知识,而且还是超感觉实在之中的知识。比如,斯多亚主张的超感觉的自然、斯宾诺莎的神以及康德的目的王国等。有时候,这些形而上学家会承诺一个我们将要实现的真实的自我,这种自我与自然界中的自我并不相同,而是与超感觉的东西以某种方式合而为一。这种理论同样也承诺了一个超感觉的理想的善的自我是实在的。

在反驳这种理论之前,先来回顾一下摩尔对伦理学的一个基本区分。伦理学的基本问题是"什么是善?"关于这一问题的回答我们可以称之为理论伦理学的问题。而另一类问题则涉及善的东西的实存或以何手段去获得善的东西。对于这类问题的回答,摩尔称之为实践伦理学。自然主义者的谬误就发生在对这两类问题的混淆,他们往往错误地把用来描述或定义善的事物的一些自然属性用到关于善本身之中。我们可以从两个方面进行反驳,第一个方面首先指出这种混淆会使得在实践伦理学中导致荒谬的结果,第二个方面指出造成这种混淆的两个原因。

从实践伦理学的角度而言,上述形而上学的伦理学只会导致两种可能的理论。第一种认为,只有超感觉的实在中的客体才是真正善的、真实的,也即无时间性的永恒实在是唯一的实在。现实世界中实存的东西都是不真实的,任何善的事物都不可能在时间中实存。这种形而上学学说对于实践伦理学完全持有否定的态度,并认为根本就没有我们应该做的事情,因为无论我们如何努力获得何种结果,最终这些东西都不是真实的,唯一的实存只在于超感觉的实在中。很显然,如果这种极端的形而上学伦理学是成立的,那么就没有任何研究实践伦理学的必要了。因此,尽管从理论上的确可以推理出上述观点,但实际上极少有人会真的认同这一结论。另一种形而上学理论则主张,虽然善的事物在超感觉的领域实存,但是在现实世界中也有某种形式的实存,而且这种时间中的实在是永恒存在者所显现的(manifestation)实在。这种观点深受黑格尔主义者所追捧,因为理论伦理学和实践伦理学之间的冲突似乎以某种辩证的方式得到了协调。② 但是这种方式是很难兼顾的,一旦承诺善的事物实存于超感觉领域内,那么这种理想在时间中的显现就不会是

---

① 摩尔:《伦理学原理》,长河译,上海:上海人民出版社,2005 年,第 107 页。
② G. E. Moore, "Mr. McTaggart's Ethics", *International Journal of Ethics*, XIII, 1903, pp.341 – 370.

真正善的,不管"显现"这个词以多么晦涩的方式去理解。除非承认在时间中所努力获得的各种结果可以实现,而且的确就是和善本身一样是真正善的。而要做到这一点,只能把"什么是善"这个伦理学的基本问题同其他理论区分开了,而把这种形而上学理论仅仅局限于实践伦理学之中,也就是说,如果告诉我们永恒的实在作为手段确实能够对我们的来世或未来生活产生什么结果,那么这就会对指导我们的行动有了切实的意义。大多数宗教理论中都有关于天堂地狱的教义,实际上都是基于这一点。但如果混淆了这两者,并把真正的善放在超感觉的实在中,并认为是唯一的实在和善的东西,那么我们现实世界的行动的结果就会没有任何价值。

为什么这些形而上学的伦理学家会把"什么是善的?"这一问题和"具有某种超感觉的性质"或者"具有某种超感觉的实在"等同起来?摩尔在论及这一问题的原因时说道:"我们之所以相信'关于超感觉实在的知识是取得关于什么是善本身这一知识之必要步骤'这一顽固成见,某种程度上没有感知到后一种判断'什么是善本身'的主词并不是那种真实(real)的东西,也有一部分是由于没有把我们知觉真理的原因(cause)与它之所以为真的理由(reason)加以区分。"①这里列举了两个原因,我们下面分别加以考察。

首先来看第一个原因。在我们的心灵中,对于日常事物所做出的命题表示了主词和谓词两种实存的东西之间的一种关系,这是一种常见的真理模式。比如一个人在房间里面走动、四处张望、看到房间有桌子、看到桌子上有本书诸如此类,当我做这些判断的时候,总是承诺了"一个人"、"房间"、"桌子"等东西的实存。而伦理命题也是如此,当我们判断某一事物是善的时候,心灵也会趋向于认为善性就是某种实体性的存在物。当心灵对于善性做出具备某些属性的实存设定的时候,按照我们前面的分析,这时实际上已经犯了自然主义的谬误。自然主义者或经验主义者正是在做出这种混淆之后,把善性同某种科学规律或自然属性等同起来,这一点已经在前面做了反驳。而形而上学的伦理学家在这里与自然主义者犯了同样的错误,不同之处在于,他们并没有把善性等同于任何事物在现实世界中的实存,而是把善性与超感觉领域中的实存等同起来。对于这一点,我们可以通过反驳自然主义者的方

---

① 摩尔:《伦理学原理》,长河译,上海:上海人民出版社,2005 年,第 116—117 页。这里值得一提的是 cause 和 reason 之间的区分。摩尔在《伦理学原理》86 节中区分了三种理由。第一种是 cause,命题的真与证明该命题的证据并不是一回事,后者仅仅是对我们显得真实的东西,或者说是我对它的信念。当我们声明这些证据是这一命题为真的理由时,这里的理由指的是 cause。第二种是逻辑理由,cause 只是我们认之为真的理由,而逻辑理由则是该命题本身为什么一定是真的理由。但还有第三种理由,一个命题对我们是明见的(evident),不仅是我们的确想到并肯定它,而且还是我们应当(ought to)想到它、肯定它的理由。这里的 reason 应当属于第三种理由,这种理由颇费解。

式来反驳形而上学伦理学。无论我们以何种方式断言该事物实存，或者具有一定超感觉属性的实存，我们都能有意义、可理解地追问："这样实存的事物是善的吗？"摩尔举了一个非常典型的例子，就是康德把道德法则作为一个理性的事实，从而能够规定人的意志。这一点在康德的伦理学中的确总是可以被反驳。这源于康德对人性的双重设定：一方面，自由的自我能够给自己立法，从而保证道德法则的有效性，另一方面，道德法则又具备强制性来约束有限的自我。如果把道德法则作为一个事实承诺下来，那么就不可避免会陷入自然主义的谬误，从而始终难以逃避在一个自由和道德法则之间包含循环论证的指责。

下面来看第二个原因。我们知觉某事物为真的原因，也就是把某些属性作为谓词来描述该事物，或者主张以某种方式来认识该事物。而"该事物之为真的理由"则是指主张该事物是实的或真的。简而言之，这里的混淆发生在认识的过程和认识的对象之间。这是指认知真理的情形。实际上，从康德那个时代开始，心灵有三种最基本的方式来体验实在，一种是认知，另外两种是意志和感觉。就伦理学而言，其所处理的材料一般是指意志，也有一些经验主义者认为是类似道德感等感觉。那么上述的混淆就发生在"这是善的"和"这是超感觉的意志"或者"应该去做这个"之间。有些人直接把这两者等同起来，也有些人认为，善和意志之间并没有一种绝对的等同关系，但是对于意志的实在本性的研究是获得善的必要条件。因为这些人认为，意志在某种意义上可以作为行动的起点，通过这个行动就能够认识到善，因而在意志和善之间存在某种因果关系。为什么会把"善"和"被意愿"等同起来？他们的推理是这样的：由于"被意愿"意味着对善的一种认识，如果把对善的认识和善本身混淆起来，那么就会错误地得出"什么是善的？"和"什么是被意愿的？"这两个问题之间是相等同的。同样的混淆发生在"什么是真实的？"和"什么被认为是真实的？"这两个问题之间。我们要得出的结论就是："是善的并不跟以任何方式被意愿着或者被感觉的相等同，是真实的也不跟以任何方式被思维着的相等同。"①我们的论证分为两个步骤，第一个步骤是说明这两者之间的等同产生的原因，第二个步骤是说明为什么这两者之间的等同是一种错误。首先，由于当我们事先已经知道了某一事物是真实的时候，该事物无疑是可以被认识的；同样，当我们知道某事物是善的时候，该事物也是被我们所意愿的，这一点是确定无疑的经验，因此我们通常按照这种经验做出一些假定，认为善的就是等同于被意愿的。其次，我们为什么会认为这种混淆

---

① 摩尔：《伦理学原理》，长河译，上海：上海人民出版社，2005年，第129页。

是有道理的,是因为这种主张可以很轻易地反驳那些没有足够充分的认识证据就断定某事物为真实的那些人,因为某事物是真实的就是需要被充分认识的。这一点的确是正确的,但是并不能因此就断定上述两者之间的等同,在并不承诺该事物是真实或善的前提之下,通过某些证据或意愿作为前者的标准,就会产生一个错误,因为我们总是可以有意义并可理解的方式追问,具备这种属性的东西是善的吗? 基于上述两个理由,我们认为,尽管一个善的东西的通常特征就是某种被意愿的东西,但是我们始终不能把善本身和被意愿等同起来。

这一章主要讨论了一个问题,即"什么是善",答案就是"善就是善"。从否定的角度而言,善是一个不可定义的、不可分析的简单概念。既然不能定义,善这个概念不仅内涵很少,甚至可以说根本就没有内涵。那么我们如何才能理解这个概念呢? 为什么说对于那些不能够思想到或感知到善的人,永远不能通过任何定义使他们知道这一概念呢? 为什么我们似乎在日常生活中感觉自己已经理解了这个概念呢?

摩尔认为,这些疑惑的根源在于混淆了善本身和善的东西或善的事物。当我们对前者发问的时候,绝大多数人都是基于后者去理解这个问题的。他们往往在日常经验中发现可以用很多不同的属性去描述主词所代表的事物,从而又把这些属性用于善本身,这就是自然主义谬误,而所有的问题都是源于这一谬误,摩尔因此还设计了一个开放问题论证来对这种谬误进行反驳。不同的伦理学家对于这些属性的认定是不同的,大致可以分为两类,第一类是自然主义者或经验主义者所持有的立场,他们认为这些属性就是现实的自然世界中的实存的事物,第二类是形而上学的伦理学家所持有的立场,他们认为这些属性实存于超感觉的领域之中。他们往往不自觉地把善本身与这些不同属性以推理的方式等同起来,并作为善本身的定义。

对于第一类立场的反驳,摩尔利用开放问题论证对一些分析的自然主义者进行了成功的驳斥,但随着二十世纪科学技术的急剧发展,自然主义哲学具有了强有力的科学支持,因此自然主义者对开放问题论证进行了一定的修正,并加以反驳。但我们发现这种修正已经失去了摩尔原有论证的精神。自然主义者分化为两支,一支是还原主义的自然主义,认为自然属性和道德属性之间并不是一种分析的关系,而是一种综合的关系。这与摩尔关于"道德判断都是综合的"的论断是相符的,但摩尔并不会认为后验的经验上的证明可以用来确认善本身。另一支是非还原主义的自然主义,这种观点主张在自然属性和道德属性之间有某种复杂的关系,比如用编排模式或附随模式去解释这种关系。不论如何,这些修正后的自然主义者都试图以不同的方式为自然属性正名,从而为善本身的定义创造条件。

形而上学的立场实际上是摩尔时代的伦理学主要面临的对手,摩尔正是浸淫于这种观念论的环境中成长起来的,因此对这种观点的反驳尤为重要。这也为我们当前哲学界盛行的各种"有品位"的唯心主义和"没品位"的实用主义敲了一记警钟。他们认为善性惟能实存于超感觉的领域内,而且一般在现实世界中会"显现"出某种程度上的善事物。摩尔认为这种观点自身是不一致的,并论证了造成这种观点的两种原因。一种是由于我们日常经验中的实存设定,于是错误地推理出具备超感觉属性的善也是实存的;另一种则是混淆了"善性"和"被意愿",错误地把两者给等同了起来。

对于"善是什么?"的讨论,看似简单,但理解起来却并不容易。一方面是由于摩尔并没有给出太多正面的提示,另一方面,这种对于善的讨论实际上需要关联于我们下面对于正当的讨论,以及善和正当之间关系的讨论,才能真正理解这一问题的含义。

第六章　正当的原因

第一节　有意行动

"什么是正当(right)?"换个比较习惯的问法,即"我的义务(duty)是什么?""我们应当(ought to)做什么?"不管答案如何,这些问题发问的对象首先是行动(action)。按照传统哲学范畴的划分,行动是事物运动变化的一种方式,变化总是指时间内某些东西的发生,这就会有一个开端和结束,同样,行动相对应也会有一个原因和结果。摩尔认为,"我们应当履行哪种行动,哪种行为是正当的,就是在追问这种行动或行为会产生什么结果。"[①]也就是说,行动或行为一般包含了一种因果关系。但是因果关系的范围要更广,比如下雨会引起地变湿,那么下雨是原因,地变湿就是结果,但一般人都不会把这种变化说成是行动。当然,行动最显著的特征莫过于与人相关,因此当我们说行动的时候,通常是指人的行动(human action)。但一旦说到我们人的行动,仍然会有一种混淆的危险。人总是由肉体和心灵构成,人的行动也无外乎此,但是有些肉体和心灵的变化并不能被称为行动。比如膝跳反应、手不自觉地抖动,有时候心灵也会被强迫做某事,这些活动并不受我们控制,因此也不能算是我们研究的对象。这就把我们引向了这一节讨论的内容——有意行动(voluntary action)。

对此,摩尔有个简单的定义:"那么,我们的理论假定了我们许多行动都是在我们意欲(will)[②]的控制之下,在这个意义上,恰恰在我们履行行动之前的那个时刻,假如(if)我们选择了不去履行(had chosed not to do)行动,我们就不会履行(should not have done)行动;因而我打算把所有这类行动称为有

---

① 摩尔:《伦理学原理》,长河译,上海:上海人民出版社,2005 年,第 138 页。
② will 一般翻译为意志。摩尔在这里用的 will 更接近于 choice,都是作为行动的起点。而意志一词范围要广一点,不仅可以作为行动的开始,而且还具备某种形而上学的特征。但摩尔的 will 没有后面这一层的含义,因此我在这里把 will 翻译为意欲,以表示出与行动的发生有密切关联,相应地,把 willed 翻译为被意欲的。

意行动。"①这个定义有几个地方需要解释。

按照一般的日常经验,一个完整的行动分为三个部分,首先在行动之前作出"选择",其次是"履行"这个行动,最后是行动完成后的"结果"。选择对于行动的发生尤为重要。一方面,选择意味着我们能够(could)选择这样那样的行动,另一方面,选择也意味着我们能够选择不履行这样那样的行动。因此,选择肯定是与行动者相关的,而且一头连接了行动者的"能够",另一头则作为行动发生的起点。就后一方面而言,意欲和选择一样都是作为行动的起因,而这个行动就可以说是被选择的,或被意欲的。在这个意义上,我们就能说,许多行动是在我们意欲的控制之下。就前一方面而言,选择总是和行动者的能力相关。因此,摩尔认为,上述虚拟句中"假如我们选择了不去履行行动,我们就不会履行行动"就意味着"假如我们选择了不去履行行动,我们本来能够(could have chosen)不去履行该行动"。比如,尽管我们选择并履行了行动,但是假如我们选择不履行行动,我们本来能够不履行该行动。可以肯定,这么说就是有意义的。这一点实际上并不难以理解,我们可以设想有这样一位具备相当才能的工匠,很有可能在他酒醉的时候做了一个很糟糕的作品,但尽管如此,我们还是会说他本来能够做一个好的作品,假如他在清醒的时候选择了做这个作品的话。这种可能性当然是实际存在的,如果提出一个完全超出工匠能力的要求,那么再用"本来能够"就没有了意义。

就上述两方面而言,按照通常的用法看起来并没有太大不同,一个被选择或被意欲的行动就是"假如选择了这个行动,本来能够作出不同选择的"有意行动。但,摩尔认为这里还是有区分,也就是说,一个有意行动就其本身而言很有可能并不就是被意欲的行动。"在行动发生之前的时刻,一个具体的意欲行动(act of will)将会充分截断行动,仅仅在这个意义上,这些行动是'有意的'才是真实的;而不是在下述意义上,即有意行动本身是由被意愿的行动所产生的。"②换言之,意欲相比较而言与行动的发生更为密切,而且只有在从事截断行动的任务时,才能作为有意行动的一部分与具体的行动关连起来,意欲绝不能作为原因去引起有意行动。摩尔这一立场看上去与意志论的理性主义道德哲学完全相反,这一立场对于理解摩尔的自由意志理论非常关键。

而对于有意行动而言,就是"假如我们选择了这么做,我们本来就能够这么做"的行动,并不涉及"我们是否本来能够选择去这么做"。这两者的区别

---

① 摩尔:《伦理学》,戴杨毅译,北京:中国人民大学出版社,1985 年,第 4 页。部分译文参照 G. E. Moore, *Ethics* (London: Williams & Norgate, 1912). 有所调整,下同不注。

② 摩尔:《伦理学》,戴杨毅译,北京:中国人民大学出版社,1985 年,第 4 页。

在于,前者是虚拟条件句,强调一种实际上存在的可能性,也即"本来能够";而后者只是普通的疑问句,强调是否本来能够"选择"的行动。因此,有意行动与用意欲选择的行动在一定程度上是相关的,但却不能说是等同的。

关于有意行动的讨论暂时先告一段落,下面开始研究在这种有意行动中,究竟有什么特征使得我们可以用"正当"、"应当"、"义务"等词汇去谓述该行动。这个问题就需要从结果的角度来看有意行动。每种行动某种程度上都是由因果关系关联来的,因此不同的有意行动就会产生数量和种类上都众多的结果,当世间有某个具体的有意行动发生时,它所能引起的所有影响某种程度上都是结果,只不过有些结果是比较切近,有些结果比较疏远,有些是直接就引起的,有些是被间接引起的。而且就结果所涉及的对象而言,显然都是被包含在这个宇宙(the Universe)之中的,包括我们自己、其他人类、动物、甚至或许还有各种神、无形的精灵,等等。

有意行动所能引起的基本结果是快乐和痛苦这两种感觉。摩尔认为,"所有的行动至少在理论上都可以按照这些行动引起的快乐或痛苦的全体数量之间的比例来进行等级排序。"[1]为了获得"快乐或痛苦的全体数量",就必须要考虑到该行动所能造成的所有结果,这就得把宇宙中所有能够感受的存在物都包含进来。在这个意义上,摩尔的确是一位理想的功利主义者,因为这里的"所有"最终都是不可测度的。尽管如此,摩尔认为,如果分析每一个行动所造成的快乐或痛苦的数量比例,可以总结出下列六种不同情况:

第一种,只有快乐,没有痛苦。

第二种,同时有快乐和痛苦,但比起痛苦的数量,快乐的数量要更加多。

第三种,只有痛苦,没有快乐。

第四种,同时有快乐和痛苦,但比起快乐的数量,痛苦的数量要更加多。

第五种,没有快乐,没有痛苦。

第六种,同时有快乐和痛苦,而且两者数量相同。

通过对这六种情况的分析,的确可以把所有行动进行等级排序。这一区分非常便于我们直观认识两种感觉的比例,因此至少在理论上,每一个行动在等级排序表上都可以找到一个属于其自身的位置。

不过在这一区分中我们可以看到,并不是引起快乐数量越多的行动,等级秩序就越高,而且某一行动的等级秩序与其产生的快乐数量也没有关系。只有在全面分析快乐和痛苦之间比例的基础上,才能确定等级排列。摩尔认为,只有在下列五种情况之下,才能确定某一行动 A 的等级秩序比另一行动

① 摩尔:《伦理学》,戴杨毅译,北京:中国人民大学出版社,1985 年,第 6 页。

B的等级秩序要高（我们用 Ax 表示 A 引起的快乐数量，Ay 表示 A 引起的痛苦数量，B 类似，其中 Ax、Ay 等均为正数）：

1. $Ax>Ay$；$Bx>By$；$Ax-Ay>Bx-By>0$
2. $Ax>Ay$；$Bx=By$；$Ax-Ay>Bx-By=0$
3. $Ax>Ay$；$Bx<By$；$Ax-Ay>0>Bx-By$
4. $Ax=Ay$；$Bx<By$；$Ax-Ay=0>Bx-By$
5. $Ax<Ay$；$Bx<By$；$0>Ax-Ay>Bx-By$

我们可以看到 $Ax-Ay$ 是行动 A 所引起的快乐和痛苦之间的比例，$Bx-By$ 是行动 B 所引起的快乐和痛苦之间的比例。如果快乐的数量要大于痛苦，那么上述比例就大于 0，如果痛苦的数量要大于快乐，那么比例就小于 0。在接下来讨论某个行动比另一行动引起"更多快乐"时，这种说法实际上就是指这一节中讨论的等级秩序高低的问题。而所有等级秩序的问题，在理论上或理想条件下，都可以被归纳为这五种。

第二节　快乐和正当

上节阐释了摩尔正当理论中两个非常重要的概念，即"有意行动"和"更多快乐"。前者看似易，实则难，后者看似繁，实则简。理解了这两者，我们才能从容地探讨什么是一个正当的行动。摩尔认为："一个有意行动是正当的，当且仅当，行动者本来并不能够履行（could not have done）某个另外的行动（假使他做出选择），该行动比起他已履行的行动而言将会引起更多快乐。一个有意行动是不正当的，当且仅当，行动者本来能够履行（could have done）某个另外的行动（假使他做出选择），该行动比起他已履行的行动而言将会引起更多快乐。"[1]

这种对于"正当"的解释结合了"有意行动"和"更多快乐"。"更多快乐"已经在上一节中得到了阐明，不过仍然需要说明一下的是"有意行动"的这个虚拟条件句。有意行动的"本来能够"并不是说在已经履行了一个行动的前提之下，仍然还存在一个本来能够"选择"的行动，因为一个行动的发生必然排斥了在同一时空中还有另一行动能够发生，一个时空中做出的"选择"只有一个现实的确发生了的行动，任何人都没有办法"选择"一个实际上并没有发生的行动。而这里的"本来能够"是指，在已经履行了一个行动的前提之下，

---

[1]　摩尔：《伦理学》，戴杨毅译，北京：中国人民大学出版社，1985 年，第 10—11 页。

行动者仍然"本来能够"履行另外行动(假使他做出了这个另外行动的选择的话)。后者强调的并不是"选择",而是一种能够或者有能力在一定的条件下(比如的确做出选择的情况下)得以实现的可能性。因此,在这个意义上,行动的正当与否与行动者实际上做出的"选择"本身或内容并没有直接的关系,前者并不依赖于后者,而是依赖于"本来能够"履行另外的行动(假使做出了选择)。

因此,摩尔把上述这条原则简化为:一个有意行动是正当的,当且仅当,行动者没有其他可能的行动能够引起更多快乐;一个有意行动是不正当的,当且仅当,行动者有其他可能的行动能够引起更多快乐。这就是判断正当与否的特征或标记。

如果我们可以把这个时间和空间中实际上发生的行动共同组成一个现实世界,那么也就可以把这个实际上并没有选择,但是假使一旦做出了选择就本来能够履行的行动,共同组成一个可能世界。一方面,这个可能世界并不是在这个时空中现实发生的世界,另一方面,这个可能世界也不是指除了现实世界之外所有的可能存在的世界,我们完全可以设想存在一个假使做出了选择,但却还是不能够履行并发生的世界,这个世界就不是我们这里所说的可能世界。因此,这个可能世界是一个能够实现(假使事先做出了选择),但并没有在这个时空中得以实现的本来可能(could have done)做出选择的世界,而不是本来就根本不可能或者只是一种无法实现的可能做出选择的世界。如果我们在上述意义上来定义可能世界,那么就可以把摩尔对正当行动的解释做一个更为准确的表述。当我们在现实世界 Wr 中选择并履行一个有意行动,并在 Wr 中产生一定数量的快乐时,如果存在至少一个可能世界 Wp,在 Wp 中产生的快乐多于 Wr,那么该行动就是不正当的,如果不存在 Wp,那么该行动就是正当的。当然,还有一种可能情况是 Wp 和 Wr 具有同样多的快乐,那么也符合正当行动的特征。

这也意味着,一个正当的行动并不必然是那种比任何其他可能行动所造成的快乐都要多的行动。这里,摩尔对于正当和应当做了一个理论上的区分。他认为,后者不仅仅是正当的行动,而且还是我们应当去做的行动,或者我们有义务去做的行动。因为,还可能存在这样一种情况,即在两个可能被选择的行动之中,可以产生完全相同的快乐,在这种情况下,选择任何一个行动都是正当的,但任何一个行动都不是我们应当去做的行动,也不是有义务去做的行动。反过来,当一个行动是应当去做的,那么也就意味着,该行动比任何其他可能代替的行动都会造成更大快乐。因此,正当的行动不一定是有义务的行动,因为存在相同快乐的行动,不是义务但却正当的行动;而有义务的行动一定是正当的行动。不正当的行动一定不是有义务的行动,不是我们义务的行动大多数情况下就是不正当的行动,但也仍然有可能是正当的行动。但我们可以从摩尔的文本中解读出,不是我们义务的行动,不等于我们有义务不做的行动或不应当做的行动,任何不应当做的行动的外延和内涵都等同于不正当的行动。这里实际上包含了三种行动。第一种是,正当并有义务的、应当做的行动;第二种是,正当但不是我们义务做的行动,但并不能说这种行动是我们有义务不做的、或者不应当做的行动;第三种是,不正当也不是我们义务做的行动,还是我们有义务不做的、不应当做的行动。从这里我们可以看到,在摩尔的区分之中,正当和不正当两者穷尽了所有的行动,而应当和不应当并没有穷尽所有行动。这种说法的理由在于我们的确可以设想某个行动既不是应当做的,也不是不应当做的,该行动只是没有义务去做而已。

为什么这种行动是正当的?或者,正当行动的原因又是什么?这个问题显然不同于"一个正当行动的特征是什么?"某种程度上来说,前面这两个问题更有现实的意义,而后面这个问题只能停留在理论上的或理想的阶段。对此,摩尔的回答分为两个部分,第一部分是我们这节要考察的否定部分,第二部分放在下一节。

摩尔考察了一种把快乐作为正当行动的原因的理论:"在前面部分中只是断言了产生最大多数的快乐是所有正当的有意行动的一个特征……在那里并没有继续断言,正是'因为'(because)它们具备这一特征,才使得这种行动成为正当。"[①]这一断言意味着,快乐作为正当行动的特征,和快乐作为正当行动的原因(cause)之间存在一种本质上的差别。这一差别初看起来比较符合我们的日常直觉,但实际上究竟是指什么却不是很清楚,因为我们在实际讨论问题的时候往往并没有把这两者给区分出来。比如,我现在感觉到饥饿,然后选择了去食堂吃饭的行动,当有人问我去食堂吃饭的原因时,我会认为如果我继续坐在这里看书,那么比起去食堂填饱肚子,饥饿要带来更少的快乐,因此去食堂吃饭就是正当的行动。这种回答混淆了特征和原因之间的差别,因而不自觉地把快乐和痛苦作为了行动的原因。

特征和原因之间当然存在差别。就快乐作为正当行动的原因而言,摩尔认为:"如果我们说某些行动是正当的,因为它们产生了最大数量的快乐,我们就是在意指如果它们产生这一结果,它们就是正当的,而不管它们可能产生的其他结果如何。换言之,我们意指的是,行动的正当性完全不依赖于它

---

① 摩尔:《伦理学》,戴杨毅译,北京:中国人民大学出版社,1985年,第19页。

们产生的其他结果,而仅仅依赖于它们产生的快乐数量。"[①]这里可以看出,当我们说 A 事件是 B 事件的原因的时候,就是等同于 B 事件仅仅依赖于(only depend on) A 事件。在这里,A 事件是行动所产生的快乐结果,B 事件就是指该行动的正当性。因此,这种理论认为,我选择去食堂吃饭的原因,就仅仅在于满足口腹之欲所带来的快乐感受,这就明显不同于把快乐作为正当行动的标志或特征。这种做法完全不涉及 A 事件和 B 事件,只是意指如果某个行动是正当的,那么就不存在会产生更多快乐的其他可能的行动。我去食堂吃饭是正当的,就是指我找不到本来能够选择的其他行动可以带来更多快乐。

既然这是两种针对不同问题的理论,那么对于其中之一的反驳并不会动摇另一理论的正确性。一个通常的反驳是,快乐不仅仅有数量(quantity),而且还有质量(quality)。比如,有些行动能够造成更多数量的快乐,但不见得能够造成更高质量的快乐。而且,在快乐数量差不多的情况下,我们当然偏向于选择能够产生更高质量的快乐的行动。在一般情况下,能够产生更高质量的快乐的行动往往也能产生更多数量的快乐的行动。如果按照快乐的数量来决定行动正当性的理论,那么如果产生更高质量的快乐的行动没有产生更多数量的快乐,那么该行动就是不正当。但这显然不符合常识。比如,我们必须在两个世界之间做出选择,如果一个世界仅仅只有低质量的快乐,但在数量上等于或稍微大于另一个世界,而另一个世界的快乐都是高质量的,那么很显然我们应当选择后一个世界。因此,如果这种按照快乐质量的方式的反驳是有效的,那么就可以得出这样的结论,即正当的行动之所以正当,是因为它们造成了最大程度(the greatest degree)的快乐。

这一反驳并不在点子上,摩尔认为,快乐的数量和质量都不能决定行动正当与否。这里有一个更强有力的反驳,我们在前面已经提过,即一个正当行动发生的时候,会产生不同的结果,快乐和痛苦的感受是其中一些结果,而通过对这些快乐或痛苦结果之间比例的分析,就能够成为该有意行动的正当与否的特征或标记。换言之,在我们这个宇宙之中,有意行动不仅仅产生快乐和痛苦,而且还有其他的结果。宇宙之中所有的结果作为整体,才能真正决定行动正当与否。而快乐能够作为正当行动的标记,恰好就是快乐的结果与这一整体中的其他结果之间存在一种事实上的"碰巧一致"(happen to coincide with)的关系。摩尔认为:"一旦我们只是断言产生最大快乐是正当性的标志,那么就存在这样一种可能性,即之所以是标志,只是由于这个(快

---

① 摩尔:《伦理学》,戴杨毅译,北京:中国人民大学出版社,1985 年,第 20 页。

乐)的结果在事实上的确总是碰巧和其他结果一致；而正是这些其他结果才是行动的正当性部分依赖的。但一旦我们断定行动是正当的，是'因为'它们产生了最大的快乐，我们就失去了这种可能性。"①也就是说，在有意行动的结果之中，快乐和其他结果之间存在一个可能性的空间，如果行动的正当性只是通过最大程度的快乐来决定，那么也就意味着，不论该行动是否造成任何其他结果，都是正当的。因而，这就会把这一"碰巧一致"的可能性空间挤压出去，从而误判行动的正当性。

但快乐和其他结果之间"碰巧一致"的可能性空间究竟是什么意思呢？是否这就是解开行动正当性的原因之谜的关键呢？或者说，既然产生最大程度的快乐并不能作为正当行动的原因，那么什么才是行动正当性的原因呢？

第三节　内在善

对上述问题，摩尔满怀自信地说道："我们不仅断言说，在这个宇宙之中，一些有意行动是正当，'因为'它们产生了最大化的快乐，而且，'在任何可构想的环境中'，这些行动也会是正当的：如果在某一可构想的宇宙中，某一可构想的存在物在一个会引起较多快乐和一个引起较少快乐的行动之间面临选择，他的义务将总是选择前者，而不是后者，不论他的宇宙和我们的宇宙在其他各方面有怎样的不同。"②这是一条绝对的无条件的原则。上述断言分为两个层面，第一个层面是在这个宇宙之中，也即这个现实世界中，我们有义务选择造成更多快乐的行动。第二个层面是在所有可能的世界中，我们也将总是有义务选择造成更多快乐的行动。因此，行动的正当性和造成最大的快乐之间的关系，是一种综合的、必然的关系。这就像是二加二和四之间的关系，不仅在这个现实世界中是相等的，而且在所有可设想的可能世界中也都是相等的。

这一理论也是摩尔最为人所诟病的地方，后来研究者一般以快乐主义的功利主义来作为摩尔伦理学的标签。的确如此，摩尔一改我们在前两节中所论述的谨慎观点，大胆地提出了一个令人匪夷所思的理论，而且似乎是一个他已经批判过的理论。但实际上这个理论只是看起来和以前类似而已，在本质上已经有了很大的变化。

---

① 摩尔：《伦理学》，戴杨毅译，北京：中国人民大学出版社，1985年，第21页。
② 摩尔：《伦理学》，戴杨毅译，北京：中国人民大学出版社，1985年，第24页。

　　这一无条件的原则可以表述如下：我们用 An 来表示一种行动 A 的惟一或全部的结果的集合，用 Bn 来表示另一行动 B 的惟一或全部的结果的集合，如果 An 比 Bn 包含更多的快乐，那么我们总是有义务选择引起 An 的行动，而不是引起 Bn 的行动。在这条原则中，快乐所扮演的角色与以往的理论有很大的不同，这里的快乐是指全部结果之中所包含的快乐。而这种包含了更多快乐的全部结果 An，等同于（is equivalent to）An 是内在更善的（intrinsically better）。那么，说我们应当选择产生包含更多快乐的结果 An 的行动，就等同于说我们应当选择其全部结果 An 是内在更善的行动。这里说明了快乐与痛苦与内在善或内在价值之间有一种独特的关系。

　　那么，什么是内在更加善的事物或内在价值更大的事物？摩尔认为："说某一结果或结果的集合比另外的要内在更善，就是说结果本身是更善的，完全不需考虑任何伴随或进一步的结果。也就是说，断言任何一个事物 An 内在地比另一事物更善，就是断言如果 An 完全单独存在，没有任何伴随或结果（简言之，An 构成了整个宇宙），那么这样一个宇宙的存在，比起单独由 Bn 所构成的整个宇宙的存在要更加的善。"[1]内在善的事物 An，就等同于事物 A 完全单独存在，没有任何伴随和结果，因为 An 本身就是全部结果，构成了整个宇宙。从前面快乐和内在善之间的关系中可以得出，当一个整体中所包含的快乐大于痛苦的时候，这个整体就是内在善的；当一个整体中所包含的痛苦大于快乐的时候，这个整体就是内在恶的；而当一个整体中所包含的痛苦不大于快乐，快乐也不大于痛苦的时候，那么该整体就是内在中性的。

　　既然一方面内在善与快乐有这种关系，而另一方面最大的快乐与行动的正当性也是一种等同的关系，那么内在的更善和内在的更恶这些概念与正当和不正当概念之间也有一种极为精确的相互符合的关系。对于这种关系，更为精确的表述是这样的："一个有意行动，只有在行动者本来不能做出任何其他具有更加内在善的结果的行动时，才能说它是正当的；反之，一个有意行动，只有在行动者本来能够做出其他全部结果更加内在善的行动时，才能说它是不正当的行为。"[2]快乐、内在善和正当行动的结果，这三个事物显然并不同一（identity），但是却以一种独特的方式相等（equivalent）。这里的独特方式就是指这些概念所针对的对象就是作为一个整体的事物，该事物孑然独立，构成了整个宇宙，没有伴随任何结果。

　　这大概就是摩尔所要表达的全部意思。不管怎样，后来之所以有这么多

---

①　摩尔：《伦理学》，戴扬毅译，北京：中国人民大学出版社，1985 年，第 25 页。
②　摩尔：《伦理学》，戴扬毅译，北京：中国人民大学出版社，1985 年，第 27 页。

研究者的反对,主要也在于摩尔对此的表达是非常晦涩的。比如对于快乐这一概念,实际上至少有两种不同的含义或用法。一种是作为行动所产生的结果,另一种是所有结果中包含的快乐。第一种用法中快乐本身只是一种单纯的感受而已,而在第二种用法中,快乐与内在善以某种方式关联了起来。如果这两种用法中的快乐是一样的,那么为什么作为结果的快乐不能作为正当行动的原因,而作为整体结果中所包含的快乐却能够决定行动是否正当呢?既然有这么多用法,那么很显然的反驳就是,我们如何才能有效地判定当前所感受到的快乐是哪一种呢?

正当的行动产生快乐的结果,但正当的行动本身并不包含快乐或痛苦。而只有行动产生的包含有快乐大于痛苦的整体全部结果,才是内在善的,因此正当的行动不会是内在善的。但我们在上一章中已经论证了,正当的行动作为手段却是善的事物,因此,内在善的事物就不是作为手段的善的事物。很有可能某事物不是内在善的,但却是善的,而某事物不是内在恶的,但却有可能是真正恶的。另一方面,内在善的事物包含了快乐大于痛苦的感受,因此内在善的事物也有可能包含内在恶的事物,因为,如果内在善的事物中所包含的痛苦完全独立存在,那么该痛苦就是内在恶的。同理,内在恶的事物内部可能也会包含内在善的东西。但是,作为目的的善事物,或就其本身缘故就善的事物,不可能包含有不善的部分,因此内在善的事物也不可能是就其本身缘故就善的事物。

由于内在善或内在恶的事物与行动的正当性之间存在一种非常精确的一一对应关系,因而"内在善"或"内在价值"这一概念在摩尔的伦理学中占有相当重要的地位。既然内在善的事物与我们第一章中所探讨的善的事物是不一样的,那么正面阐释内在善就是刻不容缓的一个任务。对此,除了在《伦理学原理》最后一节中的解释略显生涩外,摩尔几乎在每一篇与伦理学相关的作品中都有所提及。最主要的详细表述大致有三处。第一次是在 1912 年出版的《伦理学》一书最后第七章《内在价值》,第二次是在 1922 年论文集《哲学研究》其中一篇《内在价值的概念》中,而第三次是在 1927 年发表的论文《善性是一种质(quality)吗?》中。尽管对内在善的概念有过三次不同的定义,但摩尔并没有否定任何一种,可以说,他每一次都是从不同侧面去定义这个概念,而且每一次的修正都是对这个概念在某个角度的补充。下面我们依次来进行考察。

在前面已经提到,更多的快乐与行动的正当性之间有一种独特的关系。既然这里的快乐有多重含义,那么首先就必须要澄清这些含义,除非承认全体结果中包含的快乐和作为行动产生的快乐是一样的。事实上,摩尔在文本中可能的确暗示了这一点。"除非假定事物的内在价值总是与快乐的数量成一定的比例,否则就不可能证实(prove)快乐的数量是(行动正当与否)的正确标准。"很明显,两种不同用法的快乐的含义是一致的。摩尔在前面对正当性的论述中,既然已经承认了这一"假定",但为何这里又称之为"假定"呢?也就是说,在理论上还可能存在一种情况,即快乐的数量尽管是判断正当与否的正确标志,但是该事物的内在价值与快乐的数量是不成比例的。一方面,摩尔承认在事实上的确需要这个假定,但另一方面,又认为只要充分认识假定的后果的人,都不会认为这个假定是真实的。很明显,如果把内在价值与快乐数量总是按比例等同起来,那么由于内在价值和正当性之间的关系,快乐的数量就会总是成为行动正当的原因。而这显然总是可以在理论上遭到反驳,谁都不会认为一只猪的快乐数量和我们人类高雅的快乐数量在决定行动正当与否的权重上是一致的。更何况,在这一理论中,很多问题本身就是极其模糊不清的,比如快乐的数量,行动的全部结果,内在善的比较,等等。

前面我们对内在善的定义是这样的,即如果说某事物是内在善的,就意味着该事物本身的存在就是善的事物,即使该事物完全独立存在,没有任何进一步的伴随或结果。摩尔在《内在价值的概念》一文中继承这种提法,而且更为凝练地把内在善表示为:"说一种价值是'内在的',仅仅意味着,一个事物是否有内在善,其在何种程度上有,都仅仅依赖于该事物的内在本性(intrinsic nature)。"①那么什么是事物的内在本性呢?摩尔认为,同一个事物的内在本性当然只有一个,因此该事物不管在什么时间,在什么环境之下,其内在价值由于都依赖于内在本性,因而也都是不变的。另一方面,如果说两个事物在内在本性上相似,那么这两个事物所拥有的内在价值也肯定不会有不同。这种内在本性,并不是指数量,也不是指质量。因此,当两个事物在内在本性上相似时,就是说不管在什么时间,在什么环境之下,必然地都具备同样的内在价值。这里摩尔对于这个必然性做了一个区分,也就是说这里的等同并不是指我们这个现实经验世界内的必然,也不是逻辑因果世界内的必然,摩尔认为即便是在一个因果律与我们这个世界完全不同的世界中,也必然会有同样的内在价值。

很显然,表述上的模糊在这里依旧并没有太大改善。因此,在《善性是一种质吗?》一文中②,摩尔认为需要提出一种能够让每一个人都能理解的表达,也即我们使用的"内在善"就是指,具有一种因其自身而值得拥有(worth

---

① 摩尔:《哲学研究》,杨选译,上海:上海人民出版社,2009年,第202页。

② G. E. Moore, "Is Goodness a Quality?", *Proceedings of the Aristotelian Society*, XI, 1932, pp.116-131.

having for it's own sake)的经验(experience)。当然这里的经验并不是"因为"其他各种原因而导致的"值得拥有",而仅仅是"因其自身"的缘故。这个定义与之前的定义非常接近,因其自身而值得拥有的经验,当然也是完全单独存在的,也是该经验的内在本性。唯一的修正之处在于,这个定义强调内在善的事物也是一种可"经验"的过程,而且经验一般总是我的经验。这种内在善的经验的复杂性与归属于这种经验的特征是完全不相干的,而且与证成该经验所用的复杂特征也不是一回事。不过摩尔在后来的"对我批评的回应"中又推翻了这里的讲法。

这一章的问题是围绕行动的正当性而展开的。如果说对于善的探讨仅仅是一种理论伦理学,那么对于正当的讨论则完全是一种实践伦理学。因为就有意行动而言,行动的一端与行动者的起心动念相关联,而在行动的另一端则与行动所产生的宇宙之中的结果相关联。而且,在一般情况下,行动的发生总是伴随着快乐和痛苦这两种结果的感受,摩尔还把行动的全部结果中包含快乐和痛苦的不同特征定义为内在善或内在恶。因此,如果我们要评判行动的正当性,就需要清晰勾画出快乐和内在善与行动之间究竟有何复杂关联。

快乐和痛苦的感受可以作为衡量有意行动正当与否的标准。当且仅当,行动者没有其他可能的行动能够引起更多快乐,一个有意行动是正当的;当且仅当,行动者有其他可能的行动能够引起更多快乐,一个有意行动是不正当的。因此在理论上,对快乐和痛苦感受的秩序的排列就可以被用作正当行动或不正当行动的特征或标记。而就实践伦理学的目的而言,仅仅标示出正当或不正当行动的特征是不够的,还需要探究行动之所以正当或不正当的原因。

对于原因的探究,最会被人混淆的是这种理论,即把产生最大快乐作为该行动正当的原因。快乐的确是行动造成的结果,但只是所有结果之中的其中一种。如果把这种结果作为原因去规定这个行动是否正当,那么就会导致行动的其他结果对行动的正当性毫无意义,而这是与常识不符合的。换言之,这种因果关系把行动的正当性给封闭了起来,只留下快乐或痛苦这一单一元素,这种理论是摩尔要反驳的。

但究竟什么才是行动正当性的原因呢?摩尔认为行动的正当性依赖于行动的全体结果这个整体。如果这个整体是内在善的,那么该行动就是正当的,如果所导致的结果是内在恶,那么就是不正当的。而内在善的事物是包含了快乐大于痛苦的整体,而内在恶的事物则是痛苦大于快乐的整体。那么究竟什么是内在善的呢?

　　要理解这一概念是非常困难的,我们也不知道是否能够在现实世界中找到这一概念所对应的事物,而且这里的其他概念也只能是假设性的知识,完全是基于或然性的推理。在《伦理学原理》一书中,摩尔最后得出的结论是比较消极的,对于其他任何可能的行动,只是选择一个大体上(generally)更加善的行动,这种大体上更加善的做法大致上相当于从常识出发捍卫的一些普遍规则。这些常识可能包含了不能杀人、保护所有权、繁衍生命等行为。当然,这些都是通过作为取得善结果的手段上的正当而得以捍卫的,但是如果不对其本身而言的善事物进行考察,是否可以对上述这些类似的规则做出正当的判断,也是存疑的。这个困难的确没有在这里得到解决。摩尔在《伦理学》一书中对此做了更进一步的回答。不过,这时的摩尔的伦理学思想已经从"可能结果的后果论"(probable-results consequentialism)转变为"实际结果的后果论"(actual-results consequentialism)。后来摩尔为了澄清这一概念做了不少工作,比如把拥有内在价值或内在善的事物,规定为孑然独立的事物,而且主张内在善仅仅取决于该事物的内在本性,只是因其自身而值得拥有的一段经验。但这对于我们理解这一概念并没有实质性的帮助。在这种情况下,我们只有重新审查"善"和"正当"这两个概念,以及两者之间关系,才能得到真正的答案。

第七章　善中的正当

第一节　正当和内在善

我们在上一章中得出了一个非常重要的结论：内在善或内在价值与行动的正当性有非常精确的一一对应关系。但是，这种对应关系究竟是什么意思呢？摩尔在《伦理学》中明确指出："一个有意行动，只有在行动者本来不能做出任何其他具有更加内在善的结果的行动时，才能说它是正当的；反之，一个有意行动，只有在行动者本来能够做出其他全部结果更加内在善的行动时，才能说它是不正当的。"[①]因此，我们可以说，一个行动的正当性（rightness）与其产生的全部结果是不是更加内在善的（intrinsic better）有密切关系，这一点已经在前面详细论述过了。既然如此，如果暂时先不管行动的正当与有义务做这行动的细微差别，我们是否可以说，如果某个事物是内在更加善的，那么我们就必然有义务去做产生这种事物的行动？这也是后来的研究者对于摩尔的伦理学体系最为主要的挑战。按照以前的伦理学说，我们的确未尝不可以做出这样的推断，但摩尔的本意显然更为复杂。因此，对于正当和内在善之间的关系，我们需要引入更为细致的区分，以便阐明摩尔真正所要表达的东西。

弗兰克纳（Frankena）在《摩尔的哲学》论文集中，对此有一个反驳。他认为，如果摩尔坚持善或价值是一种简单属性或者是内在的，那么义务就不能用善或价值来定义。弗兰克纳认为摩尔的主张就是，如果某事物是内在善或者有内在价值，那就有义务选择产生这种结果的行动。但是善本身是不可定义的简单属性，因此这里就会存在一个矛盾。这个反驳当然是很粗糙的。在弗兰克纳的伦理学中，如果某个属性是简单的内在的，那么该属性就可以通过非伦理的或自然的属性来加以定义，也就是简单属性大概只属于广袤无垠

---

① 摩尔：《伦理学》，戴杨毅译，北京：中国人民大学出版社，1985 年，第 27 页。

的自然世界,并不能在伦理世界中发挥作用。而伦理属性则是复合的、人为的非自然属性,是具备规范性的,比如正当性,这种属性就可以在伦理判断中起一定的作用。因此,作为简单属性的善和义务就分属于两个完全不同的领域,不能相互定义。弗兰克纳认为,摩尔要么放弃善是一种简单属性的观点,把善归并到规范性的领域,要么放弃内在善和义务之间的等同关系。

这个问题涉及内在善和正当之间的关系。关于正当的命题也是这样的:"这是我应当做的行动"。而内在更加善的命题是这样的:"比起我本来能够做的其他行动,如果我选择的行动得以履行,那么整个世界(这个宇宙)就会更加善。"这两个命题之间并不是完全一样的,因此不是一种同一的关系;但这两个命题之间也不是不一样的,因此是一种逻辑等同关系。摩尔认为:"我所有想要断言的是,这两个陈述是逻辑等同的(logically equivalent),而不是同一的(non-identity)。"①的确,摩尔一直捍卫善和义务之间有某种独特的等同关系这一观点,但这种等同是一种逻辑等同,而不是同一的,Frankena 正是在这一点上没有弄清楚摩尔的本意。但究竟什么是逻辑等同的关系,什么是同一的关系呢? 这需要进一步的解释。

一般来说,如果说 A 和 B 是一种逻辑等同关系,那么这种等同就不仅仅是在这个经验世界中等同,而是在所有可能世界中都是等同的。比如,我们说一个正方体有十二条边,这并不是说,只有在我们这个世界中正方体才有十二条边,而是在所有可运用逻辑规则的可能世界中,正方体必然都具备十二条边。因此,在正方体和具备十二条边之间存在一种必然的因果关系。但如果说 A 和 B 是一种同一的关系,那么 A 就可以通过 B 来定义,B 也可以通过 A 来定义,这就不仅仅在所有逻辑可能的世界中是必然的,而且在即使可设想一个与我们逻辑规则不同的可能世界中也是完全同一的。这就是可以相互定义的同一关系。比如,"人"的定义就是"有理性的动物",这意味着,不仅仅在具备矛盾律、排中律等各种逻辑规则的世界中人是有理性的动物,而且这一点具备必然性的同一关系还完全不依赖于这些逻辑规则。

为了更清晰地说明这一点,摩尔在"回应"中对"内在更加善"做了更进一步的区分。第一个命题是:"如果我履行这个行动,这个宇宙(the Universe)将会内在更加善,比起在我的能力内本来能够履行的任何其他行动来说。"第二个命题是:"这个行动的全体结果(后果)将会内在更加善,比起在我的能力内本来能够履行的任何其他行动所产生的全体结果来说。"在这两个命题之

---

① G. E. Moore, *A Reply to My Critics*, in Schilpp, P. A., *The Philosophy of G. E. Moore*, London: Cambridge University Press, 1968, p.559.

中,内在更加善的对象有了区分,一个是这个世界或这个宇宙会更加善,另一个是指这个行动产生的全体结果会更加善。换言之,这个有意行动产生的全体结果不必然等同于这个世界或这个宇宙。

有意行动的全体结果或后果肯定关联于有意行动的发生,如果该行动没有发生,那么就不能说有意行动的全体结果,而如果有意行动发生了,就必然会有相应的结果出现,这些结果集合在一起就被称为全体结果。因此,摩尔认为,"有意行动的全体结果"意味着该行动发生时,相续(subsequently)出来的所有东西。如果说某个行动产生的全体结果会更加善,那么就是说,相较于在我的能力范围内本来能够履行的其他任何行动,该行动发生时相续出来的全体结果要更加善。在这种情况之下,并不能够得出履行该行动之后这个世界或这个宇宙会变得更加善。为什么呢?摩尔认为:"这么说的理由只有一个,行动 A 在它所发生的那个环境中发生了,这本身就具备了某种内在价值,这种价值与这个宇宙的价值是不一样的,而按照定义,(宇宙的价值)对于行动 A 全体结果的价值也没有什么关系,因为 A 的全体结果被定义为完全是由行动 A 的发生相续的产物所构成。"①因此,行动 A 的发生和发生时相续产生的全体结果,本身就具备了某种内在价值。正因为有这种内在价值,才能够说这个行动产生的全体结果比本来能够选择的行动产生的全体结果要更加善。在这个意义上,当判断一个行动是正当的还是不正当的的时候,如果所依赖的东西是该行动实际上产生的全体结果是否更加善,那么这种依赖就是一种逻辑等同的关系,但这两者却并不是同一的关系;如果所依赖的东西是这个世界或宇宙是否会内在更加善,那么这种依赖就不仅只是一种逻辑等同的关系,很有可能有进一步的关系。因为这个世界或宇宙的内在更善,尽管可能是逻辑上等同的,但并不总是与行动的全体结果的内在善是相同一的。

摩尔的上述区分部分解决了弗兰克纳的质疑。当我们说某事物是内在更加善的,那么在某种意义上,就逻辑上等同于我们有义务去履行产生该事物的行动,在另一种意义上,却并不意味着我们有义务去履行该行动,尽管这两者之间仍然在逻辑上等同的。另一部分的回答是,当我们说某事物是善的时候,并不一定就是在说该事物是内在更加善的。即便是内在更加善的事物与履行某正当的行动之间有千丝万缕的联系,但这种联系与善本身似乎并没有太大的关系。

---

① G. E. Moore, *A Reply to My Critics*, in Schilpp, P. A., *The Philosophy of G. E. Moore*, London: Cambridge University Press, 1968, p.559.

　　内在更加善的事物是产生该事物的行动相续出来的全体结果，而且，某事物的内在价值是由该事物的内在本性所决定的，孑然独立，不依赖于任何其他的东西。但是，我们在前面的章节中也已经论述了，善本身是不可定义的简单属性，因此必然不会与上述这种具备内在价值的事物等同，当然我们的确又可以说，内在善的或具备内在价值的事物就是善的事物。这里存在一些细微的差别，比如，在《善性是一种质吗？》一文中，摩尔把内在善的事物等同于因其本身而值得拥有的一段经验，但严格来说并非如此，摩尔在《回应》一文中做了一个纠正。他认为，因其自身而值得拥有的经验的确一定是善的，但是如果说某事物是善的就一定是指该事物是一段因其自身而值得拥有的经验，则不然。

　　同样，内在更加善的事物和善的事物之间的关系也是如此。如果仅仅从单词本身来看，这两者之间存在一个很明显的差别，即善是更加善的原级，而更加善是善的比较级。比较级用于两个事物之间的比较，比如我们在前面提到一个有义务履行的行动，就是选择一个能够产生更多数量快乐的行动；而且能够产生全体结果更加善的行动是我们有义务履行的行动。如果善和更加善的确是这么用的，那么很显然，某事物 A 比某事物 B 要更加善，只能推出，事物 B 比事物 A 要更加恶，但并不能推出，事物 A 或者事物 B 本身是善的。这一点非常容易理解。说一个分子比一个原子要大，并不能得出分子或者原子本身是大的。同理，某一个可能世界比另一个可能世界要"更加善"，也决不能推出这两个可能世界中其中一个是"善"的，尽管善和更加善的确是源于同一个词。

　　摩尔的确认为，某一个可能世界是善的世界，在逻辑上等同于该世界的存在比起完全没有世界存在要更加善。这也就是说，我们可以从一个善的世界，推论出（follow）这个世界是一个更加善的世界，反之，一个更加善的世界也可以推论出这是一个善的世界。但基于前面所论述的理由，尽管这两个命题在逻辑上是等同的，但并不能推出，在这个意义上的"善"可以用这个意义上的"更加善"来定义。因此，当我们选择一个更加善的可能世界，来作为内在更加善或具备内在价值的事物的时候，和善本身也同样是这种关系。因为我们在对有意行动做定义的时候，也就是指这种行动在发生的开始，本来有可能选择一个与已经履行的行动不一样的行动，而且在这个可能世界中的行动与实际世界中的行动可以做出比较，比如更多快乐，更加善。因此，与有意行动相关所产生的事物就必然是一种比较级的内在善或内在价值。只要这种善是比较级的，那就必然和作为原级的善有一种独特的关系。在这个意义上，善的事物和具备内在价值的更加善的事物之间虽然是一种逻辑上的等同关系,但这种关系同样不是一种同一的关系。也就是说,善不能用更加善来加以定义,如果说 A 是一个善的世界,并不一定意指这个世界的存在比起完全没有其他世界的存在要更加善。

第二节 负担过重的善

我们完全可以设想出对摩尔伦理学理论的种种反驳,一种很朴素的追问是,善究竟是什么? 不管如何,任何隐喻式的回答总会在某个时刻缺乏说服力。一方面,善是不可定义的,任何试图用一些奇奇怪怪属性去定义善的行为都会陷入到自然主义谬误之中。另一方面,善的确作为一个伦理谓词在道德判断中起作用,并且内在更加善的事物可以在一定程度上决定有意行动的正当性。如果要协调这两种看似自相矛盾的论述,就必须澄清善与正当之间存在的逻辑上等同但却又不是相互同一的关系。但这里的确是令人费解的,如果不依赖于任何逻辑规则,两个事物之间的同一是否还有意义? 而如果两个事物并非相互同一,但却说这两者在逻辑上等同又指什么?

就 A 和 B 是等同的而言,A 可以在逻辑上推出 B,B 也可以在逻辑上推出 A。比如,摩尔认为,一个有意行动,只有在行动者本来不能做出任何其他具有更加内在善的结果的行动时,才能说它是正当的。如果说 A 是具有更加内在善的结果,B 是产生该结果的正当的有意行动,那么 A 和 B 之间的关系就是一种逻辑上的等同关系。为了使得这种观点更有说服力,摩尔区分了两种具有更加内在善的结果,一种是有意行动 B 必然相续产生的具备内在善的全体结果,另一种是有意行动 B 发生时这个宇宙的内在价值。对于前者而言,有意行动的发生本身就意味着相续产生的全体结果,这两者完全是一种同一的关系,这一过程本身就有一种内在价值。而另一方面,该行动发生时,的确在这个宇宙中也有一种内在价值,但这种内在价值并不必然与前者相同一。我们可以发现,在摩尔对于有意行动的论述中,不仅伴随行动的有各种其他的结果,比如快乐和痛苦,而且该行动就其本身而言还以某种方式蕴含了内在善或内在价值。这种内在善在判断行动正当与否的作用中,扮演了两种不同的角色,尽管摩尔对这两者角色的区分并没有太清楚。内在善的事物仅仅依赖于该事物的内在本性,而无需其他伴随和结果,但是对于理解什么是事物的内在本性而言,显然是一桩更加艰难的事业。因此,这里就难以避免会出现一个悖论,一方面不想让内在善直接与行动正当性的原因同一起来,因为行动正当性有其自身的价值;另一方面又想让产生内在更加善的行动等同于有义务履行的行动,需要内在善在有意行动的发生过程中承担审判者的角色。

我们认为,对于善而言,这样的负担太过于重大,更何况,内在善的事物还并非一定就是善的事物。如果的确是如此,那么善对于行动正当性所发挥的这样那样的作用更是一种难以理解的主张。不过,当我们回过头去考察历史上其他种种伦理学体系的时候,就会发现摩尔其实并不孤单,至少在那些哲学家看来,善这一概念本身都会面临这个棘手的问题。

亚里士多德的《尼各马可伦理学》中就是围绕"什么是善"而展开讨论的,因为所有人类的活动最终的目的都是要指向善。但这里有个区分,如果这个善的目的包含在活动本身之中,那么这种活动就是因其本身而善,而如果这个善的目的是在活动之外,那么这个活动就是作为实现这个善的手段而善。这一区分我们并不陌生,摩尔的伦理学体系实际上在某种程度上可以从亚里士多德那里找到不少相似之处。当然,非常不同的一点是,亚里士多德认为最高的善就是幸福。

属人的善是指人的灵魂合乎德性的实现活动,因此,为了搞清楚亚里士多德伦理学中善在整个道德实践活动中的作用方式,就不得不首先对人的灵魂和德性做一些略显繁琐的分类。人的灵魂分为有逻各斯的部分和无逻各斯的部分,合乎德性的灵魂是与逻各斯相关的部分,因此,属人的善是与逻各斯相关部分的灵魂有关。这里的德性又分为理智德性和伦理德性。理智德性是指灵魂中具备逻各斯的部分。理智德性又可以分为两类,一类涉及始因不变的知识,另一类涉及始因可变的推理。前者属于沉思的理智德性,被称为智慧,而后者则是与实践有关的理智德性,也称为明智。如果我们把前者称为思辩理性,那么后者就是实践理性。明智实际上就是好的考虑,而且是对于自己总体上好生活有益的考虑。在这个意义上,与明智相关的实践三段论的推理和好的考虑是一回事,而灵魂中无逻各斯但却在一定程度上分有逻各斯的部分是伦理德性。具备这部分德性的灵魂并不完全逻各斯一致,但却能够听从逻各斯的安排。伦理德性同情感和有意行动的实践直接相关。

对于与伦理德性密切相关的有意行动,亚里士多德有个比较经典的定义:"有意(出于意愿的)行动,就是当行动者知道行动的具体环境的时候,在他自身中还具有行动的始因的行动。"[1]这表明要构成一个有意行动,必须具备两个要素或条件,其一是知道具体环境,其二则是在自身中具有行动的始

---

[1] Aristotle, *Nicomachean Ethics*, trans. and ed. Roger Crisp, Cambridge: Cambridge University Press, 2000, 1111a.

因。如果第二个条件不能得到满足,也就是说行动的始因是外在于行动者的,那么这种行动就是出于被迫,而不是出于意愿。而第一个条件没有满足,则会产生一种对于具体情境的无知,包括"自己是什么人,在做什么,对什么人或什么事物做什么",甚至在有的时候也包括"用什么手段做,为什么目的而做,以及以什么方式去做"。因此,在亚里士多德看来,出于被迫或出于对具体环境的无知,两者都不是有意的。也就是说,这两种行为并不会受到谴责,甚至值得原谅。而如果一种行动具备德性和恶,则会获得称赞和谴责,因此这种行动必定是同时具备两个要素的有意行动。

那么在这种行动理论中,"善"又如何在判断和区别某种行为的过程中发挥作用呢?这就需要牵涉到包含了逻各斯和思想的选择(προαίρεσις),而且"选择是由先行的考虑(βουλεύσις)所决定的"①。亚里士多德在第三卷中再三表明,不论是选择还是考虑,都是针对在我们能力范围内实现目的的手段和使用手段的方法,而不是针对目的本身。与此相对,希望(βουλή)才是针对目的:

> 他们是先确定一个目的,然后才考虑用什么手段和方式来达到目的。如果有几种手段,他们考虑的就是哪种手段最为简易而体面地实现目的。如果只有一种手段,他们考虑的就是怎样利用这一手段去达到目的,这一手段又需要哪种手段来获得。直到他们追溯到最初的东西,发现最终的东西。②

联系前面对于行动的两个要素的分析,我们可以发现亚里士多德对于考虑的定位是非常精确的。从第一个条件来看,考虑只涉及实现目的的手段链条,并不涉及具体的东西,即"自己是什么人,这是什么东西"等等。后者是知觉(αἰσθήσεως)的对象。上一引文表明,考虑不会陷入到无穷的后退,最后总是会在某个地方停下来,可以联系行动的第二个条件,"一旦他追溯到自身中的始因,每一个人都会停止研究他是如何行动的"③来理解,因为在这个时刻考虑的对象就是选择的对象,换言之,这就是行动的开始。可以看出,很多学者对考虑的工具式理解并没有太大问题。考虑一方面权衡不同的手段并选择其中最好的方式来实现目的,另一方面又把这些手段的链条最终与始因关联在一起,而我们在前面已经表明,对于一个出于意愿的行动而言,始因始终

---

① Aristotle, *Nicomachean Ethics*, 1112a.
② Aristotle, *Nicomachean Ethics*, 1112b.
③ Aristotle, *Nicomachean Ethics*, 1113a.

是在行动者自身之中的。至此，亚里士多德对于行动的描述已然非常清晰了，不过他并没有满足于此。一个很朴素的追问就是，既然考虑和选择并不关涉目的，仅仅涉及作为手段的善，那么我们能否就此而判断该行动就其本身而言是善呢？

的确，这里就是亚里士多德关于善的学说所面临的第一个难点。不过亚里士多德自己实际上意识到了这点，而且还做出了诊断。一方面，就行动而言，我们并不能够控制目的是善还是对我们显得善，也就是我们不能决定自己是个好人还是坏人。另一方面，就品质而言，我们却必须而且也能够对我们的品质负责，否则我们就无法谴责一个做坏事的人。如果这两个层面的"我们"所指的是同一个东西，那么显然就会产生矛盾。因此，亚里士多德最后的解决方案是区分了品质和行动。"我们只要意识到具体的事物，就能控制从始因出发到最后的行动，然而，尽管我们控制了始因，却察觉不到品质的具体阶段的发展过程……但是品质还是出于意愿的。"①也就是说，尽管我们可以从实现行动目的的手段中来考察德性，但德性仍然毕竟是与行动范畴不一样的品质。

因此，在第六卷中，亚里士多德对"考虑"这个概念的内涵做了一定的修正。第三卷中的考虑仅仅限于实现自己目的的手段上的善，而现在考虑的对象已经拓展到对自己总体上的好生活。因此，亚里士多德认为，"好的考虑就是所考虑的目的是善的那种正确的考虑"②。我们可以看到，这里对考虑的论述实际上已经不同于第三卷，第三卷中的考虑仅仅限于实现自己目的的手段上的善，而现在考虑的对象已经拓展到对自己总体上的好生活。因此，亚里士多德在第六卷中指出："好的考虑就是所考虑的目的是善的那种正确的考虑。"这两部分的差异至少在表述上是很明显的。而且他强调："在实践中智慧（明智）的人的特征是体面地考虑对于他自身是善的和有益的事情，并不是具体方面的……而是对于一种总体上好生活的考虑。"③在这里，好的考虑已经融合了作为目的和作为手段的善。如果说在第三卷中，善的作用还是工具性的，那么在第六卷中，善已经在明智这种德性中发挥了构成性的作用。

不论是工具性的作用还是构成性的作用，在摩尔看来，亚里士多德对于善的理论不仅仅自身内涵了一些不一致，而且还都犯了把善本身和善的事物混淆起来的自然主义谬误。当然，亚里士多德可以反驳说，上述的考察仅仅限于属人的善，而对于接近于神的沉思的智慧的那种善或许并没有这种不一

---

① Aristotle，*Nicomachean Ethics*，1115a.

② Aristotle，*Nicomachean Ethics*，1142b.

③ Aristotle，*Nicomachean Ethics*，1140a.

致,而这就有待于形而上学这门学科来解决。对于这种辩解,摩尔显然更加不认同,我们在第二章关于形而上学理论的批判中就能够发现这一点。而另外一个在摩尔看来犯了形而上学理论错误的伦理学家是康德,但是我们发现康德伦理学理论中,善同样扮演了一个非常重要的角色,尽管其中也同样存在一个挥之不去的悖论。

在康德的义务论伦理学中,善并不与一个有意行动的正当性有直接的关联。一个行动是出于义务的,仅仅意味着支配该行动的意志是被形式化的道德法则所规定的,而且,如果用快乐或善来作为行动的规定根据,并由此而衍生出种种实践原则,那么该行动就不可能是自律的,而只能是他律的。尽管如此,康德的实践理性却必然指向一个善的目的,也就是说,纯粹实践理性或者纯粹意志的所有的对象就是这个善,在康德这里,也被称之为至善。众所周知,实践理性和道德法则在康德那里是天然的同盟军,如果上述两个层面的说法要做到协调一致,那就不得不对至善在我们感性世界中行动的作用做一个合乎情理的解释。

在纯粹理性的实践应用中,实践上的有条件者就是基于偏好和自然需要的东西,而所要推论的无条件者就是作为纯粹理性对象的无条件绝对总体——至善。这里的至善是指完满的善(consummatum 完成了的东西),即:"如果德性和幸福在一个人格中共同构成对至善的拥有,但此处完全精确地与道德(作为人格的价值及其对幸福的配享)成正比来分配的幸福也构成一个可能世界的至善,那么,这种至善就意味着整体,意味着完满的善。"① 德性和幸福之间先天综合的关系,以及它们必然地以最精确的比例结合在至善之中,究竟意味着什么? 幸福是指作为规定我们的欲求能力的根据的偏好之间的协调一致的状态,而德性则完全独立于这种状态,"它只是与幸福的理性条件(conditio sine qua non 必要条件)②相关,而与获得幸福的手段无关。"③ 因此,在康德看来,在此生中(感官世界中)不可能发现德性与幸福之间的因果关系。德性意味着用道德法则规定行动,而且道德法则的任务是在自己受偏好影响时强迫自己做出责备,这就会剥夺可能包含的一切享受,因此德性并不能直接的产生幸福。不过在另一方面,道德法则对意志的规定会产生一种理智的满意,康德把这种自我满意作为必然伴随德性意识的幸福的类似物。这是一种暗示自己实存的消极情感,是对于自己的人格的满意。但是,康德

---

① 康德:《康德著作全集》(第5卷),李秋零译,北京:中国人民大学出版社,2007年,第118页。
② Conditio sine qua non 在拉丁语中一般用于法律,表示一种关键性的首要的条件,这种条件是不可或缺的,也即没有这个条件,结论就会不存在或不可能。也就是表示一个事实上的原因 factual cause,不完全是逻辑上的 necessary condition。
③ 康德:《康德著作全集》(第5卷),李秋零译,北京:中国人民大学出版社,2007年,第138页。

认为这种独立于偏好和需要的满意仍然不能叫做幸福。由于至善就意味着作为道德后果的幸福是与道德精确成比例的,那么康德在这部分中从道德法则出发,探讨与之伴随的自我满意的这种幸福,还并不是与之配享的幸福。幸福和德性之间结合的可能性"完全属于事物的超感性的关系",因此,从这个角度来看,至善似乎永远不会出现在我们的感官经验世界中。但康德并不想停留在这里,这就需要对至善问题做出进一步的探讨,即我们需要引入思辨理性中不能肯定确立,但与道德法则在一起却在纯粹理性的实践应用中得到了充分的认可的某些命题。

康德对公设有个解释:"我把公设理解为一个理论的,但本身不可证明的命题,只要这个命题不可分离地依附于一个先天无条件地有效的实践法则。"①这个解释包含了公设的两个方面的特征,一个是"本身不可证明的",第二个是"不可分离地依附于实践法则"。前者表明公设并非是可以在思辨理性领域获得证明的一个知识,而仅仅是思辨理性超验的纯然范导性的原则,因为康德一再强调我们并没有一种理智直观能够直接把握至善和这些公设之间关系。而后者则表明公设是在实践上扩展的一种被表现为必然的纯粹知识。康德认为这些公设借助于实践法则,作为纯粹实践理性的必要客体的至善可能性的必要条件,获得了客观实在性。当然,在第二批判中一般认为实践法则本身并不是公设,而是一个理性事实,康德在辩证论中仅仅设定了三个公设,即自由、灵魂不死和上帝存在。

尽管纯粹理性在实践上的应用会有二律背反,但通过对幻相的揭示,他找到了实践理性的一个真正客体,即至善。在康德的文本中,当把至善及其条件的三个公设在实践中结合起来时,通过纯粹实践理性,借助于道德法则,就会得出这些概念不仅是可能的,而且还是现实的,甚至在道德上是必然的。不过康德又提出:"这种道德上的必然性是主观的,亦即是需要,而不是客观的,亦即本身不是义务;因为根本不可能有一种假定某个事物实存的义务。"②也就是说,在论证公设的时候,由于涉及的是出自纯粹理性的一种需要,因此都是理性的主观的条件。但是,康德又说,关于某个事物实存却是客观的,实际上,把这三个公设与道德法则或者至善联系起来时,在实践上看就是纯粹理性信仰。我们的确可以说,在实践理性中,至善亦即对至善的促进都是在客观上有根据的,但是这也不妨碍在主观上我们可以选择表现这种至善可能性的方式,比如自然王国与道德王国的精确一致、智慧的世界创造者。

① 康德:《康德著作全集》(第5卷),李秋零译,北京:中国人民大学出版社,2007年,第130页。
② 康德:《康德著作全集》(第5卷),李秋零译,北京:中国人民大学出版社,2007年,第133页。

我们可以看到，康德在描述至善的时候，往往根据不同视角，分别用"必然的"、"可能的"和"现实的"这三种不同的词来修饰。必然性一般用在自由意志或者纯粹实践理性与至善之间的关系上，而至善的可能性往往是从感官世界的理性存在者这一视角出发来探讨的，主要是强调"我们应当力求促进至善"。不过，至善与"应当"这一作为理性需要的义务相结合，实际上也是必然的，现实性则主要与至善的实存联系在一起。当康德说"尘世中的至善"时就是指这点，而且往往与客观实在性一起考察。这里的客观实在性仅仅是在道德法则的关系中才能在实践上被给予。

第三节　负担过轻的正当

研究者为摩尔的伦理学贴了个标签——快乐主义的功利主义。尽管这个标签的确比较适合他的理论，但摩尔并不会认同这种贴标签的方式，因为他曾说过："每当有人使用了一个名称的时候，你决不能仅凭名称而相信什么，而总是必须仔细地探讨一下这一名称下面的实际内容到底是什么意思。"①那些贴有类似标签的理论，可能所主张的实际内容与摩尔的理论不仅仅不完全一致，而且很可能是恰恰相反的。

摩尔的理论表述起来很简单：如果用 An 来表示一种行动 A 的唯一或全部的结果的集合，用 Bn 来表示另一行动 B 的唯一或全部的结果的集合，A 和 B 都是我们本来能够选择的行动，而且假使选择了其中之一，的确就是能够产生 An 或 Bn 的全体结果，如果 An 比 Bn 包含更多的快乐，那么我们总是有义务选择引起 An 的行动，而不是引起 Bn 的行动。这种包含了更多快乐的全部结果 An，等同于 An 是内在更善的。那么，说我们应当选择产生包含更多快乐的结果 An 的行动，就等同于说我们应当选择其全部结果 An 是内在更善的行动。这里很明显，如果我们暂时先不谈论内在更善这个概念，行动的正当性也应当与该有意行动所产生的全体结果中包含的快乐数量直接相关，甚至可以说，前者是由后者无条件决定的。

这里意味着两重理想，首先每个有意行动在实践理性的支配下的确会指向一个作为全体结果的目的，但这个全体结果究竟是什么并不清楚，至少在摩尔这里，全体结果与这个宇宙并不完全一致，那么它们的边界又在何处？其次，即便是我们确定了该行动的全体结果，但还是不能够明确快乐的数量。

---

① 摩尔：《伦理学》，戴杨毅译，北京：中国人民大学出版社，1985 年，第 35 页。

快乐是一种我们可以知觉到的感受，但如何在两种事物之间衡量快乐的多少，也没有一个行之有效的方法。因此，我们可以发现，这个无条件的原则在实际判断行动的正当性的时候，并不能发挥太大作用。每当我们选择并履行一个有意行动的时候，在实际上并没有很清醒地认识到自己的行动会造成的全体结果以及快乐究竟是什么。比如，我对一个将要落入井中的小孩施以援手，该行动的一个直接结果是小孩的生命得以保留，而且由此而带来的快乐的确也是非常多的，但是一个有限的存在者实际上是无法对该行动造成的全体结果了然于心。尽管如此，我们仍然可以设想这样一个理想的不偏不倚的存在者，不然就永远都无法理解该行动是否是正当的。当然，对于摩尔而言，他并不关心以何种方式去认识这种状态，他的理论仅仅只是在说，如果一个有意行动实际上发生了，就必然会相续产生一些结果，把这些结果的全体集合起来，这就是全体结果。如果本来能够发生的行动所产生的全体结果并没有更加内在善，那么这有意行动就是正当的。从这一方面而言，这条无条件的原则承诺的东西就太少了。

另一方面，快乐总是会有不同质量的区分，高等级的快乐和低等级的快乐如果在相互之间比较的时候并没有权重，或者质量上的权重并不能很好地反映到快乐的计算之中，那么当我们计算快乐的时候，难免对行动的正当性认识产生偏差，这个时候，这条无条件的原则又似乎发挥了过于大的作用了。同样，我将要对一个快落入井中的小孩施以援手，这当然会产生数量很多，且质量很高的快乐，不仅愉悦了自己，而且还使得小孩及其父母友邻免于遭受极大的痛苦。但如果我把施救小孩的时间用于某项更为伟大的事业，而且就我们已知的信息来看，这项事业所造成的全体结果的确是具备更多的内在善和快乐，诸如给整个世界的人们谋福利之类，但是一旦我花一些时间在这个小孩身上，我将失去这个机会。如果按照这条无条件的原则运用于这个事例，那么我们的选择毫无疑问是后者，因为后者所造成的实际上的结果要更加善。在摩尔对利己主义的反驳中，充分地展现了这一点。功利主义的利他性要求个体在必要的时候放弃自己小我的快乐，而成就一个更伟大的事业，这一点在无条件的原则之下可以得到充分的证明。因此，我们认为这条原则所承诺的东西似乎又太多了。

由此我们认为，摩尔对正当行动的判定似乎负担太轻了。内在价值这一概念的提出似乎想要弥补这一点，但这一概念本身却取决于更令人费解的孑然独立的事物的本性（nature）。内在善或内在价值与善本身并不一定是一回事，而且不可定义的善已经对行动承诺了太多，因此，这里不妨先悬置这一概念。

行动的正当性取决于该行动的实际上的全体结果,这一理论遇到的第一个难题是如何理解自由意志,因为在康德式义务论的传统之中,一个行动是正当的,就意味着引起该行动的意志是自由的。当然,这里的自由可以从两个方面来理解,消极地说,该自由的意志是不受经验性的东西约束,积极地看,说意志是自由就意味着该意志是由纯粹的形式化的道德法则所规定的。而且,康德还指出,在履行道德法则时,由于往往要阻碍由偏好和情感所构成的自我的实现,那就意味着这种正当的行动也常常伴随着痛苦。因此,一般而言,这种理论是完全不同于摩尔这种后果论式的功利主义的,如果以行动的结果去规定意志,那么在康德看来,这种行动一定是他律的,不是出于义务的行动。而且,摩尔在早年也曾批判过康德的这种伦理学观点。这个问题造成的后果是,我们不得不在两种完全异质的理论之间做出选择,当然也可以有一种比较讨巧的协调方式,即这两种理论所针对的对象并不在一个层面上。比如,康德用道德法则去否定低等级的快乐,这部分的理论摩尔也同样承认,只不过康德的行动只是在一种作为手段的意义上是正当的,因为遵从道德法则所带来的痛苦只是短暂的,就全体结果而言这种行动所造成的结果包含了更多的快乐。但这种处理方式对康德式的义务论并不公平,道德法则在断定行动是否正当上具备至高无上的权威性,决不能被看成是获得更多快乐的工具。因此,为了避免非此即彼的处理方式,我们认为摩尔对自由意志的处理实际上在某种程度上是与康德类似的,并不是如那些持有理性主义道德观的人所认为的那样不堪一击。

康德的自由意志的优点在于把自由和决定论以某种独特的方式相容起来,自由意味着对于自然因果律的摆脱,使得行动者的意志免于经验的支配,而决定论则意味着坚持把道德法则作为意志的原因,这是一种自由的因果性。而且自由还为道德法则的合法性提供了基础。现代人理解这种自由并不太容易,因为我们一提到自由首先想到的是不受约束,为所欲为。[①] 但是康德并非如此,他在一个注解中说道:"意志自由不能通过遵循或者违背法则来行动的选择能力来界定。"这种意志的选择能力在康德看来还是在经验上的一些例子。也就是说,经验上现实地存在着善的行为或者恶的行为,这与意志自由并没有任何关系,因为后者处理的问题是提供一种对如此行为的解释原则,也就是针对我们如何去理解这种事的发生而言的。自由的意志是超感性的客体,断定了一种理性的立法所赋予的必然性。因此,从这个角度来

---

① 西季威克(Sidgwick)在《伦理学原理》的附录中区分了康德的两种自由,而把这种意志自由单列出来,认为可以和英国传统的经验主义自由观相容。

看，这种自由与经验主义传统的自由是截然不同的。

但是摩尔对自由意志的观点某种程度上继承了康德式自由意志的优点，即自由和决定论也是以一种独特的方式相容着。我们可以从本节一开始的判断有意行动的正当与否的标准中抽取出三个要素。第一个要素是有意行动产生全体结果是不是更加善的，这个要素意味着后果论式的功利主义。第二个要素是有意行动是我们本来能够选择的行动。第三个要素是强调这种实际上没有选择，但却本来能够选择的行动是一种真实的可能性，即假使选择了，的确就是能够产生全体结果。要理解摩尔的相容论就必须从后两个要素着手。

第二个要素针对的是"本来能够"的理解。一种宿命论的观点认为一切行动都是被之前的原因所决定的，实际上存在的行动只有现实世界中发生的这个行动，任何"本来能够"发生，但却没有实际上发生的行动都是不可能发生的。这种极端的观点是完全否定存在自由意志这回事情。在这个意义上，任何行动除了已经完成之外，就没有任何人"本来能够"做出其他的行动，因此我们所有的一切行动都是没有正当，也没有不正当。大多数崇尚强力的现实主义者，可能在表面上装出一副温文儒雅的道貌岸然状，但实际上却完全不认同存在道德上的正当和不正当。这种观点摩尔是不认同的，他认为："在'本来能够'一词的一种完全合理的固有意义上，在人们使用它的一种最为普遍的意义上，某些实际上没有发生的事情本来能够发生这一点是确定无疑的。"[①]正是在这个"本来能够"的意义上，对于一个有意行动而言，引发该行动的意志是自由的。因为，我们的确可以设想两种没有发生的行动，其中一种行动是不可能发生的，而另一种行动是本来能够发生但却没有发生的，这两者的差异之处就在于后者承诺了一种具备"自由"的意志的行动。另外，还有一些理性主义者会认为，具备选择其他行动的能力的行动者具体选择了什么行动，对于行动的正当性并不重要，因为正当性取决于超感性领域的自由，而不是上述所说的经验性的自由。这一点摩尔可以反驳，当我们说"本来能够"选择一个没有发生的行动，也并不是和经验世界中实际上选择什么具体行动的内容有关，而仅仅是在强调一种"本来能够"做出选择的能力，尽管该能力并不属于超感性的领域。

第三个要素表明了具有自由意志的行动和每一个行动都有规定它的原因这两者是不矛盾的。上一段中已经说明了，存在我们"本来能够"做而实际上没有做的行动，就意味着有意行动是具有自由意志的。但是这是否同时就

---

① 摩尔：《伦理学》，戴杨毅译，北京：中国人民大学出版社，1985年，第102页。

意味着,如果该行动必然有一个规定它的原因,那么就不可能做出履行其他可能的行动的选择? 摩尔的回答是否定的。这里强调,一个本来能够选择的行动是真实的、确定无疑的、可能发生的行动,也即假使做出了选择,就必然能够实际发生的行动。这种可能世界中发生的有意行动,当然也有一个发动这种有意行动的自由意志。而且如果在这个可能世界中发生的行动是真实的,那么这一自由意志发动的行动也就必然会引起一系列的全体结果,因此就存在一种可能世界之中发生的行动也是符合严格的因果律的。而且这种因果律的原因是"本来可能"的自由意志,于是也具备了一种自由的原因性。因此,当我们说一个行动实际没有发生,但本来能够选择该行动的时候,实际没有发生的行动之中有无限的可能性,因此我们的选择可以任意自由、无拘无束,摩尔认为这种自由的意志与该行动假使被选择后产生的结果之间存在一种必然的联系,也就是说这种意志是被行动的全体结果所规定的。在这个意义上,摩尔才说:"我们经常可以做出本来能够做出但自己实际未做的行动,并且这一事实与每一事物都有其原因的原则没有丝毫矛盾。"[①]因此,这种决定"本来能够"做的有意行动正当与否的东西不可能是道德法则,也不可能是自然法则,更不可能是快乐的数量,甚至也不同于这个宇宙,而是具备内在更加善的实际上真实的全体结果。

第四节　我的反思：重新理解善和正当

善和正当这两个概念始终贯穿于摩尔的伦理学体系之中。一方面,摩尔强调越是清晰地把这两个概念区分开,就越能真正把握伦理学的实质,任何试图混淆这两者的企图都会犯各种伦理学上的错误。另一方面,善和正当之间却有着千丝万缕的独特关系。善本身通过与内在价值或内在善相等同,为正当的有意行动提供该行动之所以正当的合法依据,甚至可以说,善为正当提供了稳定性和力量的源泉。而正当则为善提供了在时间内的现实世界或世俗世界中的可操作性。我们认为,摩尔对于善和正当的关系处理在伦理学史上是比较完善的。

有些伦理学家把具备普遍性的"正当"视为基督教传统的思想中发明的残留物,因此认为伦理学的核心仅仅在于超感性彼岸世界中的善,他们往往对于在世俗世界中能否建立一个正当的国度持有一种非常悲观的态度。他

---

① 摩尔:《伦理学》,戴杨毅译,北京:中国人民大学出版社,1985 年,第 108 页。

们会认为,"本来能够"选择的行动在本质上不可能是真实的,而仅仅在辩证地显现彼岸世界的善的意义上才有可能成立。而另一些伦理学家则把善和经验世界中的快乐关联起来,认为善就意味着快乐,而痛苦就是恶。在他们看来,正当是一种人为的从精神世界中虚构出来的概念,而如果存在伦理学问题的话,善、恶这种问题最终都是由经验和观察中产生的快乐和痛苦所决定。这两种伦理学家都是把正当作为善的附属品,或在根本意义上取消了正当性。

而另一方面,更多的伦理学家并不关注到底"什么是善"这个问题,他们认为善只是个人主观生活世界中的一些"好"东西而已,而真正的伦理学则是应当强调一个客观的放之四海皆准的一些规则。对于这些规则如何能够做到普世性的研究才是伦理学上的真正有意义的课题。因此,在他们看来,善仅仅只能作为正当的一种补充,其本身并没有太大规范性的意义,而如果某个行动是有价值的,那么这种价值只是体现在这个行动的正当性上,而善或者好只是一种我们自然世界中的一些可供交换的物品而已。

摩尔的伦理学思想摒弃了这些至今依然在伦理学界盛行的学说,并且极为精要地反驳了这些理论中存在的谬误。而且摩尔还构造了从善本身、善的事物、具备内在价值的事物、具备内在更加善的事物、包含更多快乐的事物到正当的行动、有义务的行动等枝枝相对、叶叶相当的井然秩序。尽管如此,我们依旧可以追问摩尔对于善和正当之间的独特关系究竟是什么意思。

从这个意义上讲,摩尔的理论是不够彻底的,那么我们何不更为大胆地做一些假设。善虽然是不可定义的,但毕竟仍然是在行动的正当性中发挥了至为关键的作用,那么我们为什么不能假定这里的善即是"空"(empty)?善是不可定义的(indefinable),但善不是黑格尔主义者所谓的无物(nothing)。而与之对应,善性(goodness)何不就是一种"空性"(emptiness)呢?但引入更多的概念无疑要增加诠释的负担,而在现实的世界中,正当的行动必然要遵循事物本有的因果秩序。自由意志规定下的有意行动必然会相续产生全体结果,而这些结果又反过来作为该行动正当性的源泉。如果善性只是一种空性,那么是否就意味着这种行动的正当性就仅仅来自于该行动产生的全体结果的真实本性,但却并不取决于该结果的内在价值?这种方案与摩尔的理论的不同之处仅仅在于,内在更加善的比较以一种更为独特的方式被理解为该事物的内在本性,但是这种假设并没有在实质上推进这个问题的解决。一个更为根本的问题是,有意行动必然相续产生一些结果,或者任何事物都必然会有一个产生该事物的原因,但这又是什么意思呢?

第三部分

从摩尔的视角看

第八章　摩尔和康德的道德理论[①]

第一节　康德的欲求能力

在康德的哲学体系中,实践哲学和理论哲学一起构成了哲学的两个领域。实践哲学的研究对象是自由概念,而理论哲学的研究对象是自然概念。这两个先天概念能够作为原因给另一个客体立法并提供规则。在理论哲学中,知性是通过自然概念给感性领域立法;而在实践哲学中,则是由理性通过自由概念给超感性领域立法。按照康德的分类法,人的心灵能力除了在上述两个领域中所涉及的认识能力和欲望能力之外,还包含一种愉快或不快的情感。这一介于两种能力之间的判断力使得"从自然概念的领域向自由概念的领域的一种过渡成为可能"[②]。

"知、情、意"三分是康德哲学的基本架构,愉快或者不快的情感是在一个客体的表象上纯然主观的东西。简单来说,情感表达了表象与主体之间的一种关系,并不涉及表象与对象的关系。这种情感一般都是先行于一个客体知识的,即直观与概念之间在还没有形成一个确定的知识的时候就与主体结合在一起。如果主体与客体的表象是相符的或合目的的,就会出现愉快的情感,反之就是不快。康德的整个实践哲学实际上就是围绕欲求能力展开的,而属人的意志就是一种欲求能力。按照定义来说,即为"欲求能力是这个存在者通过其表象而成为这些表象的对象之现实性的原因的能力"[③]。因此,欲求能力与情感不同,涉及的是表象和对象之间的关系,并且包含了该对象得以实现的原因能力,这种欲求能力并不等同于与纯粹实践法则必然相一致的纯粹意志,换言之,这种欲求能力可能会受到偏好的影响。

---

① 本章第一节和第二节内容原载《道德与文明》2012 年第 6 期。
② 康德:《康德著作全集》第 5 卷,李秋零译,北京:中国人民大学出版社,2007 年,第 188 页。
③ 康德:《康德著作全集》第 5 卷,李秋零译,北京:中国人民大学出版社,2007 年,第 10 页。

　　按照上述对欲求能力的分析，我们可以看到康德的伦理学中实际上并不是完全地排斥欲望，而且由于欲求能力始终相关于作为表象的对象的实现，因而也能够相容于目的论。康德伦理学的独特之处就在于对这种欲求能力的规定根据进行追问，而这也意味着对欲望的本质进行反思。大多数休谟主义者往往满足于对行动是如此这般发生的说明，却缺乏规范性层面的反思。同样，作为道义论继承者的当代契约论者在试图通过某种慎思对不同欲望之间的冲突进行调节的时候，实际上也没有涉及对于欲求能力规定根据的追问。如果这种调节所依据的仍然是表象与主体之间的某种关系，那么由于这种规定根据依然是经验性的，这种欲求能力也就仍然是一种低级欲求能力。

　　因此，如果想要厘清康德的道德心理学体系，就必须从追问欲求能力的规定根据入手。与欲求能力相结合的情感就是实践上的愉快或不快，"愉快是对象或者行动与生命的主观条件相一致的表象，亦即与一个表象就其客体的现实性而言的因果性的能力（或者规定主体产生其客体的各种力量去行动的能力）相一致的表象"①。这里有两种结合方式：如果是被理性所规定的高级欲求能力，那么情感就是作为结果从道德法则中产生出来的，因此，这种情感也可以被称为道德情感；如果与低级欲求能力结合在一起，那么这种情感就会先行对欲求能力做出规定。在很大程度上，我们把欲望等同于这种低级欲求能力，也可以理解为是一种偏好。愉快或者不快的情感就是可以作为欲求的原因而规定行动，并使得表象的对象得以实现，但是这种经验上的规定是不确定的和偶然的。对于高级欲求能力而言，规定这种欲求能力的是道德法则，而法则的任务是排除以情感作为基础的偏好。正是在这个意义上，我们把康德的伦理学称为理性主义的伦理学。

　　至此，我们已经描绘了康德实践哲学中很多人都熟悉的两幅彼此对立的画面。天平的一端是由纯粹实践理性通过形式化的道德法则所规定的欲求能力，而另一端则是由经验性的主观情感所规定的欲求能力。在当前关于行动合理性的讨论中，不论是经验主义者还是理性主义者，都试图在这架道德的天平上寻求某个平衡点。大卫·高蒂尔（David Gauthier）作为当代契约论者，认为康德的实践理性并没有一种把行动和欲望联系起来的作用，但作为理性存在者的我们，则有能力把我们所有的欲望统一在思想中，并获得满足。② 对于康德而言，这种所有欲望或偏好的满足就是幸福。的确，我们作

---

① 康德：《康德著作全集》第 5 卷，李秋零译，北京：中国人民大学出版社，2007 年，第 10 页。
② 康德：《康德著作全集》第 6 卷，李秋零译，北京：中国人民大学出版社，2007 年，第 158 页。

为服从自然必然性的存在者需要追求幸福,因为幸福包含在作为实践理性的对象和目的的至善之中,但是这种幸福在康德看来是一个经验性的概念,如果以此代替实践理性去规定意志,那么理性就会旁落到扮演工具的角色,只能作为一种实现欲望的手段。我们发现,各种契约论者就是在欲望满足最大化的自主选择到实践理性和道德法则之间建构了一个思想理论的空间。

在康德的实践哲学中,实践理性和道德性是天然的同盟。如果上述修正理性的方式是行得通的,那么对于康德而言,这种修正后的合理性就不再是与道德相关的实践理性。这种涉及在不同欲望之间做出选择的能力,在康德那里完全属于现象中的一些例子,而实践哲学的研究领域是属于超感性的客体,因此,现象中选择了什么样的规则来调节欲望并不能够使得另一层面的自由和道德法则得以理解。但是如果我们要拒斥这种理性的修正,就必须引用更多康德实践哲学中的资源。康德在《纯粹理性批判》中通过对自由的二律背反的揭示,论证了存在先验自由的一种可能性,而自由的客观实在性是通过《实践理性批判》中对道德法则的认识而得以确立的。道德法则的表述是:"要这样行动,使得你的意志的准则在任何时候都能同时被视为一种普遍立法的原则。"①准则是指行动者的主观根据。如何把这一主观的根据视为一种普遍立法的原则?也就是说,道德法则如何成为我们行动的准则?理解这一问题显然需要在道德心理学层面提供一个说明。

第二节　道德法则和敬畏作为动机

我们在这一小节中的任务就是尽可能详尽地描述纯粹实践理性是如何通过道德法则成为行动的规定根据的,也就是说明道德法则作为动机是如何在我们的心灵中发挥作用的。先来看一下动机的定义:"如果动机被理解为一个存在者的意志的主观规定根据……人们根本不能赋予属神的意志以任何动机,但属人的意志的动机决不能是某种别的东西,只能是道德法则,因而客观的规定根据在任何时候都必须是,并且唯有它才同时必须是行动的主观上充分的规定根据。"②康德认为,人的理性是无法理解人的自由意志是如何可能的,也无法解决法则是如何直接成为意志的规定根据的,但

---

① 康德:《康德著作全集》第 5 卷,李秋零译,北京:中国人民大学出版社,2007 年,第 33 页。
② 康德:《康德著作全集》第 5 卷,李秋零译,北京:中国人民大学出版社,2007 年,第 77 页。

是我们可以通过补充道德心理学层面上动机的描述来探讨主观上道德法则是如何起作用的[①]。"动机把对这种行动的任性的规定根据在主观上与法则的表象联结起来……如此行动的责任就在主体中与一般任性的一个规定根据结合起来。"[②]这段引文表明动机在心灵中所起的作用就是把准则在主观上与法则的表象联结起来。如果对于这种动机的说明是成功的,那么我们就解决了上一节最后"道德法则以何种方式成为动机"的问题,这也是一直困扰当代学者的难题,亦即,理性为何单就自身就能够是实践的或者能够激发行动者行动的?

我们可以把康德对这一问题的回答分为几个步骤。首先,我们围绕道德法则对情感的否定性和肯定性的两种作用来展开。道德法则在我们心中所起的否定作用由两个方面构成。一方面,"道德法则作为意志的规定根据,由于它损害我们的一切偏好,就必定会造成一种可以被称为痛苦的情感"[③]。偏好是指欲求能力对于主观感觉的依赖性,是与低级欲求能力联系在一起的。作为偏好基础的情感是指主体与表象之间的一种关系,偏好构成了我们的感性层面自我。如果把这一自我的要求当作最先的原初要求来提出,那么就构成了自爱。如果更进一步把这一感性的自我作为立法者、成为无条件的实践原则,就可以叫作自大。在康德看来,在道德法则前面,所有这些经验的自我的要求都是没有价值的,而道德法则首要的否定作用就是中止这些自爱并击毁自大。这一过程伴随了一种痛苦的情感,因为道德法则使得原先主体与偏好规则之间的一致性被打破。按照康德的定义,生命力是指"一个存在者按照自己的表象去行动的能力"[④],道德法则的表象相较于感性自我的表象要更为圣洁[⑤],因此,对于偏好的中止也可以被认为是对生命力的一种阻碍。

另一方面,当感性自我意识到道德法则的圣洁性,并与之相比较之后,"道德法则不可避免地使每个人谦卑"。谦卑也是一种否定性的情感,因为

[①] 康德后来区分了意志(Wille)和任性(Willkür),客观法则来自意志,而主观准则来自任性,但康德没有坚持这一区分。这里的意志实际上就是任性,因为纯粹意志是没有规定根据的。

[②] 徐向东:《实践理性》,杭州:浙江大学出版社,2011年,第225—226页。

[③] 康德:《康德著作全集》第5卷,李秋零译,北京:中国人民大学出版社,2007年,第78页。

[④] 康德:《康德著作全集》第6卷,李秋零译,北京:中国人民大学出版社,2007年,第218页。

[⑤] 保罗·盖耶(Paul Guyer)区分了道德法则的表象和道德法则。他认为只是道德法则的表象会产生敬畏的情感,因为表象可以使情感改变,并因而能够产生一个经验的动机去服从道德法则("Moral Feelings in the Metaphysics of Morals", In Lara Denis ed., *Kant's Metaphysics of Morals: A Critical Guide*. Cambridge University Press, 2010, p.136)。但是这里的表象是一种先验的理性表象,而不是经验性的表象。如果坚持这两者之间的区分,就会导致一个严重的后果,由于与敬畏相关的只是一种经验性的表象,那么就会在道德法则和敬畏之间造成一种偶然的关系。但是按照康德所要论证的目的,道德法则的圣洁性必然会唤起敬畏这种情感,这也符合苏格拉底的道德理性主义的传统。

"我们虽然能够先天地看出这种使之谦卑,但在它这里却不能认识到作为动机的纯粹实践法则的力量,而只能认识到对感性动机的阻抗"①。偏好作为规定根据所带来的价值只是一种个人价值,当与道德法则作为规定根据的行动的道德价值作比较的时候,这种个人价值就会被中止。法则通过中止自大削弱了各种偏好的影响,从而使感性的存在者变得谦卑,这种谦卑虽然并不能作为动机,但却在康德的道德心理学体系中架起了到达敬畏的桥梁。"在感性方面对道德上自我赏识的要求的贬低,亦即使之谦卑,就是在理智方面对法则本身的道德赏识,亦即实践赏识的提高,一言以蔽之,就是对法则的敬畏。"②

痛苦和谦卑是道德法则否定性作用的一体两面。不过尤为重要的是,道德法则对于情感还有一种"肯定的、但却间接的作用",这种作用就是对道德法则的敬畏。道德法则和敬畏在康德的表述中都可以作为行动的动机,而且从主观上看,这两者实际上根本就是一回事。不过道德法则却是敬畏这种情感的根据,"其表象作为我们的意志的规定根据而在我们的自我意识中使我们谦卑的东西,就其道德法则是肯定的,是规定根据独自就唤起(erweckt)敬畏"③。但是另一方面,敬畏"不是一种通过影响而接受的情感,而是通过一个理性概念而自己造成的情感"④,"对道德法则的敬畏是一种通过理智根据造成(gewirkt)的情感,而这种情感是我们唯一能够完全先天地认识,能够看出其必然性的情感"⑤。如何理解道德法则对敬畏的"唤起"以及理性对敬畏的"造成",这两个词成了理解整个动机体系的关键。

我们可以在文本中发现,康德实际上有意地区分了这两个词的使用。敬畏是一种先天必然的情感,而法则则是敬畏的对象。道德法则和敬畏之间的间接"唤起"关系到底如何呢? 我们在前面已经考察了法则通过击毁自大和使之谦卑两种作用而排除了偏好在行动的规定根据中的影响,这两种作用是道德法则直接在理性的判断中规定意志的表现,都是否定性的作用。也就是说,道德法则所起的直接的作用就只是清扫障碍的工作。这种清扫工作的另一个方面就是对某种肯定的因果性的促进,并且在灵魂上提升了自己。道德法则对情感的间接作用就体现在,这一清扫工作的完成只是为了另外一个任

---

① 康德:《康德著作全集》第5卷,李秋零译,北京:中国人民大学出版社,2007年,第84页。
② 康德:《康德著作全集》第5卷,李秋零译,北京:中国人民大学出版社,2007年,第80页。
③ 康德:《康德著作全集》第5卷,李秋零译,北京:中国人民大学出版社,2007年,第80页。
④ 康德:《康德著作全集》第4卷,李秋零译,北京:中国人民大学出版社,2007年,第406页。
⑤ 康德:《康德著作全集》第5卷,李秋零译,北京:中国人民大学出版社,2007年,第79页。

务,即实践理性的活动。① 为我们的一切偏好奠定基础的感性情感虽然是我们称为敬畏的那种感觉的条件,但规定这种情感的原因却是在纯粹实践理性里面,因此这种感觉由于其起源就不能叫做病理学的,而必须是实践地造成的。②

我们在这里可以很明确地看出,规定敬畏的原因就在纯粹实践理性里面。也就是说,道德法则通过消除障碍而唤起的敬畏这一情感,在某种意义上就是通过纯粹实践理性的理智根据所"造成的"。尽管敬畏与道德法则和实践理性之间有如此复杂的关系,但毕竟仍然只是一种情感。上述这段引文表明,敬畏的条件就是"为我们的一切偏好奠定基础的感性情感"。敬畏与受感性的影响的偏好等情感不同,造成敬畏这种情感的是某种客观的理智根据,而不是感性因素。而且,敬畏实际上也与道德法则所引起的一般的愉快或不快的道德情感不同,这些理智的愉悦是作为结果从道德法则中产生出来的,只是表明主体与道德法则表象之间的一种合目的性。而敬畏"是一种仅仅关涉实践的东西的情感,而且这种情感仅仅按照法则的形式,而不是由于法则的某个客体而与法则的表象相联系的"③。因此,也只有敬畏这种先天情感才能作为行动的动机与道德法则本身相比肩。这样我们就能理解为什么康德这么确切地认为,当一个具有正直品格的榜样出示了一条法则的时候,不管其地位如何,"不管我愿意还是不愿意,都不会拒绝给予功德的一种称赞;我们顶多可以在表面上不动声色,但我们却不能防止在内心中感到这种敬畏"④了。

如果上述通过对道德法则、实践理性和感性情感三者与敬畏之间关系的分析是成功的,那么接下来需要说明的就是,一旦我们的心灵被唤起这种对

---

① 亨利·E·阿利森(Henry E. Allison)用对道德法则的意识,也即敬畏来"击毁自大"等各种偏好(*Kant's Theory of Freedom*, Cambridge University Press, 2010, pp.124-125)。按照我们本小节中对道德法则和敬畏之间关系的描述,敬畏是法则对情感的一种肯定的间接作用,而这种法则对情感的否定作用就不会是敬畏。迪特·亨利希(Dieter Henrich)在这里也犯下了同样的错误。他把击毁自大或使之谦卑与自我提升视为敬畏的两个方面,接着,他认为前者直接与感性相关并产生痛苦,而后者由于感性不能获得自我提升,与感性无关。因此,亨利希认为敬畏由于并非一个辩证的自我概念,从而造成了感性和理性之间的二元分裂。但是我们通过上述过程的分析,发现后者的确与敬畏相关,但前者所造成的痛苦情感都是与道德法则的否定性作用相关的。而道德法则只是通过这种作用展示出自己的纯粹性和崇高性,从而唤起敬畏的情感。但造成敬畏这一情感的原因仍然是纯粹实践理性,因此能够把自我提升放在实践理性与自我之间的关系中来考量,与前者并不构成二元分裂,而且也无需借助于黑格尔式的辩证概念。
② 康德:《康德著作全集》第 5 卷,李秋零译,北京:中国人民大学出版社,2007 年,第 81 页。
③ 康德:《康德著作全集》第 5 卷,李秋零译,北京:中国人民大学出版社,2007 年,第 86 页。
④ 康德:《康德著作全集》第 5 卷,李秋零译,北京:中国人民大学出版社,2007 年,第 82—83 页。

法则的敬畏情感以后，如何将这种情感与我们的行动关联起来。这里康德引入了另一个概念，即道德关切（Interesse）。"被称为关切的那种愉快，我们是把它与一个对象的实存的表象结合在一起的。因此，这样一种愉快总是同时具有与欲求能力的关系，要么它就是欲求能力的规定根据，要么毕竟与欲求能力的规定根据有必然联系。"①关切在康德那里同样可以分为感性的关切和理性的关切。如果愉快是作为欲求能力的先行规定的结果，那么就是理性的关切。道德关切显然就属于这一种。这种道德关切实际上只是与敬畏相关，因为"一切道德上的所谓关切都仅仅在于对法则的敬畏"②。道德关切是一种摆脱了感官的纯粹实践理性的关切。如果敬畏产生出这种道德关切，同时就与对象实存的欲求能力结合在一起，那么在某种程度上，这种欲求能力的规定根据也就必然是道德法则。我们知道准则是行动的主观原则，如果准则是建立在对法则的敬畏所产生的道德关切上，那么这种准则在道德上就是纯正的。

敬畏这种先天情感的特殊性就在于往上可以与实践理性和道德法则相关联，往下又可以产生道德关切，此外，它还是唯一能够作为动机的一种情感。而且道德法则由于具有圣洁性，对情感的直接作用都是否定性的，其间接唤起的肯定性情感实际上是由纯粹实践理性所造成的。道德法则颁布无条件的绝对命令督促人们去履行义务，但却能够而且应当不需要有任何目的。但实践理性却仍然需要有一种目的作为其必然的结果，尽管这种目的从道德的角度看来不能作为行动的规定根据。回到文章最初提到的实践哲学中的三个领域：道德性、合理性和动机。在康德的道德哲学体系中，我们发现这三个层面实际上是可以通过某种方式一以贯之的。对于易于受到感性冲动影响的有限理性存在者的我们而言，任何试图通过绕开道德法则的强制而获得某种目的合理性的进路都是行不通的。而且这种道德上的义务所颁布的绝对命令，也必然能够通过在我们的心灵中唤起一种敬畏的情感，从而产生一种道德关切，与我们的欲求能力结合在一起而得以履行。在这个意义上，康德的确是道德上的强健内在主义者。但实际上，康德并不排斥从外在主义的角度来处理我们行动的规定根据的问题，只不过相关的讨论放在了法权论的部分。法权论所处理的对象是如何在行动者的自由和他人的自由之间找到一条普遍法则，因此，我们可以从外在的目的出发去寻找合乎义务的行动准则。但在康德的哲学体系中，伦理学选择的是一条相反的道路，而且

---

① 康德：《康德著作全集》第 5 卷，李秋零译，北京：中国人民大学出版社，2007 年，第 211 页。
② 康德：《康德著作全集》第 4 卷，李秋零译，北京：中国人民大学出版社，2007 年，第 408 页。

始终必须从依据自由的道德法则的自我强制出发，"义务概念导向目的，并且必须按照道德原理就我们应当给自己设定的目的建立准则"①。

第三节　摩尔对康德式义务论的批判

作为实际结果的功利主义者，摩尔认为康德的义务论是一种典型的形而上学伦理学。这种理论主张用一些形而上学的超感觉实体来解释伦理学上的一些东西，比如什么是善，什么是正当，什么是义务，等等。因此不可否认的是，康德的伦理学首先是摩尔的一个批判的对象。但我们仔细考察摩尔不同阶段对伦理学的思考，就会发现事实上他还吸收了康德伦理学中的很多重要的因素。在他看来，康德的主张并非铁板一块，而是由很多不同的因素构成。我们已经在本书的不同章节中详细讨论过这些不同的因素。

康德式义务论的核心思想是某种行动的道德性仅仅在于对道德法则的遵从，而无需在任何意义上诉诸于行动的后果。摩尔认为如果用这些类似的形而上学主张作为伦理学的基础，那么就已经犯了自然主义谬误。我们在第五章第四节形而上学伦理学的反驳中已经讨论过这一点了。对于康德所主张的出于义务的行动，摩尔给出了自己对义务的另外一种看法，虽然这种观点已经和传统的义务论大不相同。对于一个正当的行动和出于义务的行动之间的关系，我们在第六章第二节已经作了简要的概括。最重要的是，对于康德道德哲学中的自由意志问题，摩尔不仅给出了积极的评价，而且还将这种观念和他的实际结果功利主义有机结合起来。我们在第七章第三节中曾经指出，摩尔的道德正当理论的弱点在于无法清晰地解决自由意志和决定论的问题，而他对于我们实际选择的行动和"本来能够"选择的行动的结果之间的比较，实际上已经在很大程度上继承了康德自由意志学说的优点。这些在之前其他章节中已经讨论过的康德伦理学中不同方面的因素，我们在这里不再详细地加以讨论。前两节中我们阐释了康德从道德心理学视角为行动的道德性所做出的辩护，我们在本节主要针对这一点来谈谈康德式义务论和摩尔式功利主义之间的异同。

众所周知，康德作为一位理性主义的道德哲学家，并不承认行动的道德性在任何意义上由感性的情感构成，他认为我们人作为有限的理性存在物，只有在行动上通过遵从道德法则才能认识到自由是什么，而人的理性是无法

---

① 康德：《康德著作全集》第 6 卷，李秋零译，北京：中国人民大学出版社，2007 年，第 395 页。

理解作为道德法则存在依据的自由意志是如何可能的,也无法理解道德法则
是如何成为我们行动意志的规定根据的。反之,如果行动准则的规定根据是
主观偏好或个人情感,而非客观的道德法则,或者遵从道德法则就是为了给
我们带来某种好处,那么这就是一种不具有任何道德意义的他律行动。尽管
如此,这并不是在道德活动中,情感从来就没有出现或者完全不起作用。一
个完全出于义务的行动过程中往往会伴随着牺牲、谦卑和痛苦,而除了这些
感性的情感之外,我们在上一节中还阐释了在道德行动的动机中存有一种发
挥重要作用的特殊的肯定性的理性情感,也即敬畏。如果把这种敬畏的情感
和行动关联起来,实际上会有另外一种从灵魂的提升中带来的快乐出现。康
德在《实践理性批判》中把这种快乐称为"道德旨趣",这是一种摆脱了感官的
纯粹实践理性的旨趣,有点像我们儒家所谓的"孔颜之乐"。

前面提到,康德的道德心理学有两幅不同的图像。如果把感性的情感以
及经验的自然目的纳入到行动的考虑之中,那么该行动必然不会带来善的结
果。如果把客观的道德法则作为规定根据和行动动机结合起来,那么该行动
就是正当的,不仅如此,这种行动反而会和人的所有目的相协调,带来德福一
致的最高善。为了证明后面这幅图像才是真正具有道德意义的,康德不仅提
供了一种类似后果主义的辩护方式,而且还诉诸一些特殊的情感。我们来看
一下他在《论俗语所谓:这在理论上可能是正确的,但不适于实践》①一文中
所举的例子:

> 某人手中持有一笔他人信托的财产,其所有人已经去世,而其继承
> 人对此一无所知,也绝不会有所知悉。同时,这笔财产持有人(并非由于
> 其过错)正好在此时完全丧失了其优越的处境,而环顾其悲惨的家庭只
> 能够发现为匮乏所苦的妻小,此时只要他侵占这笔信托物,就会立即摆
> 脱这个困境。同时,他是博爱而慈善的,而那些继承人却是为富不仁且
> 又极度奢侈浪费的,以致他们这笔额外的财富若是被丢入海中,也不会
> 更糟。我们是否能由此认为将这笔财产据为己用是容许之事?毫无疑
> 问:不可。撇开千万理由,他只能说:这是不公道的,也就是说,这与义
> 务相抵牾。

康德为此提供的第一条理由是后果主义的。他说,不管"在这种情况

---

① 康德:"论俗语所谓:这在理论上可能是正确的,但不适于实践。"(《康德历史哲学论文集》,
李明辉译注,台北:联经出版社,2013 年,第 109—110 页)

下的义务是什么,这个自己的答案绝不会不知所措,而是当场就确知他应该做什么"①。我们选择出于义务而行动,不需要考虑计算很多,这在成本上是最经济的。而如果我们把可能会获得幸福的目的纳入行动选择的考虑之中,那么就会遇到大量不确定的后果,不同的选择都会带来正反两个方面的理由,需要在这些理由之中进行计算比较,"这就需要一副好头脑"。这在成本上是非常不划算的。除此条理由之外,康德还进一步提供了一条诉诸于特殊情感的理由。他说:"由于他应当这么做,他就能够做到;这在其内心开启了神圣禀赋的一个纵深,这个纵深使他对其真正分命之伟大与崇高仿佛感觉到一种神圣的颤怖。"②这种神圣的颤怖实际上就来自于前面提到的对道德法则的敬畏。康德坚持主张,我们人类的能力中有一种神圣禀赋可以被纯粹实践理性所唤起,从而在我们内心中感觉到一种特殊的道德情感。这是一条心理学上的辩护。

从康德的这些辩护之中我们可以发现,当他说"应当意味着能够"的时候,这里的"能够"仅仅是指我们心灵中具有某些与道德法则相关的情感的时候所具备的能力,而与一般情感相关的自然能力不同。摩尔在这里区分了两种道德标准,一种是关于我们行动的标准,而另一种则是关于我们的感受、思想和欲望的标准,两者之间的区别在于和意志之间的关系:"行动是完全在我意志的控制之内,而情感则不然。"③因此,康德所谓的感性的情感,在摩尔看来,都是超出他的意志所能控制的范围的。一旦追求个人幸福的行动遭到了灾祸,也就不是在道德上得到了惩罚,因为这种行动本来就不是违背了我们的自由意志。这种关于行动的标准因此也被称为责任标准。那些在我们意志能力范围之外的事情,比如由于爱、同情等感情而产生的行动,在康德看来根本就没有道德意义,而摩尔把这类标准称为理想标准。对此,你不用背负责任,但仍然可以进行劝告或谴责。实际上,摩尔认为基于行动的责任标准和基于情感的理想标准具有同等的重要性,这反过来弥补了一些康德伦理学的不足之处。

但从另一个方面来看,摩尔对于情感在道德哲学中的地位的定位实际上比康德激进得多,因为他把心理学完全排斥在道德哲学之外。他说:"当我们谈论不正当或责任的时候,我们每个人都不仅仅是在做一个我们所谈的那件

---

① 康德:"论俗语所谓:这在理论上可能是正确的,但不适于实践。"(《康德历史哲学论文集》,李明辉译注,台北:联经出版社,2013年,第110—111页)
② 康德:"论俗语所谓:这在理论上可能是正确的,但不适于实践。"(《康德历史哲学论文集》,李明辉译注,台北:联经出版社,2013年,第111页)
③ 摩尔:《哲学研究》,杨选译,上海:上海人民出版社,2009年,第247页。

事与我们自己的感受的关系的陈述。"①这里的情感不仅仅是理想标准下的爱、同情等普通情感,也包含我们在做正当行动的时候所唤起的各种特殊的道德情感。当我们判断某个行动是正当的或者不正当的,判断某个事物是善的或恶的时候,不能在任何意义上把我们所感受到的情感作为判断标准。

因为这种观点在摩尔看来有一个非常严重的缺陷——没有办法合理解释道德分歧的问题。他说:"假如这种观点是对的,那就不会有两个人在关于两种状态中哪一种更好上意见的不一致了,然而,在这样一个问题上,他们的意见有时肯定是不一致的。"②也就是说,假如这种观点是正确的,那么当我们将某个行动判断为是不正当的时候,我们仅仅是在看到这个行动的时候做一个关于自己心理的判断,比如感到义愤。而另一个人看到同样一个行动,我们可以设想实际上他和我们之间存在一种道德分歧,因此可能不会感到义愤。但问题在于,由于义愤只是一种非认知状态的情感,并没有真假之分,因此尽管他和我们之间有分歧,但这种分歧并不是真正具有真假的分歧。也就是说,具有道德分歧的双方并不存在一方是对的,另一方是错的,而是很有可能双方都是对的——我们感到义愤这是对的,他没有感到义愤也是对的。这就会导致一个很荒谬的结论:我们和他之间不会有真正的不同意见,也不会有真正的道德分歧。

通过上面的论述我们可以得出结论,从理论在实际中的运用范围来讲,摩尔式的功利主义比康德的严格形式主义要更加包容,一种有道德意义的行动不仅仅是出于义务的行动,而且还可以把包含爱、同情等各种情感赋予道德意义。但是从理论本身来看,摩尔的实际结果功利主义在道德标准的选择上完全杜绝了情感的作用,不仅主张善的领域无法由其他任何意义的自然属性来染指,而且还只从行动带来的实际后果上来判断该行动是否有道德意义。从这个意义上讲,我们认为康德式的义务论在摩尔看来可能是不彻底的,仍然需要在理论上进一步加以完善。

---

① 摩尔:《哲学研究》,杨选译,上海:上海人民出版社,2009年,第259页。
② 摩尔:《哲学研究》,杨选译,上海:上海人民出版社,2009年,第262—263页。

第九章　摩尔和休谟的信念理论①

第一节　休谟的信念

信念（belief）是休谟哲学中一个非常关键的概念。由于与经验知识息息相关的因果推理的最终目标就是信念，它几乎成为了休谟全部知识论的基础。而且信念的作用就在于激发意志从而决定行动，因此在伦理学上也有特殊的地位。

但在休谟的文本中，一直存在着对信念的两种不同倾向的表述。一种强调信念本质上是某种方式构想下的观念（idea），而另一种则认为信念实际上是某种特殊的感觉（feeling）。这两种观点都有相关文本的明确支持。因此，一部分研究者认为休谟对信念的看法是不一致的，而另一些研究者则试图通过某种解释而调和这一点。我们认为休谟的表述尽管有些晦涩，但并非不可理解。造成不一致的原因是很多研究者没有真正理解信念与印象（impression）之间的复杂关系。在澄清了这一点之后，第二部分的主要任务就是把信念放在整个休谟心灵哲学的核心——因果关系的推理过程之中来考察。我们认为在信念的形成过程中存在三层不同的结构（当前印象产生相关联的生动观念、经验和观察所凭借的联结原则和心灵的内在自然倾向），而且每一个层次都为前面的过程奠定基础。但为因果推理或必然性观念奠基的内在心灵倾向并不容易捕捉，因而信念的获得依然是一项隐而不彰的神秘事业。

信念最初的定义出现在由因到果的推理中，也即"从印象到观念的推理"这一节的最后。"当一个对象的印象呈现于我们面前的时候，我们立刻形成它的通常伴随物的观念，因而我们可以把这一点作为意见或信念的定义的一部分，即它是与当前印象相关联或相联结的一个观念。"②接下来的一节中，

---

① 本章第一节和第二节内容原载《自然辩证法研究》2014年第2期。
② 休谟：《人性论》，关文运译，北京：商务印书馆，1980年，第111页。

休谟给出了信念和观念之间的区别:"一个对象的观念是对于这个对象的信念的一个必需的部分,但并不是它的全部。……那个差异必然存在于我们构想它的方式中。"①接着休谟就给出了信念的精确定义:"信念既然只改变我们构想某一对象的方式,所以它只能给予我们的观念一种附加的强烈和活泼程度。因此,一个意见或信念可以很精确地被定义为:和当前一个印象关联着的或联结着的一个生动的观念。"②"信念乃是由于和一个当前印象相关而被产生出(produced)的一个生动的观念。"③在注释中,他再次强调了这一点:"信念只是对任何观念的一种强劲而稳定的概念化④,就像以某种方式靠近(approach to)当前印象。"⑤至此,我们已经可以从信念的这些不同定义中概括出三个特征。首先,信念是其中一种观念。其次,信念是与当前印象相关联的,并与之"靠近"而且是"被产生"的。最后,信念是对于一个对象的不同构想方式,对于观念的一种强劲而稳定的概念化并附加了强力和活泼程度。最后一个特征是在解释与一般的或者虚构的观念之间差别时体现出来的,后来休谟把这种差别归纳为一种感觉(feeling)。要理清后来研究者对于信念理解的分歧的关键就在于此,因此,我们不妨先来分析信念的这一特征。休谟首先在文中明确表明了信念的形成并非源于想象力的作用⑥,"想象力自身不能达到信念"⑦。因为,想象力的作用是在一切时间、空间等可能的方式下结合、混合并改变观念的本性和秩序,以此来支配观念,而信念的特征却并不是"这些观念的本性、或是它们各部分的秩序,而在于它们被概念化的方式,以及它们在心灵中的感觉"⑧。那么如何来理解这种独立于想象力的"概念化的方式"呢? 戈尔曼(Gorman)把这种理论称为概念化方式理论。⑨ 在

---

① 休谟:《人性论》,关文运译,北京:商务印书馆,1980 年,第 112—113 页。

② 休谟:《人性论》,关文运译,北京:商务印书馆,1980 年,第 114 页。

③ 休谟:《人性论》,关文运译,北京:商务印书馆,1980 年,第 115 页。

④ 休谟使用 conception 一词更强调概念的形成过程,比如 in the manner of their conception, a conception of idea。为了表示 conception 作为一种心灵的活动这层含义,我在文中把该词翻译为"概念化",而在没有这层含义的地方则仍然沿用"概念"。与概念化活动相对应,conceive 一词则翻译为"构想"。

⑤ 休谟:《人性论》,关文运译,北京:商务印书馆,1980 年,第 115 页。

⑥ 休谟后来指出:"我们之所以能根据一个对象的出现推理另一个对象的存在,并不是凭着其他的原则,而只是凭着作用于想象力上的习惯。"(《人性论》,第 123 页)结合这部分的论述,我们认为想象力本身虽然并不产生信念,但是它在某种程度上给信念的发生提供了场所。

⑦ 休谟:《人性论》,关文运译,北京:商务印书馆,1980 年,第 116 页。

⑧ 休谟:《人性论》,关文运译,北京:商务印书馆,1980 年,第 116 页。

⑨ Michael M. Gorman 在 *Hume's Theory of Belief* (*Hume Studies*, Vol. XIX, No. 1, April 1993, pp.89 - 102) 一文区分了两种概念化方式理论,一种认为信念就是某种方式下构想的观念,而另一种则认为信念就是这种概念化方式本身。他把后面这种作为前面这种的松散提法。同样,他也区分了两种感觉理论,一种认为信念是以某种方式所感觉到的观念,而另一种则把信念直接等同于感觉本身。

《人性论》关于信念的附录中,休谟用令人信服的理由论证了"信念并不是我们加于一个对象的简单概念上的某种新的观念"①,因此,以某种方式概念化或构想一个观念并不是说在这个观念之上添加一个新的观念。换言之,这种概念化的方式仅仅是从另一个角度对同一个观念做了些什么,使得这一观念获得信念所具备的特征。因此,就概念化方式理论而言,信念自身似乎蕴涵着矛盾,一方面是一种观念,但另一方面显然并不单纯是一种观念,这里的细微差别需要引入另一种理论才能得到更好的理解。在前面这段引文中,我们发现信念的特征不仅是把观念以某种方式概念化,而且还是一种在心灵中产生的感觉。事实上在休谟看来,要理解这种概念化方式也只能求助于每个人心中的这种感觉,即"一种较强的力量、活泼性、坚定性、稳固性或稳定性"。这种信念理论被研究者称为感觉理论。就这种理论而言,信念是与感觉关联起来的,在前面的定义中也能发现这一点,比如"信念是……一个生动的观念"。在不止一处的文本中都有类似的表述,休谟似乎并不在意把某种活泼生动的感觉和以某种方式概念化的观念放在一起的处理方式。然而很多研究者正是出于这一点而主张:如果休谟同时主张概念化方式理论和感觉理论这两者,那么就可以断定休谟本人对信念的理解就是摇摆不定或不一致的。②

　　一些研究者对此提出了一些调和方案。弗莱格(Daniel Flage)认为休谟前期对信念的观点是不确定的,但"休谟最终开始坚持反思印象就是信念的特征"③。因为"不同程度的强力和活泼性或许可被视为一种反思印象"④。在弗莱格看来,这种反思印象尽管只是表达了一种情感状态,但是从休谟后期的观点来看还可以表达认知状态。换言之,这种反思印象使得"感觉"和"概念化"这两种不同的解释在某种意义上得到了统一。支持这一观点的文本出现在"论信念的影响"部分:"信念既然使一个观念产生了类似印象的作用,所以必然使它在这些性质方面类似于这些印象,而且信念就是对于一个观念的更加生动而强烈的概念化。"⑤因此,弗莱格认为信念尽管并不是感觉印象,但却可以作为一种反思印象起作用。

　　不过在休谟的文本中,反思印象特指从感觉印象刺激感官之后在心灵中留下的苦乐观念中产生的一些印象,比如欲望、希望等情感。这种反思印象

---

① 休谟:《人性论》,关文运译,北京:商务印书馆,1980 年,第 666 页。
② 比如 Hodges and Lachs 在 *Hume on Belief*(*The Review of Metaphysics*,Vol. 30,No. 1,1976,pp. 3 - 11)一文中把休谟对信念的理解大致总结为两类:一类倾向于感觉,是一种现象论的解释,而另一类则认为是能赋予观念以活泼性的能动性,这是实在论的解释。并且认为这两者之间的矛盾是休谟本人也没有意识到,并且是不可调和的。
③ 休谟:《人性论》,关文运译,北京:商务印书馆,1980 年,第 172 页。
④ 休谟:《人性论》,关文运译,北京:商务印书馆,1980 年,第 171 页。
⑤ 休谟:《人性论》,关文运译,北京:商务印书馆,1980 年,第 140 页。

先行于一般的观念,在记忆和想象力之中复现才成为观念。这里的反思印象显然并没有体现出认知状态,而且就上一引文而言,信念起作用的方式的确是类似于印象,而且印象作为原因给信念提供了强力和活泼性,但信念本身绝非印象。在休谟看来,如果单就印象刺激心灵来影响意志行动,那么我们就没有能力找到行动原则来躲避可预见的灾难。试图在反思印象中注入认知状态并没有在实质上解决这个问题。而且休谟在《人性论》附录中又特别强调了这一点:

> 我们能够解释稳定概念化(信念)的原因,但却不能解释某一独立的印象的原因。不但如此,稳定概念化的原因穷尽了整个话题,并不会产生某种其他的结果。对于事实的推论只不过是已经与当前印象经常结合或联结在一起的一个对象观念,这就是推论的全部。与之类比,为了解释更为稳定的概念化(的原因),(这个推论)每一个部分都是必需的;而且没有什么留下来能够产生某种独立的印象。(括号内文字为译者所加)①

这段稍显晦涩的引文表明,在休谟看来,对于信念及其原因的讨论类似于对于某个事实的推论过程。当前印象是作为推论的一个环节而与信念关联在一起的,这个过程已经穷尽了所有的话题,信念发生之后并没有剩余什么来产生某种独立的印象与信念发生关系。既然信念不可能是某种印象,那么作为信念特征的强烈生动活泼而稳定的感觉也就不可能是反思印象。因此,信念作为一种生动的观念并不必然蕴含观念和印象之间的不一致,但我们仍然可以追问这种信念究竟意味着什么。关于这个问题,我们需要在更大的视野下进一步论述。

第二节 形成信念的三层结构

休谟在论及信念本性的时候,强调观念是信念的必要条件,反之则不成立。而在对知觉(perception)的分类中,对象刺激我们心灵的方式有且只有两种,一种是印象,另一种是观念。因此信念如果既不是印象,也不单纯是一种观念,就必然不是单纯以一种知觉的方式进入心灵。休谟认为:"知觉并不

---

① 休谟:《人性论》,关文运译,北京:商务印书馆,1980年,第669页。

是推理……并没有运用任何思想或活动,而只是通过感觉器官被动地接纳那些印象。……只有因果关系才产生那样一种联系,使我们由于一个对象的存在或活动而相信,在这以后或以前有任何其他的存在或活动。"①从中可以发现,信念作为一种对于对象存在或活动的相信实际上是心灵主动推理活动的结果,而不是心灵被动接纳的产物。

这里的推理也不同于传统依赖于中词的三段论推理。在一个并不起眼的注解中,休谟曾纠正过一个普遍被经院哲学中的逻辑学家所接受的原理。这一原理是关于知性或心灵活动的区分。以往逻辑学家认为心灵的活动可以有三种不同的方式,即概念(conception)、判断(judgment)和推理(reasoning)。"概念的定义是对一个或较多观念的简单概观;判断的定义是对不同观念的分离或结合;推理的定义是通过其他中介观念对不同观念的分离或结合。"②因此,判断和推理这两种心灵活动是对不同观念进行的分离或结合。然而休谟认为,判断某物存在的命题并不是指某个对象的观念和存在观念之间的结合,也不是增加或改变对象的原初观念,而是对该对象的观念做某种不同方式的构想而已。同样,真正的推理、也是最强有力的推理也并不是通过其他中介观念来联结两个观念,而是直接从结果到原因的推理。因此,休谟把传统意义上的概念、判断和推理融为一种,即以某种特定的方式来构想我们的对象。这种心灵活动与原因和结果之间的推理相关,与以往哲学家所讨论的判断和推理都有明显的差异。休谟认为:"这种心灵作用还不曾被任何哲学家所说明过,因此,我可以有自由提出我关于这种作用的假设,即信念只是对所有观念的一种强劲而稳定的概念化,就像以某种方式靠近当前印象。"③我们可以看到,经过休谟纠正之后的严格意义上的心灵活动的结果实际上只有信念一种,也就是说,信念本身就蕴含了心灵进行概念化、判断和推理这些精神运动。

由于信念在心灵活动中占据着这种特殊的地位,我们就能更好地理解上一节中信念的第二个特征,即信念是与当前印象相关联的,并与之"靠近"而且是"被产生"的。信念本身并不是印象,但当前印象却与信念有一种"靠近"和"被产生"的关系,而且信念的强力和活泼性正是由当前印象所赋予的。在论及信念的原因一节中,休谟甚至直接说道:"只有当前印象,才能被认为是观念和伴随它的那种信念的真实原因。"④我们不妨认为,这里的当前印象凭

---

① 休谟:《人性论》,关文运译,北京:商务印书馆,1980年,第89页。
② 休谟:《人性论》,关文运译,北京:商务印书馆,1980年,第114—115页。
③ 休谟:《人性论》,关文运译,北京:商务印书馆,1980年,第115页。
④ 休谟:《人性论》,关文运译,北京:商务印书馆,1980年,第121页。

借其特殊地位在当前这一刹那构成了整个知觉系统。但心灵却并不停在这里，它还会主动进行推理活动。休谟认为"这个知觉系统被习惯（您也可以称之为因果关系）把它和另一个知觉系统联系起来"①。而且，休谟还曾明确指出："惟一能够推溯到我们感官以外，并把我们看不见、触不着的存在和对象报告于我们的，就是因果关系。"②通过与信念的特征相对比，我们认为这"另一个知觉系统"实际上就是当前印象通过因果关系而产生的信念所构成的系统。因此，信念系统就是在我们知觉构成的实在物之外的另一个没有被我们看见或记忆的实在物系统。

至此，我们大致上理解了信念在休谟心灵哲学中所扮演的重要角色。但休谟强调，信念的形成是哲学中最大的神秘事件，当前印象之所以是信念的真实原因，只是"被认为"（is considered as）的，而实际上当前印象却需要在与某种联结原则的作用之下才产生信念。"当心灵由一个对象的观念或印象推到另一个对象的观念或信念的时候，它……是被联结这些对象的观念并在想象中加以结合的某些原则所决定的。"③对此，围绕"某些原则"，休谟有一些不同的表述。我们认为，正是这些表述才真正显示出休谟的经验主义和自然主义的特点，而且似乎作为某种深层结构为"当前印象产生信念"奠定基础。

在休谟的文本中，曾不止一次地表述过这条原则，甚至把它作为人性科学中的一条一般原理，即"当任何印象呈现于我们面前的时候，它不但把心灵转移到和那个印象关联的那样一些观念中，也把印象的一部分强力和活泼性传给观念"④。在休谟看来，心灵在不同对象之间的转移是经验和观察的结果。一方面，我们根据经验才能从一个对象推理并转移到另一个对象，休谟甚至认为："经验不经过人的思想就可以借一种秘密作用产生对于原因和结果的信念和判断。"⑤另一方面，通过观察两个相继出现的对象之间的恒常结合，我们就能产生习惯。而习惯也是现前印象产生信念的一个根源，而且与经验一样，"习惯既然不依靠于任何审查，所以它是立刻发生作用，不容有任何反思的时间"⑥。因此，我们认为，对象之间恒常结合的经验和观察这种结合所产生的习惯两者之间构成了一种相互对待的关系，"因果观念是由经验得来，经验因为以恒常结合在一起的对象呈现于我们面前，所以就产生了在

---

①　休谟：《人性论》，关文运译，北京：商务印书馆，1980年，第128页。
②　休谟：《人性论》，关文运译，北京：商务印书馆，1980年，第90页。
③　休谟：《人性论》，关文运译，北京：商务印书馆，1980年，第110页。
④　休谟：《人性论》，关文运译，北京：商务印书馆，1980年，第117页。
⑤　休谟：《人性论》，关文运译，北京：商务印书馆，1980年，第124页。
⑥　休谟：《人性论》，关文运译，北京：商务印书馆，1980年，第155页。

那种关系下观察那些对象的那样一种习惯"①。在这种对待关系之下的联结原则与当前印象结合在一起,共同决定了产生信念的整个推理过程。

但我们仍然没有清楚地理解经验和习惯这两者究竟是如何在信念的产生过程中发挥作用的。"秘密作用""未经反思而立刻发生作用"等词汇也显得模糊不清。尽管休谟对于进一步的追问保持谨慎的怀疑,但他本人对于这种经验主义的表述似乎也不是非常满意。就经验而言,休谟一再强调我们并不能从过去经验过的例子与还没有经验的例子之间的相似性中去决定因果之间的推理。过去的经验可以告诉我们不同对象之间的恒常结合关系,但是我们却不能超出我们所经验过的那些过去的例子而去推理任何其他的结论。对于这种经验的扩大,"我们只能假设,却永远不能证明"②。同样,对于习惯也存在类似的问题。在论及教育的时候,休谟认为于人类中流行的很多被盲目信从的原则也是基于同样的习惯和重复之上的,这是因为仅仅观念之间的重复本身与信念并不必然是一致的,"习惯可以导致我们对于一些观念作某些错误的比较"③。

为了免除这里的"神秘性",我们需要跟随休谟转换一下视角来处理这个问题。在最后讨论必然性观念的时候,休谟开始系统地考虑这一问题。前面指出,当前印象和作为结果的信念或生动观念之间的恒常结合是与重复的观察相关联的,但"重复单独并不能产生那个结果,它必然要发现(discover)或产生(produce)可以作为那个观念来源的某种新的东西"④。而且正是这种"新的东西"才使得我们能够先行理解这些结果。休谟认为,这种东西并不存在于神,也不存在于任何外在的对象之中,而"完全是属于思考过去全部例子中两个或更多对象的结合的那个心灵"⑤。这就是我们被习惯所决定从一个对象推移到它通常所伴随的生动观念或信念时,内心自然会感觉到的一种倾向(disposition)。只有我们感觉到这种推移的倾向时,才能形成作为结果的观念。由于心灵的自然倾向并不是由任何推理而来,也无涉于外在对象,而且还是我们每个人内心都能够切实感觉到的,因此,休谟认为这就可以使得我们的结论免除一切神秘性。

实际上在休谟论述信念的原因时,已经对这种心理倾向有所表述。在那里,这种心理倾向一方面可以决定心灵在不同对象之间的推移,另一方面这

---

① 休谟:《人性论》,关文运译,北京:商务印书馆,1980年,第147页。
② 休谟:《人性论》,关文运译,北京:商务印书馆,1980年,第109页。
③ 休谟:《人性论》,关文运译,北京:商务印书馆,1980年,第136页。
④ 休谟:《人性论》,关文运译,北京:商务印书馆,1980年,第188页。
⑤ 休谟:《人性论》,关文运译,北京:商务印书馆,1980年,第191页。

种心理倾向也会随着呈现与当前的对象的活泼性不同而有强度上的变化。这似乎也从侧面看出休谟对这一倾向及其与外在对象的关系的把握上并不是非常确定。但毫无疑问，"内在转向"所获得的心理倾向的确是休谟心灵哲学的基石，发现这块基石就可以把我们引向或然推理。

第三节　摩尔对休谟信念理论的查验

通过前两节的分析，我们发现休谟的主要任务是考察我们能否通过心灵的主动推理活动，在某些原则的帮助下，在我们知觉系统之外确立一个信念系统。这项任务一方面离不开构成知觉系统的当前印象，另一方面还需要一种因果关系。因果关系又包含了两个层面的结构。首先，这种因果联结是我们过去形成的经验和习惯以及观察的结果，对于这些表述他自己也并不满意。最终为了消除产生信念的"神秘性"，他转换了视角，诉诸第二层面的结构，也即我们每个人内在的一种自然心理倾向。虽然为了说明这种心理倾向，休谟提供了一种或然推理的方法，但把作为人类知识基础的信念系统建立在这样一种方法之上，显然不够有说服力。下面我们来看一下摩尔对于休谟信念理论的反驳，然后我们简要讨论一下摩尔的正面主张是否过于独断的问题。

严格来说，摩尔直接关心的问题并非信念，而是关于外在事物的知识何以可能，也即，"我如何知道与外在事物相关的这个命题为真"这一命题。在休谟看来，这种知识实际上就是外在事物存在的信念所构成的知识，而不是可以被演绎推理证明的数学知识。因此，休谟的问题就进入了摩尔的视野之中。知觉系统中的当前印象的作用相当于对感觉材料或者某种事物的直接领受，印象是外在对象与我们心灵接触之后通过知觉而直接产生的，从这个意义上说，印象也就是直接领受的对象，而信念的产生则不仅仅来自于印象，更重要的是心灵的主动推理的结果。因此，对于外在事物存在的信念就不是我们知觉的对象，而是关于外在事物存在的命题知识。在摩尔看来，休谟的问题实际上就是："在什么条件下，一个人的确真正知道他从来没有直接领受过的某个事物的存在？"①

摩尔认为休谟提出了两个原则来回答这个问题，第一个原则是因果关

① G. E. Moore, *Some Main Problems of Philosophy*, London: George Allen and Unwin, 3rd ed., 1962, p. 91.

系,第二个原则是经验和观察。这两个原则实际上就是我们前面总结的形成信念三层结构的前两层。我们先来看第一原则:"我不可能知道我没有直接领受的某个事物 B 存在,除非我知道,B 通过原因和结果的关系相关于我已经直接领受的某个事物 A。"①这条原则说明要知道某个事物 B 存在需要具备的两个条件,第一个条件是:"我已经直接领受了某个事物 A 存在"。这个条件中的 A 相当于休谟的当前印象。第二个条件是:"事物 A 必定已经被事物 B 所引起。"这个反事实的条件说明了 A 和 B 之间存在相互关联的一种关系。摩尔在不同地方用不同方式来表示这种关系,比如我们可以说,B 相关于我已经直接领受的 A,或者 B 伴随于 A,或者"A 本来不会存在,除非 B 在之前已经存在了",或者"A 存在是 B 存在的一个确定的记号(sign),也就是说,只要 A 存在,那么就可以确定 B 之前也存在",或者"我们常常观察到类似 B 的事物,总是在类似 A 的事物之前存在",等等。摩尔认为,休谟的第二原则是"只有经验才能够教会我这点(A 和 B 之间相互关联的关系)"。②

如果第一原则的第一个条件成立,也即我已经直接领受了某个事物 A 存在,那么"直接领受"这种活动是我们的一种心灵活动的因果关系条件要成立,就必须诉诸于第二原则,也即我们的经验和观察才能教会这种因果关系,但这些也是我们心灵活动内部的事情。这就证明,如果承认休谟的两条原则,那么就只能得出这个结论:只有在某个人的心灵之中,才可能存在我们直接领受的感觉材料,除此之外,没有任何外在的物质对象存在。实际上休谟自己也承认了这个结论,他认为自己的怀疑并非在日常生活之中,而是仅限于认识论上。摩尔认为,要驳斥休谟的怀疑论结论就只有两种方式,一种是承认休谟的上述两条原则,但仍然可以证明我们知道物质对象存在;第二种是休谟的两条原则不是真的。第一种方法显然是不可能成功的。休谟的两条原则就是在告诉我们,我们通过自己的观察和经验,只能够知道我们直接领受的感觉材料存在,或者其他人直接领受的感觉材料存在,感觉材料和外在的物质对象存在之间并没有直接的关系,因为感觉材料虽然并不是心灵,但其本身的存在却离不开心灵的活动。

摩尔反驳休谟的论证主要集中在第二种方法上,也即试图论证休谟的两条原则是错误的。休谟论证的前提是"如果休谟的原则是真的,那么我们就不可能知道外在事物存在",并且"休谟的原则是真的",结论是"我们不可能

---

① G. E. Moore, *Some Main Problems of Philosophy*, London: George Allen and Unwin, 3rd ed., 1962, p. 96.

② G. E. Moore, *Some Main Problems of Philosophy*, London: George Allen and Unwin, 3rd ed., 1962, p. 96.

知道外在事物（这支笔）存在"。休谟在这里提供了一个充分条件的假言推理。而摩尔提供了一个归谬推理①。前提是"如果休谟的原则是真的，那么我们就不可能知道外在事物存在"，并且"我的确知道，这支笔（外在事物）存在"，结论是"休谟的原则是错误的"。在双方的论证结构中，有一个前提是相同的，也就是"如果休谟的原则是真的，那么我们就不可能知道外在事物存在"。双方的分歧出现在另外的那个前提上。不承认外在事物存在的那些人接受"休谟的原则是真的"，而摩尔则承认"我的确知道，这支笔存在"。摩尔认为，这两个论证是同等完备的，而且有分歧的前提为真的程度上也差不多。因此，我们不能轻易地下结论说哪一个论证更加好。

因此，如果一定要在两个论证之间做出唯一的选择，那么就只能从考察两者抱有分歧的这两个前提入手：怀疑论者接受的前提"休谟的原则是真的"和摩尔主张的前提"我的确知道这支笔存在"。对于任何一个作为前提的命题来说，要被确定为真，就必须要找到另外一个更加确定的前提来加以证明。如果永远都找不到这样的前提，那么就会陷入不断的后退之中，从而就没法在这两个前提中选择哪一个为真，这显然是不可行的。因此，摩尔认为"在不知道任何推出它的其他命题的情况下，我们至少能够知道一个命题为真。我打算称知道一个命题为真的这种方式为直接知识（immediate knowledge）。"②这种直接知识似乎就是阻止无穷后退的第一个命题，是一种命题知识，且是一种直接就可以被我们知道的命题知识。与这种直接知识相对应的是非直接的推论性知识。对于任何一个命题知识来说，有可能被我们直接知道，也有可能被我们非直接知道，这一点完全取决于具体的情况。比如我直接领受了这张白纸的白色的时候，有可能没有直接知道这种白色，可能我通过和这张白纸完全不一样的另外一个白色事物，间接知道这种颜色叫白色。当然我也可能通过直接领受这个白色色块而直接知道这张白纸的白色。对于摩尔来说，我们要么直接知道某个命题知识，要么通过其他命题的知识推论出这个命题知识。既然后面这种非直接知道的知识是通过某个命题推论出来，那么作为推论前提的这个命题也是要么被我们直接知道，要么通过另外一个其他命题的知识推论出来。因此，要使得一个论证成为完备的论证，总是可以找到一个被直接知道的前提知识。摩尔断言，"我知道这支笔存在"这个命题就是被我们直接知道的命题知识，因此，"休谟的原则是真的"

---

① G. E. Moore, *Some Main Problems of Philosophy*, London: George Allen and Unwin, 3rd ed., 1962, p. 120.

② G. E. Moore, *Some Main Problems of Philosophy*, London: George Allen and Unwin, 3rd ed., 1962, p. 123.

这个命题就是错误的。

对于摩尔所断言的这个直接知识,很多人会认为是一个独断的陈述,并没有充分的理由来支持这个命题。在此,摩尔给出了一个极为强力的论证。他首先区分了两个不同的命题,第一个命题是"我知道这支笔存在",第二个命题是"这支笔存在"。上段中摩尔断言的直接知识是第一个命题为真,而不是第二个命题。对此持怀疑态度的人则认为,第一个命题为真的前提是第二个命题为真,也就是说,只有这支笔存在,我们才可能知道这支笔存在。但这支笔存在这个命题正是有待于进一步论证的命题,因此我们不能得出第一个命题为真。摩尔对此的回答是,第二个命题是第一个命题的前提,从这个事实出发,并不能推出我知道第一个命题的理由仅仅是因为我知道第二个命题。前面说过,对于任何一个命题,既可以是直接知识,也可以是非直接知识,第一个命题可以从第二个命题推论出来,意味着第一个命题是非直接知识,但这完全不妨碍第一个命题是我们直接知道的命题,因此,怀疑论的反驳不成立。摩尔极为强力地主张:"事实上,我认为我的确直接就知道它们两者(第一个命题和第二个命题)。"①也就是说,摩尔不仅认为我知道这支笔存在,而且还认为这支笔存在,也即外在事物存在。后面这第二个命题事实上比前面第一个命题更具有争议性,也是摩尔和怀疑论者真正的分歧所在。同样,怀疑论者会反驳说,第二个命题"这支笔存在"为真的前提是"除非我正在直接领受某个感觉材料,并且知道它们是这支笔存在的记号"。② 摩尔对此的回答也是和之前类似,从前提推论出来的非直接知识,并不妨碍直接知识。从感觉材料而来的直接领受是一种心灵的活动,和命题知识并没有直接的关系。摩尔认为,相较于怀疑论者的各种前提,"我知道这支笔存在"、"这支笔存在"以及"我正在直接领受某个感觉材料"这三个命题都是我们具有很大确定性的直接知识。

我们可以看到,摩尔对于外在事物存在的正面论证是非常强而有力的,这种力量一方面体现在对于推论性知识的驳斥和对于直接知识的强调;另一方面则体现在命题知识和我们的心灵活动没有直接的关系,甚至毫不相干。这种看上去非常独断的表述无疑会冒犯到众多具有"体面"哲学感的学者们。我们在前面第二章第四节中曾经讨论过摩尔对于知识的看法,他认为一种专有知识,也即命题知识的成立,依赖于四个条件:我直接领受这个命题,并且

---

① G. E. Moore, *Some Main Problems of Philosophy*, London: George Allen and Unwin, 3rd ed., 1962, p. 125.

② G. E. Moore, *Some Main Problems of Philosophy*, London: George Allen and Unwin, 3rd ed., 1962, p. 125.

我相信这个命题，并且该命题为真，以及另外的第四个条件，但实际上摩尔始终都没有非常明确地阐明命题知识的第四个条件是什么。我们认为，这也是摩尔对于外在事物存在这种直接的命题知识的论证中比较含糊其辞的地方。摩尔的哲学方法是在遇到没法解决的困惑的时候，就把引起这些困惑的原因找出来，然后解开那些有困惑的读者的困惑，这也是归谬论证的精神所在。摩尔承认了怀疑论者的论证结构，并把假言推理改成归谬论证。这种做法一方面照顾到了那些反对者的思路，我们认为这是一种论证策略上的技巧，论证的目的仅仅在于指出对手的问题所在，也即对手之所以没能接受正确的主张只是源于自己的某些错误观点。另一方面，这种论证方法并不强调自己的主张是从对手的主张中推论出来，因此从对手的视角来看，不仅认为摩尔的主张非常薄弱，没有什么作用，而且认为这是一种独断的缺乏论证的断言。在这个意义上，正如摩尔自己经常承认的那样，我们认为他对于很多事情是无知的。

第十章　麦克道威尔和摩尔的知觉理论[①]

第一节　知觉知识的结构

哲学家的文字中总会蹦出几句看似无知却又充满智慧的诡谲之词。麦克道威尔在 2011 年的"阿奎那讲座"临近结尾处说道："我们要承认,信念的保证给该信念为假留下了一种开放可能性。承认这一点不同于承认所有持信念者知道他的信念可能为假,对于如何搞清楚两者的不同,我知道没有任何令人信服的解释。"[②]随后,他自嘲地指出,通过这两者之间的区分来抵御对知觉知识的怀疑论,只不过是哲学家特有的一种奇思妙想(fantasy)。但是,这两者当然是不同的,甚至可以说麦克道威尔所有哲学上的努力都是围绕这个奇思妙想而展开的。前者是麦克道威尔本人的主张,刻画了一种具有纯粹可错性的知觉状态作为"法庭",为知识提供完备的保证;后者则是一种典型的怀疑论,主张信念主体的知觉状态只能提供不完备的保证,必须添加一个另外的东西才可能获得知识。

本节的首要目的就是尽可能完整而清晰地勾勒出麦克道威尔关于知觉知识的结构,这个结构不仅具有迷人的"水晶般透明"的开放性特征,还试图一劳永逸地解决困扰人类理性数千年的怀疑论难题。因此,有人甚至说,如果麦克道威尔的方案成功了,那么无疑将铸就一座在认识论上得以永生的圣杯。[③] 为此,我们选用一条论辩式策略来进行分析。首先沿着两条线索展示出这个证成结构本身:一条线索是从错觉论证出发,探讨知觉结构中所包含的渐次深入的三个层次(或真或假、知真知假和无真无假),另一条线索是亚里士多德的自然主义所提供的潜能—实现。然后我们将讨论麦克道威尔方

---

① 本章第一节和第二节内容原载《自然辩证法研究》2017 年第 2 期。

② John McDowell, *Perception as a Capacity for Knowledeg*, Milwaukee: Marquette University Press, 2011, p.54.

③ Duncan Pritchard, "Wright contra McDowell on Perceptual Knowledge and Skepticism", *Synthese*, 171, 2009, pp.467 – 479.

案所遭遇到的一些攻击。我们认为,麦克道威尔的方案尽管已经弥补了大多数的漏洞,但这种理论还存在着一些根本性的缺陷(缺乏去假存真),而且这种缺陷是维特根斯坦式的,而非亚里士多德式的。

错觉论证告诉我们认识事物的一个很朴素的道理:事物看起来如此这般并不总是意味着事物实际上就是如此这般,错觉论证的目标是反驳一种朴素的直接实在论。后者主张,我们在认识世界的过程中,可以在无需借助任何"媒介"的情况下直接触碰乃至通达实在。既然错觉论证在直觉上是可行的,那么就算是在真实的情况下也只不过是"看起来"的表象和外部实在之间在某种意义上的符合,因此,主体在进行认识活动的过程中不可能绕开这种"媒介"而获得知识。这种"媒介"可以是印象、感觉材料、表象、知觉、感知场,等等。

在我们处于错觉状态的时候,我们体验这个世界的"媒介"因为缺少某种事实性的认知要素,从而只是一种纯粹表象。但在真实状态时,我们直接触碰这个世界本身,世界对我们开放,为了我们而在那里。错觉论证告诉我们,实际上我们有时候是无法区分自己处于哪一种情况的。我们可以设计一个现象上无缝对接的例子。比如在某种灯光的场景下看某个事物的颜色,你所看到的颜色会受到这种灯光的影响,但在现实中你根本就没有被告知这种灯光是否打开,从而对所看到的颜色是否真实茫然无知。在主观上无法区分的情况下,这种颜色有可能是在错觉状态下被看到,也有可能是在真实状态下被看到。

在以往的知觉理论中,为了描述我们真实的认识活动,很多学者把上述两种可能发生的情况以合取的方式结合起来,得出一种最大共因素(highest common factor),这个最大共因素是在两种情况中共同具备的。不论我们处于哪种可能性中,在认识过程进行判断真假之初,都会经历这样一种共同的状态。比如,在颜色的识别中,这种共同状态可能在一开始就通过某种光线在视网膜上产生了印记,这个因素,也即这两种情况的合取似乎成为我们认识活动中的一个必备环节,甚至起到拱顶石的作用。从这一必备环节出发,在添加了某个外在因素之后,可能就走向了真实的认知,就如同等待某种东西的降临一般。当然,这很有可能会失败,这样我们就会意识到自己处于一种错觉的状态之中。

对于露骨的自然主义来说,这个拱顶石只是我们经验的一个纯粹对象,独立于我们的知觉活动,也独立于任何理性的运作。由此,近现代意义上的自然科学是理解知觉必不可少的一个环节。麦克道威尔认为,这种方案在规范和自然之间造成了人为的断裂,因而不可避免地会陷入所予的神话之中。

而另一方面,很多理性主义者会把这个拱顶石视为外在于我们的一个理性对象,独立于任何感性上的经验,比如从现象世界中抽离出来的笛卡尔式心灵。这种方案拒绝"所予",从根本上否认了经验对知识具有某种证成作用,从而陷入到"无摩擦的空转"之中。

析取主义者认为,合取方案存在一些不可克服的困难。困难的源头就在于它试图构造一个"扬弃"两个选择项的复杂中间状态。析取主义者为描述知觉提供了另一种所谓的析取方案①:

> 或者(1)主体 S,处于真实的情形中,觉知到一种颜色;
> 或者(2)主体 S,觉知到一种对 S 来说看起来的颜色(S 在主观上和(1)无法区分);
> 或者(3)主体 S,处于已承认的不真实的情形之中,觉知到一种错误的颜色。

在(1)中,主体觉知到了颜色,并且知道这种觉知是真实的。在(3)中,主体并没有觉知到真实的颜色,并且知道这种觉知是不真实的。在(2)中,主体觉知到颜色,但是不知道自己的觉知是否是真实的,也就是说,在主观上无法区分真实的觉知和不真实的觉知。合取方案之所以可行,只不过是把(2)和(3)混淆了起来,实际上这两者是不同的。前者(2)尽管在知觉内容上和(1)一样,但却不知道自己的觉知是否真实,析取主义者由此主张(2)和(1)是完全不同的两个东西。而且,在错觉论证中,析取项(2)所描绘的主观上不可区分的情形只是一种偶然的有时候出现的情形,并非一个确定的情形,而后者(3)已然知道自己的觉知不是真实的,从而和(1)也有了根本的不同。析取方案区分了这三者,从而就在根本上解决了错觉论证所产生的需要有一个"第三者"负担。也就是说,所谓的"错觉",一部分的确就是主体已承认的错误觉知,而另一部分"既是又不是"、"看起来似乎是"的"错觉",只不过是知性机能还未发生作用时在主观上无法区分这种真实的觉知,也就是说在客观的外在视角来看,无法判断这种觉知是否正确而已。

但这种析取主义并没有比合取方案多什么实质性内容,无非以另外一种方式表达了同样的意思,依然无法有效应对怀疑论带来的种种挑战。麦克道威尔汲取了析取主义的优点,对这种方案做了重新诠释。

---

① Jonathan Dancy, "Arguments from Illusion", *The Philosophical Quarterly*, vol.45, No.181, 1995, pp.421-438.

麦克道威尔不止一处援引过塞拉斯"经验主义和心灵哲学"当中的这段话："在刻画诸如知道(knowing)这样一个片段或状态时,我们并不是对该片段或状态给出一个经验的(empirical)描述:我们是在将其置于理由的逻辑空间之中,证成并有能力证成一个人所说出的东西的逻辑空间之中。"①在较早的论文中,他也曾说过:"至少对于理性动物来说,理由空间之中一个令人满意的立足点就是知识的必要条件。"②知识就是我们有能力在理由空间中找到一个立足点,我们能够证成所要证成的知识。也就是说,置于其中的主体的体验(experience),构成了知识的法庭。从错觉论证中产生的事物所处的可能不同情况出发,如何理解经验充当一个法庭,成为解开麦克道威尔方案的关键。

麦克道威尔理论的关注要点就是对经验地位的安置。一方面,经验由印象堆积而成,是外部世界对感觉习能的拥有者所造成的冲击,只是发生在主体和自然之间的一个交互活动,因此,经验不可能就事物所处的情况作出裁决判断。另一方面,经验又是一个被放入规范性语境中的一个片段,必须为事物所处的情况作出判断。经验的双重地位所造成的紧张关系,被认为是近代哲学焦虑的源头。而要解开这一无休止的"摇摆",一劳永逸地消解这种紧张关系,就需要引入另外一种"看待事物的方式"。

我们通过对麦克道威尔不同时期知觉知识论述的考察,可以分析出为知识做出裁决的经验法庭在结构上有三个层次,除了之前提及的两个析取项组成的第一个"或真或假"析取层次之外,还有两个不同的层次——"知真知假"之习能(capacity)③的自证式(self-consciously)运作④和"无真无假"之无分别的(indiscriminable)习能。

麦克道威尔借用了一种康德式的表述:"经验知识产生自接受性和自发性之间的某种合作。"然而,他并没有为这一充满隐喻的表述提供一个类似康德在《纯粹理性批判》中"先验演绎"的过程,从而使得这一"合作"更加晦涩难解。

---

① Wilfrid Sellars, "Empiricism and the Philosophy of Mind", in *Science*, *Perception*, *and Reality*, Atascadero: Ridgeview Publishing Company, 1991.

② John McDowell, "*Knowledge and Internal*", in *Meaning*, *Knowledge*, *and Reality*, Cambridge: Harvard University Press, 1998.

③ 麦克道威尔所用的习能(capacity),不同于作为主体官能(faculty)的能力(ability)。按照亚里士多德对灵魂的三分法(能力、情感和品格),此处之习能类似于亚里士多德的品格概念,而非能力范畴。因为习能可以通过教育不断习得而改正错误,并提升自己,只不过亚里士多德的品格一般用于道德实践的领域,而习能则不限于此。

④ 麦克道威尔强调知觉作为一种习能,其运作过程是 self-consciously。这里译为自证,自证的觉知不仅指对觉知主体的自我意识,而且还包含对知觉知识的保证是自证的,也即知道在某个场合下以某种方式知道这种知觉知识。

我们认为,被动的接受性和主动的自发性之间的合作背后,作为"隐秘共同根"而贯穿于其间的是主体的一种习能。麦克道威尔引入主体习能的概念,旨在为这种合作作出解释。在自发性的知性领域,这种习能具有一种自由的构造功能,不仅如此,在经验中被动的接受性领域,同样的习能也已经开始运作。比如在颜色判断中,尽管主体并不能区分当前的灯光是否正常,但一旦光线对视网膜造成冲击,知性官能还没有开始运作,但这种习能已经以一种非常微弱的方式把这些冲击整合进入对世界的理解网络之中。

也就是说,在我们知觉体验的过程中,的确会有或真或假的情况发生,但一个完整的知觉描述,必然会携带主体运用自己的习能对于这个体验过程进行把握。在知觉知识的形成过程中,这种习能不仅在知性阶段发挥了作用,而且在被动的接受性阶段也已然渗透进了印象的产生过程之中。这是麦克道威尔对上述塞拉斯那段引文的一种诠释:"证成并有能力证成一个人所说出的东西。"

因此,在麦克道威尔描述的画面中,经验不单单如自然主义者所看到的那样是一段露骨的自然片段,也不是如戴维森所说的那样对于知识的证成不起作用,而是构成了主体的习能在理由的逻辑空间之中对于世界的一个体验过程。只有这样一种体验才真正构成一个法庭,能够保证一个人所相信的以及所说出的东西,比如这种颜色是如此这般,并且,还能够保证为什么这种颜色是如此这般,也即主体体验这种颜色的方式。正是在这个意义上,麦克道威尔把这种经验凭证称为自证的。

主体的习能在进入知觉体验过程中时,依然会面临可错性的问题,也即,我们的知觉既有可能在不真实的情况下进行有缺陷(defective)的实践活动(practice),也有可能在真实的情况下进行无缺陷(non-defective)的实践活动。无分别性一般是指没有能力做出区分(tell),主体在主观上无法区分当前这种知觉状态是不真实的还是真实的,也无法区分当前的实践活动是有缺陷的还是无缺陷的。但麦克道威尔的无分别性似乎有点不同,他把它等同于主体习能的可错性。

我们在不真实的情况下,当然不知道自己处于这种情况,也不知道当前的情况如何分别于真实的情况,因为若非如此,我们就不是处于不真实的情况。但就算是在真实的情况下,我们也不仅无法分别当前情况和不真实的情况,甚至不知道自己是否处于真实的情况,也就是说,我们无法从真实的情况中辨别出不真实的情况。因为在这种情况下,我们只是在运作认知的实践活动,而非分别彼此。麦克道威尔说道:"接受这种习能是可错的,就是接受该习能的有缺陷的运作,至少在那个时候,无法分别于无缺陷的运作。而且我们似乎可以推出，即便当前运作是无缺陷的，该主体也不可能知道它是无缺陷的。"①换言之，在麦克道威尔对习能的可错性的论述中，这种无分别性似乎超越了主体的自我意识所能断定的范围。在这个是否为有缺陷运作的领域，主体的自我意识放弃了判断的权利，而且也没有能力作出判断。

因此麦克道威尔所强调的是，主体习能的这种纯粹可错性并不妨碍另一层面的主体的自我意识通过自己的习能契入(get into)到无缺陷运作的真实知觉状态中——触碰乃至通达实在世界。在这种状态下，主体不仅知道事物的本来面目，还知道自己是以如此这般的方式知道事物。主体的这种习能不仅是自证式的，而且是单一的、无分别的、可错的。在主体处于不真实的情况的时候，这种可错性也可与之并行不悖。

我们认为，从消极的方面来看，这种无分别性迫使主体的习能超越或者放弃分别思虑层面的"自我"。但从积极的方面来看，这种无分别性则保留了在真实的知觉状态中进行无缺陷运作的"自我"。当这种"自我"契入到这种知觉状态中，并与这个世界共在时，习能的可错性和如此运作的主体完全可以不相妨碍。

麦克道威尔认为，这种知觉运作的实践活动的起源要上溯到亚里士多德的实践理性当中，这是他自己对知觉保证结构的第二条论证路线。在这条路线上，有时候伴随着维特根斯坦的只言片语，有时候又以反驳康德的面貌出现，但不论如何，麦克道威尔似乎在亚里士多德的论述中找到了自己理论的依托。接下来我们简要考察一下这条论证路线。

麦克道威尔在《心灵与世界》中借用了亚里士多德伦理学中的自然主义，即把这种自然视为一种第二自然："这个观念(第二自然)几乎明确地包含在亚里士多德有关伦理品格形成的方式的说明之中，因为伦理品格包括实践理智的诸倾向，而当品格形成时，所发生事情的一个部分就使这种实践理智获得了一个确定的形态，因此，对于其拥有者来说，实践智慧就是第二自然。"②在亚里士多德的伦理学中，实践智慧或者明智和思辨智慧一道构成了全部的智慧学说，而实践智慧牵涉到灵魂的运动过程，并集中体现在灵魂中的品格上。一旦通过教化(Bildung)，逻格斯支配了灵魂，其拥有者自然就会形成一个确定的形态。而且在亚里士多德的理论谱系中，这种实践智慧可以后天习得，也即"圣人可学而至"。因此，麦克道威尔认为："第二自然不

①　John McDowell, *Perception as a Capacity for Knowledeg*, Milwaukee: Marquette University Press, 2011, pp.31-40.
②　约翰·麦克道威尔：《心灵与世界》，韩林合译，北京：中国人民大学出版社，2014年，第115—116页。

能游离于那些属于一个正常的人类有机体的潜能之外。"①也就是说，通过教化，完全可以把主体的这种潜能给实现出来，这便是亚里士多德所谓的"第一种实现"。

如果把伦理学领域中的上述论点挪用到认识论的领域，那么作为通过教化而被引领进具备某种生活模式的理由空间中的第二自然，也就成为了具有一定确定形态的知识的可靠保证，而且这种可靠性完全是处于主体可通达的习能之中。对伦理品格的塑造和转化，构成理解主体的知觉习能可错性的一部分。而原先在实践智慧领域中的灵魂的实现，转变为作为有理性动物的人类的潜能的实现，而且在认识论的领域中，这种实现被"伪装"成理性运作之下知觉习能的"第二种实现"②。

我们之前通过三个层次的分析刻画了习能的运作过程，但不管是被动的还是主动的过程，在这里都被理解为一种潜能的实现，它是我们人类第二自然中自然能力的实现，也是灵魂的一种实现。麦克道威尔似乎在亚里士多德的这种实践智慧中找到了维特根斯坦毕生所追求的"那种让哲学平静下来的发现"，不仅如此，他还反过来把这种通过教化习得第二自然的实践智慧，也即自然化的柏拉图主义，视为理解维特根斯坦的一条值得称道的路径："理性的训令无论如何就摆在那里，不管人们的眼睛向其张开与否；而人们的眼睛之向其张开是在一种适当的教化中发生的事情。"③

第二节　对麦克道威尔的一些反驳

赖特认为在知觉理论当中采用析取主义的进路并没有更有效地解决怀疑论的问题，因此，他对知觉经验的析取式概念并不以为然。他认为，的确如析取主义者所主张的那样，只要其中一个析取项得到证明，整个析取式"或者我正在感知到如此这般的情形，或者我处于某种错觉状态中"也得到了证明，但这并没有为另一个析取项提供任何证据。也就是说，只要处于错觉状态，这个析取项便有可能成立，这种析取主义就没能有效地驳倒怀疑论。

① 约翰·麦克道威尔：《心灵与世界》，韩林合译，北京：中国人民大学出版社，2014年，第116页。
② John McDowell, *Perception as a Capacity for Knowledeg*, Milwaukee：Marquette University Press, 2011, p.10.
③ 约翰·麦克道威尔：《心灵与世界》，韩林合译，北京：中国人民大学出版社，2014年，第125页。

为此赖特借用对摩尔外部世界证明的反驳而获得的灵感,设计了一个论证①:

(I) 或者我正在感知我面前的一只手,或者我处于某种错觉状态。

(II) 这里是一只手。

因此

(III) 存在一个物质世界(因为任何手都是存在于空间中的一个物质对象)。

在赖特(Wright)看来,与摩尔的论证类似,这里知觉证据 I 显然是不完备的,从 I 到 II 的推论还需要补充其他的信息。因此从 I 出发,然后经过 II,来证明物质世界的存在 III,这个论证的传递不可能成功。如果不依赖于另外独立的证据,结论 III 就不可能得到保证。因此,赖特在文中总结道:"关键在于,析取主义者做了一个不太公平的假定来设想:把知觉经验构想为一种对实在的直接触碰的形式,这就自动取消了这个观念,在知觉陈述的证成中,存在某个比知觉陈述更弱的主张……简言之:我们的知觉能力是否直接参与到物质世界中是一个问题,而知觉主张的权威证成是否需要通过一个可废止的推论性基础是另一个问题。"②

析取主义者的优势在于设定我们的知觉经验可以直接触碰乃至通达实在,但赖特认为就算如此,"证成"或者"保证"一个知觉陈述仍然是另一回事儿,这两者之间永远都会有一个不能弥合的沟壑,由此,怀疑论的悖论总是可以在"证成"的推论中找到自己的位置。

麦克道威尔对此的回答看上去多少显得有点独断,他重新解释了赖特的"证成":从某个知觉经验出发要"证成"一个知识片段,无需"祈灵"(invoke)于外在的某个知觉状态或信息,主体通过习能的自证式运作就可以可靠地保证这个知觉片段。麦克道威尔认为这并非是一种过度理智主义,一个人通过习能直接触碰乃至通达实在的时候,不仅证成了其所处的知觉状态,而且还"治疗"了怀疑论带来的哲学焦虑。他断言:"当一个人的知觉能力直接参与到这个物质世界的时候……这个结果就构成了他对所关联的知觉主张的证成。我们很难看到任何其他的证成是如何还能有更强的'权威',并且这个证

---

① Crispin Wright, "(Anti-) Sceptics Simple and Subtle: G. E. Moore and John McDowell", *Philosophy and Phenomenological Research*, Vol.LXV, No.2, September 2002.

② Crispin Wright, "(Anti-) Sceptics Simple and Subtle: G. E. Moore and John McDowell", *Philosophy and Phenomenological Research*, Vol.LXV, No.2, September 2002.

成是不可废止的。"①

在麦克道威尔看来,一旦主体契入到一种无缺陷运作的实践活动中,怀疑论上的种种顾虑自然就消散一空。他的目标并不在于建构一座体系化的反击怀疑论的堡垒,而仅仅只是"治疗"或者"诊断"怀疑论带来的焦虑,让心灵重新恢复"宁静"而已。这一目标在赖特看来,不仅没有认真对待怀疑论在认识论上带来的挑战,而且看起来似乎在真正的困难前面止步不前。因此,如果我们要摆脱对麦克道威尔"独断"的印象,就必须进一步理解麦克道威尔哲学当中颇为特殊的作为"无分别"的习能。但恰恰正是这一概念,引起了学界更多人的争议。

麦克道威尔在对无分别性的表述上,强调主体不论是在真实的情况下还是在不真实的情况下,都无法分别自己处于哪一种情况,也无法把一种情况从另一种情况中分别出来。我们可以很容易把这种表述理解为主体对这两种情况不能做出区分(indistinguishable)。既然如此,那么知觉主体为什么又不断谈论着在某种情况下是如此这般,在另一种情况下又是如此这般? 如果这两种表述的行动者是同一的,那么这两种表述之间显然存在一个不可克服的矛盾。

普理查德(Pritchard)质疑道:"那么,有人知道他有两只手,而非(没有手的)钵中之脑。但倘若争议各方都同意,他没能分辨出好的情形(他在其中真实看到他的手)和相应地坏的情形(他在其中是钵中之脑,仅仅似乎看到他的手),那么这一点又何以可能?"②普理查德把麦克道威尔的这种无分别性理解为没能分辨出(is unable to tell)两种相关情形,理解为缺乏相关的分别能力(lack the relevant discriminative ability)。很明显,在没有这样一种分别能力的情况下,行动者当然无法从一种坏的情况中分辨出好的情况,麦克道威尔的理论在这里似乎遇到了难以逾越的困境。普理查德认为,要克服困境就必须弱化甚至放弃在两种不同情形之间做出"分别"的要求,但又不能一股脑儿倒向赖特提出的为证成某种知觉状态而"祈灵"于外在信息的方案。

为此,他提出了一种折中的方案,把这种在两种情形之间做出"分别"的要求替换为"有利"(favouring)的要求,也即,有较好的理由来选择某种情形的要求:"只要有人愿意承认就算是缺乏相关的分别能力的情况下,他仍然有

---

① John McDowell, "The Disjunctive Conception of Experience as Material for a Transcendental Argument", in A. Haddock & F. Macpherson (eds.), *Disjunctivism: Perception, Action, Knowledge*, Oxford: Oxford University Press, 2008, pp.376 - 389.

② Duncan Pritchard, "Wright contra McDowell on Perceptual Knowledge and Skepticism", *Synthese*, 171, 2009, pp.467 - 479.

较好的理由来相信获得了一种情形,而非所谓的不匹配的情形,那么,他就不会在麦克道威尔式的知觉知识的这个方面找到任何令人费解之处。"①在这一方案中,就算行动者没有这样一种分别能力,也不妨碍他通过自己的背景性信念,依照较好的理由来选择好的情形,而非坏的情形。依照较好的理由能够选择好的情形,不仅可以和缺乏分别能力相容,而且同样可以和可错性相容。

但我们认为这种认识论上折中的方案,事实上错误地理解了麦克道威尔的无分别性。麦克道威尔的无分别性是指行动者一旦契入到某个真实的知觉状态之中,就无法从中分别出自己处于真实的状态还是不真实的状态。而不是说,行动者一方面主张缺乏分别两种情形的能力,另一方面又主张"分别"这两种情形。后者是一种矛盾,而前者则是对行动者契入真实知觉状态的一种刻画。主体的习能在这种知觉状态中具有无分别性,也具有可错性。无分别性并不是对于契入真实的知觉状态的习能本身的单纯否定,而且,恰恰正是由于这种无分别性,才使得行动者能够超越或者抛弃思虑过多的"自我",而进入到无缺陷运作的实践活动之中,在这种知觉运作中,主体通过知觉所凝聚的习能被动态地实现出来,从而构成一种知识。因此,在麦克道威尔的知觉知识中,无分别性和契入真实的知觉状态是一体两面,缺一不可,两者相互勾连起来使得怀疑论的顾虑消散一空。

麦克道威尔对知觉知识的论述尽管在表述上颇为独断,但在结构上却自成一体。我们可以看到,上述种种反驳并没有真正撼动其核心思想。面对怀疑论的挑战,与各种合取式的辩证路线不同,麦克道威尔选取了析取主义的路线,在现实的知觉经验中,行动者或许可以契入真实的知觉状态,或许也会不幸落入错觉之中。我们在实际情形中当然会遭遇到错觉的情形,但这完全不妨碍行动者也能够在好的真实的情形之中触碰乃至通达实在。不同于一般的析取主义,麦克道威尔为知觉片段证成为知识提供了一个行动者可以反思性通达的经验法庭。在这个证成结构中,一方面无需依赖于从一个内部的印象或信念出发到可靠确定的知识之间的推论过程,也无需依赖于外在的知觉信息片段,在主体契入到真实知觉的无缺陷运作过程的时候,不仅知道这种知觉状态就是如此这般,还知道主体如何体验这种知觉状态。另一方面,主体在这种知觉中运作的时候,并不能从中分别出另一种情形,由此,主体的习能在其实现过程中不仅是无分别的,还具有纯粹的可错性。在麦克道威尔

---

① Duncan Pritchard, "Wright contra McDowell on Perceptual Knowledge and Skepticism", *Synthese*, 171, 2009, pp.467-479.

看来，上述知觉知识的运作结构与亚里士多德所描绘的作为理性的人的潜能实现过程有异曲同工之妙：理性的潜能在进入语言实践的过程中被实现出来，这个过程被伪装成，通过体验周遭环境所凝聚的知觉的习能，在进行知觉运作、行动的过程中被实现为知觉知识。

亚里士多德在《论灵魂》中对此有过一个类似的表述："所以，灵魂，作为潜在地具有生命的自然躯体的形式，必然是实体，这种实体就是实现（entelekheia 隐德莱希）。灵魂就是这一类躯体的实现。实现有两层意义，其一类似于知识，其二类似于沉思。在这里，类似于知识这层意义十分显明。"①作为理性的人自身的实现，事实上就是真正明白人之所以为人的那种东西。亚里士多德明确表示，在这种意义上的人的灵魂就类似于知识。麦克道威尔在解释行动者的习能是可错的，也即没能契入到一种真实的知觉状态时，也有一个相对应的表述："如果一种习能是可错的……那么这就意味着能够存在这样一种习能的运作：在运作中，它的拥有者并没有做这种习能被规定为一种习能所要做的东西。"②换言之，主体真正承担起自己的习能之所以为一种习能应该要做的东西，也就是通过一种无缺陷的运作契入到一种真实的知觉状态中，在这个状态中世界为了他而在那里，"把客观环境的某个特征以知觉的方式呈现给一个人的自证式理性觉知之中"③。这么看来，麦克道威尔援引亚里士多德第二自然观念来安置自己的观点，就不足为奇了。麦克道威尔正确地看到，亚里士多德并不忧虑近现代科技革命下的自然主义构想——这一点当然不值一提，但我们认为，亚里士多德的这种"无知"并非一个历史问题。在《尼各马可伦理学》第十卷，亚里士多德花了不少篇幅论述了灵魂的第二种实现活动，也即沉思，与第一种实现不同，沉思和实践行动无关，而且还被认为是灵魂中最高部分的实现活动。而麦克道威尔在对知觉习能的实现过程的表述中，明确是一种知觉运作、一种行动，这当然与此处所言之沉思不同，亚里士多德所论述的沉思是神的实现活动，或者说是人身上具有神性的东西的生活。但人的幸福不同，其实现活动不仅是一种道德实践的行动，还需要外在的东西。因此，就属人的实现活动而言，麦克道威尔舍此取彼也在情理之中。

因此，如果说麦克道威尔对知觉知识的处理方案存在一些不足之处，

① 亚里士多德：《论灵魂》，《亚里士多德全集》第三卷，秦典华译，北京：中国人民大学出版社，1992年，第31页。
② John McDowell, *Perception as a Capacity for Knowledeg*, Milwaukee：Marquette University Press，2011，p.37.
③ John McDowell, *Perception as a Capacity for Knowledeg*, Milwaukee：Marquette University Press，2011，p.37.

那么这种缺陷与其说是来自于亚里士多德,倒不如说更接近于维特根斯坦。

维特根斯坦在《哲学研究》中讨论过感觉印象在我们经验过程中的地位:"在语法中,标准(criteria)和表征(symptoms)之间的摇摆,造成了一种假象,似乎好像除了表征之外没有什么了。比如我们说'经验教导我们……当我们具有湿和冷的所感物,或者如此这般视觉印象的时候,天会下雨。'为了捍卫这一点,人们可能会说,这些感觉印象可能会欺骗我们。但是,他们在这里并没有反思,错误的显现恰恰就是属于雨的一个东西(one of rain),这个事实是奠基在定义上。"①"这里的问题不在于这些感觉印象可能欺骗我们,而在于我们理解它们的语言。(这种语言与任何其他语言一样都建立在约定的基础之上)"②维特根斯坦在这里区分了标准和表征,所感物或者感觉印象作为表征,可能会欺骗我们,但这并不是"雨"的意义。这些可能会欺骗我们的东西,比如感觉印象,恰恰只有奠基在定义(或者约定)的基础上,也即作为标准,才从属于"雨",成为"雨"的意义。也就是说,我们理解了述说感觉印象和"雨"之间关联的语言。麦克道威尔对于维特根斯坦的这段话也从两个层面作出解释:"作为'定义'(或'约定'),我们以某种方式所看到的事物,就是我们所看到的好像'天在下雨'这个事物;设想这一点就是一个错误:'感觉—印象'纯粹表征式地产生'天在下雨'这个判断——通过一个经验(empirical)理论来获得这个判断。"③麦克道威尔继承了维特根斯坦对于错觉的处理方式,也就是说一旦进入"定义"或"约定"这一语法层面,感觉印象似乎自动脱去了自己的经验身份,改头换面成为了语言意义的一部分。作为表征的感觉印象似乎成为了把我们引入歧途的、种种可能会欺骗我们的东西,这些实际上并非真正的问题所在。怀疑论带来的顾虑似乎刹那间消散一空。

麦克道威尔在评论赖特的一个注释中曾谈及自己的反驳怀疑论的方案"并没有对怀疑论的挑战抛出一个好的回答,更像是拒绝和它们搅和一起的一个证明"④。这当然并非谦逊之词,而是似乎通过无分别之习能,一切都言语道断,归于"寂然"之境。但我们仍然可以很朴素地追问,这一切何以可能?我们认为,与亚里士多德孜孜不倦于有德行的实现活动不同,灵魂在认识论

① 维特根斯坦:《哲学研究》,《维特根斯坦全集》第 8 卷,涂纪亮译,石家庄:河北教育出版社,2003 年,第 354 页。
② 维特根斯坦:《哲学研究》,《维特根斯坦全集》第 8 卷,涂纪亮译,石家庄:河北教育出版社,2003 年,第 355 页。
③ John McDowell, "Criteria, Defeasibility, and Knowledge", in *Meaning, Knowledge, and Reality*, Cambridge: Harvard University Press, 1998, p.388.
④ John McDowell, "Knowledge and Internal", in *Meaning, Knowledge, and Reality*, Cambridge: Harvard University Press, 1998, p.409.

战场上要"去假存真"获得确定性,特别是超越知觉而获得命题知识,无疑需要付出更为艰辛的努力。

第三节　摩尔的知觉理论

应对怀疑论的挑战不仅仅是麦克道威尔的任务,也不仅仅是维特根斯坦或者摩尔的任务,而是所有具有好奇心的我们在智识上的任务。错觉论证告诉我们,人运用自己的各种能力在感知和认识世界的时候,这个世界并不一定总是以我们所以为的方式而被我们认识。不论是麦克道威尔式的析取主义者,还是倾向于自然主义的各种外在主义者,都和怀疑论者一起共享了这个前提——也即我们处于某种知觉状态的时候总是有可能会出错。

但是在摩尔看来"知觉是可错的"这个观点需要进一步得到分析和澄清。一方面,"知觉"不仅是感官能力或者心灵的一种活动本身,而且还是这种活动的对象,也就是说,不仅具有自然的心理学意义,而且当外在事物进入到知觉之中成为知觉内容的时候,当然也存在一定的规范性。另一方面,作为证据的感官知觉的对象是感觉材料,同样也包括想象的对象,这些都具有独立于外在的物质对象和内在的心灵活动而存在的意义。因此在这个意义上,摩尔的知觉理论一方面是外在主义的,另一方面又是非自然主义的。对于这些事物之间复杂关系的讨论,除了散见各章的零星论述之外,我们也曾在第二章第一节中对知觉理论进行了集中讨论,而在第四章第三节中则主要围绕该理论中最重要的感觉材料和物质对象之间的关系进行了论述。因此本节在一定程度上更像是就摩尔的知觉理论对麦克道威尔提出的一些问题进行简单回应。

比如我们还是来思考错觉这个例子。在现实中,你根本就没有被告知灯光是否打开,从而对所看到那个东西的颜色是否真实茫然无知。这种颜色刺激你的主观大脑从而在其中呈现为一种知觉状态。你无法区分颜色带给你的知觉状态是一种错觉,还是一种真实的状态。在外在主义者看来,这种状态需要某种可靠的程序来证成是否为真实的状态,正如命题知识有待于信念的证成一样。而在麦克道威尔看来,对于知觉状态之为真实的认知过程中,并不存在一种推论结构,而仅仅需要一种自证式的运作就可以保证这一点。主体可能处于不真实的状态,完全不妨碍另一种直接通达理解实在世界的真实状态,两者可以析取式地并行不悖。当你看到这种颜色的时候,在其中并不存在一个有待于外在事物来进一步证成的知觉片段。知觉片段并非我们看到这种颜色的表征，而是从属于这种颜色本身的标准。所谓的无知并不是我们没有能力来分辨这是什么颜色，而是在看到这种颜色的时候在作为表征的知觉片段上没有作出分别。事实上，在这个例子中，你看到的时候呈现的知觉片段就是这个时候所看到的颜色，尽管事物本身的颜色可能会在灯光下呈现为你所看到的颜色。因此，在麦克道威尔看来，重要的并不是事物本身的颜色，甚至也不是在认识论上如何正确认识这种颜色本身，而是颜色在刺激主体的时候主体用来与之应对的习能。由于对于颜色来说，通过看到颜色这种经验可以潜在的方式保留在主体的习能之中，那么有这种经验的人显然更有可能运用这种习能找到正确的道路。

　　摩尔可能会接受麦克道威尔对露骨的自然主义的反驳，因为知觉是一种心灵活动，而自然主义所呈现的这种状态则是一种物理事件。比如当我们在看某种颜色的时候，的确在大脑的神经细胞中发生了变化，但尽管两者可能会存在某些关系，这种变化和我们看的体验是完全不同的两种范畴。另一方面，摩尔可能还会进一步认为，麦克道威尔的这种内在主义思路会导致一些不可克服的缺陷。比如，一般当我们声称知道某个事物为真为假的时候，是就认知的结果来说，和我们的认知过程没有直接关系，因为事物的真假本身具有独立于主体的客观含义，而内在主义的路线所依赖的仅仅是主体自身的能力，不论这种能力是如何在经验中得到教化并成长的。

　　但并不是说知识和心灵活动完全没有关系，摩尔正是通过不同的心灵活动来区分不同类型的知识。最原初的知识是指通过感官的感觉能力而称为知识的那种知识，除此之外，还有通过想象、记忆等心灵活动的知识，另外还有通过信念活动而获得的命题知识。不同的心灵能力对应着不同的对象，同一种心灵能力也有可能对应不同的对象，甚至有时候同一个对象也可以作为不同的心灵活动的对象。因此，在他看来，知识就是主体和这些不同对象之间的一种知道关系，不同类型的知道关系也有不同的特征。他还进一步主张，唯有在命题知识中才有真假的区分，而其他非命题知识则没有对应的事实，因此也就无所谓真假。这些非命题知识的对象有真实和假想的区分，但这种区分并不是认识论上的，而是通过心灵活动区分出来的，所谓的假想的事物就是我们想象活动的对象，而其他的非命题事物都是以这样那样的方式真实存在着。

　　按照上述知识分类，知觉知识在摩尔看来就是一种通过感官能力而获得的最原初知识，这种知识的特征在于我们心灵所感受到的东西为这种知识提供了证据。在上面这个错觉的例子中，我们的确是运用了我们眼睛的视觉能力看到了一种颜色,然后我们被告知这种颜色和事物本身的颜色并不一致,灯光干扰了事物本身的颜色。在摩尔看来,错觉中产生的错误并没有发生在感觉能力和颜色之间,而是发生在了这种颜色和事物本身颜色之间是否符合的判断上,这是两种完全不同的心灵活动。如果把后面这种心灵活动称为信念的话,那么符合不符合,真还是假,都只是一种命题知识,而非我们对于颜色原初的看。就最原初的知觉知识来说,我们看到了一种颜色,这一点并非出于我们的想象,而是真实地看到了这种颜色。假如我们被告知所看到的颜色受到了灯光的干扰,那么我们完全可以改正这种错误,从我们所看到的颜色中推出事物原本的颜色。因此错觉得到纠正往往也不是发生在感觉能力上,而是发生在另外的心灵活动之中。

当然在知觉讨论中还存在一种幻觉的情况,比如我们的眼睛被按了一下,然后看到了很多金星在眼前闪烁,这种情况往往是感觉能力出现了问题,我们无法正常运用这种视觉能力来看颜色。实际上,在幻觉之中,视觉能力没有发挥正常作用,在这个意义上甚至并不能说是一种知觉状态,如果有部分的视觉能力还在发挥作用,那么当然也产生一些感觉活动,同样也会有一些感觉活动的对象出现。但不论怎样,当我们判断所看的颜色是不是真实的、正确的颜色的时候,我们已经在使用另外一种不同于感觉的心灵能力了。

也有人可能会认为摩尔同样犯了心理主义的错误。我们在看一种颜色的时候,我们只是看,而根本就不会去区分各种不同的心灵能力。我们认为,类似这种批评都没有理解摩尔的知觉理论。对于摩尔来说,不同心灵能力的运作只不过是实际发生的各种心灵活动,不仅和物质事物有同等的存在地位,而且心灵活动的对象也以某种方式存在着。心灵的这些不同活动方式并非认识过程中抽象出来的结果,而是实际存在的。在摩尔看来,对于错觉或者幻觉等知觉问题的讨论会掩盖一个真正的怀疑论问题,也就是说,真正的怀疑并不是发生在我们知觉到的某种表象是否和实际的事物相符合中,而是发生在外在事物和感觉材料之间的关系之中。比如当我们看到了一种颜色的时候,实际上我们的看这种感觉活动的对象只是作为感觉材料的某种颜色的色块,至于这种物理颜色是不是把事物本身的颜色和灯光的颜色相混合,那完全是另外的事情。在上面这种关系中,摩尔认为初看起来就是同一个东西,但稍许反思之后,却总是可以发现这两者又不是一个东西。我们在第四章第三节的时候对此做了详细的分析,恰恰是在这里才出现了摩尔所谓的无法平服的哲学怀疑,而不仅仅是心理学上或者认识论上的怀疑。

我们再次来看维特根斯坦的处理错觉方式:一旦进入"定义"或"约定"

这一语法层面,感觉印象似乎自动脱去了自己的经验身份。我们可以看到,"约定"的规范性力量恰好在这个意义上就体现在摩尔"初看起来"的那个时候,但不同于维特根斯坦的是,摩尔并没有"盲目地"遵从而行动起来,仍然还要做一个"稍许的反思"。当然,我们可以将其称之为理论上的反思。

第十一章 儒家传统的"性情"理论和金岳霖、摩尔的共相理论①

第一节 休谟问题和金岳霖的"情求尽性"

在《论道》一书中,金岳霖曾把中国古代思想中的"性"和"情"直接诠释为西方哲学中的"共相"和"殊相"。他说:"个体底共相在个体为性……个体底殊相在个体为情。性情两字以前有此用法与否,我不敢说,但这似乎是一说得过去的用法,我个人觉得性总带点普遍味,情总带点特殊味。"②这段话有两个不同的层面。一个是"元学"层面,在这个层面中,个体一般指特殊的事物或者具体发生的事情。另一个是认识论层面,在认识过程中,殊相和共相指各个体所表现出来的两种不同特征的"相"。金岳霖以解决休谟问题为契机,用这种"反向格义"的方法重新回答了传统儒家的"性情"问题,从而建构出自己的理论体系。

通过这种方法,我们发现传统儒家的确包含了两个不同的层面。一个是心物相感的元学层面,另一个是性和情的工夫论层面。在经典文本中,"性"有两个特征:一个是性得自于天,而另一个是尽心可以知性。这两个特征在字面上的含义是截然不同的,后世儒者由此衍生出不同倾向的工夫论,但这并不意味着"性情"问题得到了解答。我们在最后一部分遵循金岳霖对传统儒家的诠释,并对摩尔的共相理论进行了简要梳理。摩尔一方面认为共相是一种存在(being)的东西,但并不和殊相一样实存(exist)于时间、空间之中。另一方面,共相是一种否定性活动,并且可以通过一种内省的方法在心灵中时时呈现。通过对这种共相理论的刻画,我们可以为"性情"问题提供一种新的诠释。

---

① 本章原载于《学术月刊》2020年第12期。
② 金岳霖学术基金会编:《金岳霖全集》第2卷,北京:人民出版社,2013年,第242页。

　　休谟在《人性论》中区分了两种不同类型的认识活动。他把知觉视为被动的心灵活动,同时把判断或推理视为主动的心灵活动。因果关系是主动的心灵活动所产生的一种联系。他说:"知觉并不是推理……并没有运用任何思想或活动,而只是通过感觉器官被动地接纳那些印象。……只有因果关系才产生那样一种联系,使我们由于一个对象的存在或活动而相信,在这以后或以前有任何其他的存在或活动。"①一方面,心灵通过知觉被动接纳了具有生动活泼特征的印象。另一方面,心灵不会停留在对于印象的被动反应之中,它在外部对象的刺激下还会发生一种主动的推理活动。然而,在休谟看来,从原因到结果的推理并非对象之间的一种客观秩序,而是之前心灵在主观上经验和观察的结果。这也就是一般所谓的休谟问题:只有每个人的内心真正感觉到一种自然心理倾向的时候,才能形成因果关系,作为知识基础的因果关系是以这样的方式建立在一种心理倾向之上的。休谟的这一主张是后世理性主义者所无法接受的。金岳霖和哲学史上的其他理性主义者们一样,大多都主张休谟的错误在于局限于心理主义而没有走出自身的经验。他说:"他(休谟)承认势无必至,就以为理也没有固然。"②

　　对于这里的"势"和"理",金岳霖有一套自己的说法:"共相底关联为理,殊相底生灭为势。""共相底关联"就是指因果关系,"理有固然"也就是说因果关系是固然的。但休谟的问题在于,特殊的事件之间的特殊因果关系不是固然的。"势无必至"是指"即令我们知道所有的既往,我们也不能预先推断一件特殊的事体究竟会如何发展。"③我们可以通过观察和经验知道过去发生的事件,但就算知道了所有过去发生的事件,也无法通过因果关系知道接下来的某一特殊的事件会如何发生。值得注意的是,金岳霖实际上在两个层面上谈论因果关系,一个是"元学"层面,指某一种事件和另一种事件之间的关系。另一个层面是认识论上的"相"的层面,指各个体所表现出来的不同殊相或共相之间的关系。休谟的因果关系问题是指第二个层面。金岳霖认为:"B那样的事体的发生一定有它们底特殊的缘故。这特殊的缘故……就是每一次事体发生之前的殊相底生灭,或生生灭灭。"④某个事件的发生,从元学的层面看就是个体的变动,而在认识论上看可以有两方面:一方面就是该事件的众多殊相的生生灭灭,即为该个体之"情",另一方面就是该事件的共相本身固有的因果关联,即为该个体之"性"。

①　休谟:《人性论》,关文运译,北京:商务印书馆,2009 年,第 89 页。
②　金岳霖学术基金会编:《金岳霖全集》第 2 卷,北京:人民出版社,2013 年,第 240 页。
③　金岳霖学术基金会编:《金岳霖全集》第 2 卷,北京:人民出版社,2013 年,第 235 页。
④　金岳霖学术基金会编:《金岳霖全集》第 2 卷,北京:人民出版社,2013 年,第 240 页。

个体包含方方面面，大致上可以分为两类。一类是与人无关的事物，比如风雨雪雹、星辰日月、山川河流、飞鸟走兽等，一类是与人相关的事情，比如银行行员、中国人、相夫教子、娶妻生子等。如果以水这一个体为例，那么水性，也即透明、无色、会流动等性质就是共相，也就是个体的性；与之对应，此刻我前面呈现的杯子里的水的种种状态就是水的殊相。随着时间的推移，刚才所指的这杯水的殊相已经灭了，随之而来的这杯水的另一个殊相在此刻生了。因此对于水这一个体来说，也表示了刹那生灭的水的殊相，也就是个体的情。从另一个角度来说，情总是求尽性，但并不一定尽性，"情不尽性"也是"势无必至"的一种表现。"水之就下"是水的性，但是如果你把这杯水往上洒出去，会发现刚被泼出去的水并不会直接往下流。这是由于不同时刻的水的殊相在不同条件下生生灭灭的"势"所导致的，而不是水的"性"本来就如此。

我们也可以以传统儒家的人性论为例。孟子认为人性为善，具有仁义礼智等德性，而告子则主张人性是生，是没有善恶的。告子把人性和动物性等同起来，认为仁义是人为的产物，不是人性中固有的。孟子也认为动物性是人的一个属性，但主张人之所以为人的本质属性在于仁义礼智。比如"生，亦我所欲也；义，亦我所欲也，二者不可得兼，舍生而取义者也"（《孟子·告子上》）。生，是动物性的表现，而义才是人性的所在。另一方面，他还提出从"情"入手可以获得"性"，比如"乃若其情，则可以为善矣"（《孟子·告子上》）。这里的"情"，一般训为"实情"。从这段文字紧接着对"四端之心"的论述中就可以看出，此处孟子所讲之"情"也是"心"的种种状态，比如"恻隐之心、羞恶之心"等。我们认为，这里的"情"是一种"情感"，只不过这里的"情感"也是心的一种实然状态，也是一种"实情"，顺着这种实然状态的情，通过做工夫就可以得到善之人性。从"情总是尽性"的角度来讲，这里的"情"有点类似先验的理性情感，但是从"情不尽性"的角度来讲，这里的"情"又只是一种刹那生生火火的心绪而已。

对于"情不尽性"、"势无必至"这些问题，金岳霖并不打算在理论上找到这些问题的原因，也并没有提出工夫论来解决这些问题，相反，他做了一个转向，把"情不尽性"视为一个无始无终的过程，也就是说"情老在那里求尽性而老不尽性"。他分析了"尽性"的实践过程中会出现的各种情况，这些情况"有顺，有逆，有顺于逆，有逆于顺，有顺于顺，也有逆于逆"[1]。他说："万事万物

① 金岳霖学术基金会编：《金岳霖全集》第2卷，北京：人民出版社，2013年，第246页。

莫不如是,一举一动有顺有逆,而一举一动都是情求尽性,用求得体。"①比如,河水顺流而下就是"顺",被大坝阻挡就是"逆"。同样,就人性而言,对将入于井的孺子施以援手就是"顺",视而不见就是"逆"。但不论是顺还是逆,都只不过是个体在无始无终过程之中的种种现实而已。

在给出了如上"顺逆"的诠释之后,金岳霖提供了一种"析取主义"的方案:"(个体)变动不会打住,而这不会打住底极限也不是变动在事实上的打住。变动虽不会打住,而在那不会打住底极限,势完全地绝对地达于理。所谓'归'于理,就是完全地绝对地达于理。所谓势归于理就是情尽性……。"②这里可以分析出三种情况。第一种情况已经在上一段中说过,由于个体在事实上总是在不断变动,也就是情老是在求尽性而不尽性,于是个体的现实就有无始无终的顺逆情况发生。除此之外,还有两种情况,一种是个体虽然在不断变动,但却有极限。按照他的话来说:"道虽无始,而无始有它底极限,道虽无终,而无终也有它底极限。无始底极,我们叫做无极。"③这种无极的状态也就是万事万物各尽其性的状态,这种状态可以分为两种:原来的"顺"被取消了,转变成了"尽顺";原来的"逆"也被取消了,转变成了"绝逆"。另一种是从顺的方面来看势归于理:"性"是共相底关联,因此在这种状态中,殊相没有了,都现实成为了共相,也即殊相是"顺为空"的类,而共相组成了"顺为实"的类,"尧舜"就是指这种人性臻于完美的圣人。另一种是从逆的方面来看势归于理。在这种"尽逆"的状态中,不仅逆的共相没有实现,而且逆的殊相也无从表现,也即共相是"逆为空"的类,殊相也是"逆为空"的类,因此金岳霖又把"尽逆"称为"绝逆"。④ 比如在这种状态中,被喻为大奸大恶的"禽兽"之人已经失去了所有人性。

金岳霖对于"情求尽性"的人给出了三种可能答案:或者始终求尽性而不尽性,或者尽性而成圣人,或者成为大奸大恶之徒。"极限"之"极"在金岳霖那里既是"无极"也是"太极"。"势归于理"就是归于这一绝对的太极,而太极是"至真、至善、至美、至如"。就此而言,我们认为金岳霖的方案在理论上给出了一种区分,但并没有在实践上直接提供一种可操作的工夫论。那么是不是说金岳霖的诠释只不过是一种闭门造车,与传统儒家的问题没有太大关系? 我们认为并非如此。因此,接下来我们先简要梳理传统儒家中对"性情"问题的解答,然后用金岳霖的诠释重新来看这一问题。

---

① 金岳霖学术基金会编:《金岳霖全集》第 2 卷,北京:人民出版社,2013 年,第 245 页。
② 金岳霖学术基金会编:《金岳霖全集》第 2 卷,北京:人民出版社,2013 年,第 248 页。
③ 金岳霖学术基金会编:《金岳霖全集》第 2 卷,北京:人民出版社,2013 年,第 249 页。
④ 金岳霖学术基金会编:《金岳霖全集》第 2 卷,北京:人民出版社,2013 年,第 249 页。

第二节　传统儒家中的"心物"和"性情"

金岳霖区分了元学层面的个体变动和认识论层面的殊相和共相。个体底殊相是情，而个体底共相是性。他在《论道》绪论中曾自谦，这种诠释方法有"旧瓶装新酒"的毛病，但我们认为这些新酒的酿造在具体工艺上选用了一些新技术，而事实上，不同时代的诠释者都在改进技术，改进一次就多一种酒的口味。按照这种诠释，传统儒家的"心"和"物"属于个体的元学层面。"情"是"心"在不同情况之下的表现，而"性"则是这些不同表现中所共同的那部分东西。在这个意义上，"情"就是"心底殊相"，而"性"则是"心底共相"。

首先我们来看"心"为什么是个体。儒家论心一般与"目、耳、鼻、口"等感觉器官并举，心也是其中一种具有特定功能的器官，而且是人所特有的，这种功能把人和动物区分了开来。比如"耳目之官不思，而蔽于物，物交物，则引之而已矣。心之官则思，思则得之，不思则不得也。此天之所与我者"(《孟子·告子上》)。心的功能是"思"。动物也能用耳朵听声，但是这种听和人用耳朵听声不同，人不仅听到了动物听到的声，而且在听的时候，耳朵的功能和心的功能共同起作用，使得所听到的声中还有具有一定规范意义的"音"，所以"凡音者，生于人心者也；……知声而不知音者，禽兽是也"(《礼记·乐记》)。如果没有心在其他各种感觉器官里面共同起作用，那么人只不过在实现动物性，而非人性。

心不仅可以和其他感觉器官共同起作用，还会在不同情况中不断发生变动。这里的不同情况指与心所接触的对象也是其他感觉器官作用的对象，即"物"这一个体。什么是"物"？这里的"物"和我们现代科学中的物质概念有所不同。首先，"物"和"事"可以互训，两者都有一定的规律和秩序，比如"物有本末、事有终始"(《礼记·大学》)；"诚者，物之始终"(《礼记·中庸》)；"天生烝民，有物有则"(《诗经·大雅·烝民》)。而且在一定情况下，物本身又会有"好恶"产生，比如"物至知知，然后好恶形焉"(《礼记·乐记》)。另一个特征是心和物有关系，也即心可以被物所感。我们可以把这里的"感"理解为认识论上的关系，心感物之时，心会随之而动，从而显现为各种各样的殊相之"情"。物本身有好恶、始终，"物之感人无穷"，这是心物相互沟通的一个过程。物在不断变化，心也会随之而不断变化。《大学》里的"格物"也是在讲这个过程。"物"靠近了认知主体，由于物本身有本末的秩序，所以知物之本就是知致，心才会"致知"。而且举了一个"听讼"的例子——"无情者不得尽其辞",也即,如果不了解案情的实际情况,就不能够做出合理的判决。这里的"情"也是指心在了解事物秩序的实际情况之后显现的一种状态,有了这种殊相之"情",方可谓之"知本"。"听讼"也是"格物"的过程,在审理诉讼的时候了解案件的实际情况这一事物,当然只有通过心感物才可以达成。"心"与"物"本身的本末、好恶的秩序产生彼此相应的沟通,这也就是《大学》里说"诚意"的含义:"所谓诚其意者,毋自欺也。如恶恶臭,如好好色"。"恶臭"、"好色"就是物本身的情况。心的好恶随物的好恶而感,从而呈现相应的"好好色、恶恶臭"的状态。按照金岳霖的诠释,心呈现的这些不同状态就是生生灭灭的殊相之"情"。

儒家主张人和动物的区别在于"人性",也即人所特有的"仁义礼智"等德性。在儒家传统的经典文本中,"性"有两个方面的特征。第一个特征是性得自于天,所以知性可以知天。第二个特征是情可以发展为性,所以尽心可以知性。这两个特征分别对应两种不同倾向的工夫论。

第一个特征表明"性"是一种共相。人之所以为人,正是由于人被赋予了这种共同的属性。一般人和圣人在本质上是一样的,都拥有"理和义"等共同的人性。比如:"……目之于色也,有同美焉。至于心,独无所同然乎? 心之所同然者何也? 谓理也,义也。"(《孟子·告子上》)只不过圣人能够"尽性",而一般人却无法总是如此,尽管一般人有可能通过某种"修道"工夫而到达圣人的境界。由于性本身所具有的这种不依赖于经验的超越性,在儒家的工夫论中一直有一种克制情欲的"逆觉体证"的思路。比如"克己复礼为仁"(《论语·颜渊》);"求其放心"(《孟子·告子上》);"人生而静,天之性也。感于物而动,性之欲也"(《礼记·乐记》),等等。在这种工夫论的思路里,"性"是人心还没被外物所感动、人之情感还没出现、"思虑未萌"时的一种形而上的"寂然"状态,因此,儒道践行者需要以某种方式回到这种状态之中去体认这种气象。

第二个特征表明"性"的获得离不开"人心",而且还能顺着情获得"性"。一方面,性本身不可见不可闻,但可以通过情来获知;另一方面,心与物相感,在不同的情形下,通过"性"使得"喜怒哀乐"等情感"发而中节"。由于性和情之间的这种紧密关联,儒家工夫论中也同样存在一种"尽心知性"的顺取之路。比如"仁远乎哉? 我欲仁,斯仁至矣"(《论语·述而》);"恻隐之心,仁之端也"(《孟子·公孙丑上》);"仁者,爱人"(《孟子·离娄下》);"仁者,人也,亲亲为大"(《礼记·中庸》);"寂然不动,感而遂通天下之故"(《易传·系辞上》),等等。在这种工夫论的思路里,我们可以通过在心上做工夫而让人具备"性"的种种德性。

理学家偏好援引"性"的第一个特征,往往主张主体的好恶之情一旦产生就必须接受"仁、义、礼、智"等外在德性制度的规约。与之相反,心学家则更强调"性"的第二个特征,这就必须把心提升到与"性"相提并论的本体地位上。传统儒家本身并不致力于一种体系化的理论建构,因此在工夫论上的复杂性的确可以让后人从不同角度进行诠释,但片面强调某一层面,也会导致对传统儒家的理解产生偏差。比如,如果过于强调"仁义礼智"的超越性,那么往往会忽视基于血缘关系的仁爱之心,也就很难理解君子之道为何连"夫妇之愚可以与知也",也就很难正视"人皆有恻隐之心"这种普遍的道德情感。另一方面,如果过于强调"心"或"情"的本体地位,那么往往会忽视不依赖于人心的"物"本身所具有的秩序,也就很难理解孔子为何感慨"性与天道,不可得而闻也"。"性"虽然不可见不可闻,但"性"既是存在的,也是活动的,实实在在构成了人的本质,传统儒家给我们提供了一幅"尽心知性"的开放画面。接下来我们不妨回到金岳霖给我们的"旧瓶"和"新酒",品尝一下新技术酿制出来的新口味。

第三节　摩尔的共相理论视野下的"性情"问题诠释

西方思想史上对于共相问题的讨论由来已久,金岳霖用"个体底共相"来诠释"性"这一范畴。这种尝试为我们提供了另外一条思路,也即,我们是否可以借用西方传统的资源来进一步澄清传统中国的"性情"问题? 传统的共相问题涉及实在论和唯名论的争论:实在论者强调共相本身具有独立存在的意义,而唯名论者则主张共相只不过是心灵的一种运作和创造,本身并不存在。我们通过前面的考察发现,儒家的"性"似乎兼有对于共相的这两种理解。金岳霖被誉为中国的摩尔,他自己也曾说过:"我的实在主义是从早期的罗素、摩尔那里来的。"[①]当时在英国剑桥大学,摩尔在伦理学和形而上学上都持有一种新实在论的主张,这一点在他的《哲学中若干主要问题》一文提出的共相理论中表现得尤为明显。[②] 因此我们主要依据这一文本来考察新实

---

① 参见刘培育主编:《金岳霖的回忆与回忆金岳霖》,成都:四川教育出版社,1996年,第57页。据金岳霖的回忆,他曾和摩尔一起听过维特根斯坦的课,并且认为摩尔和罗素后来在维特根斯坦的影响下放弃了实在主义。

② 早期罗素的代表作是《哲学问题》。在这本书中,罗素提到他的共相理论受惠于摩尔的未出版手稿。这些手稿实际上就是穆尔在1910—1911年的一系列讲座,但讲座的内容直到1953年才以《哲学中若干主要问题》为书名出版,所以金岳霖才说"穆尔(也即摩尔)没有著书立说"。金岳霖虽然接受了实在论思想,但我们怀疑金岳霖没有见过摩尔的这份手稿。尽管摩尔在后来出版的时候也承认,讲座的后面几章关于共相的理论写得过于晦涩难懂,但这也是他对这个问题耗费笔墨最多也最有系统的文字。

在论者的主张。

新实在论者认为共相是存在的，这里提到的"存在"到底是什么意思？如果共相是存在的，那么当共相出现在我们心灵之前的时候，归属于这个共相的特征又是什么？依照这种新实在论的共相理论，是否可以为儒家的性情问题提供一种另外的解答方案？

摩尔把所有的东西（thing）进行了分类，一类是存在（being）的东西，另一类是不存在的东西。存在的东西可以分为三类：殊相、共相、事实。其中只有殊相实存（exist），而共相和事实一样，都不实存。存在和实存并非两类不同的谓词，而是由于所归属的主词种类不同，而在用法上有所不同。比如我们可以说孔子实存，但不会说"孔子是春秋时期鲁国人"这个事实实存，而只能说这个事实存在。按照上面的分类，我们可以看到，所有实存的东西都存在，但并非所有存在的东西都实存。实存的独特之处在于，当我们说某东西实存的时候，某东西总是在一定的时间和空间之中实存。在这个意义上，殊相实存，而其他的东西则不实存。

摩尔认为在他哲学中最重要的任务是区分某东西存在还是不存在。比如半人马不存在，"现在的美国总统是奥巴马"这个事实不存在，但"孔子是春秋时期鲁国人"这个事实存在。为了更清楚地说明这两者之间的区别，摩尔用某东西"归属于这个宇宙（Universe）""是宇宙的一个组成部分"来解释某东西存在，而某东西不存在就是指这个东西在任何意义上都不是这个宇宙的一个组成部分。那么"归属于这个宇宙"如何澄清"存在"？摩尔认为有一种对于存在的错误观点："有些哲学家似乎认为，不管是曾经存在还是现在存在或者将会存在，任何东西都不存在，也就是说，每个拥有存在的东西都在某种无时间（timeless）的意义上拥有存在。"[①]这些哲学家认为，就算"现在"某东西不存在，但仍然可能已经在某种无时间的意义上拥有了存在。在这个意义上，摩尔并不是一个类似柏拉图一样的极端实在论者。用"归属于这个宇宙"来解释"存在"，将有助于我们来澄清上述观点的荒谬之处。我们以"孔子存在"为例，一般对"孔子存在"的理解是：孔子"现在"不归属于这个宇宙，只是曾经归属于它；但是无时间意义上对"孔子存在"的理解是：孔子现在也归属于这个宇宙。然而事实上，孔子"现在"并没有归属于这个宇宙，而只是曾经存在过。因此，把所有存在都化约为无时间意义上的存在是错误的。摩尔本人对存在作出了一个析取式的结论，也即某个东西存在就是指：这个东西或者

①　G. E. Moore, *Some Main Problems of Philosophy*, London: Geoege Allen and Unwin LTD., 1962, p. 293.

曾经存在,或者现在存在,或者将会存在,或者不是现在存在的意义上无时间的存在。

正是在这个意义上,摩尔认为共相存在但不实存。除此之外,共相还有什么特征呢? 首先,共相不是一种心灵的运作,把心灵的运作视为共相的观点混淆了思想的行动和思想的对象。其次,共相是"抽象"(abstractions)的东西,但不是抽象的过程。他说:"抽象的过程就是我们据此开始觉知到共相的过程;该过程的产物是我们对它们的觉知(awareness),而不是共相本身。"①一方面,共相本身并非思想活动、觉知,另一方面,共相是思想的对象、抽象的东西。

我们换一个角度来看,共相的作用在于从变动的个体或者生生灭灭的殊相中找到共同的东西,然后把它们挑选出来归为一类。也就是说,对于一个有多个殊相或个体组成的集合来说,共相共同归属于该集合中所有的个体,并且只归属于它们而不归属于集合外的任何东西。那么能否找到发挥这般作用的共相呢? 摩尔一方面诉诸于他经常采用的内省(inspection)的方法,比如我们面对某个事物的时候,在我们心灵中会呈现出某个非常简单的属性——共相。他说:"如果存在这样的东西,那么这个当然就是我们所有人都非常熟悉的东西,并且时常在我们的心灵之前呈现。"②另一方面他也给出一个理论上的论证。我们以很多不同白色色块 w1、w2、w3……所组成的集合中共同具有的属性"白色性"为例。摩尔认为,这些不同的白色色块虽然在形状、尺寸、程度上都有所不同,但是存在"一个东西"(one single thing),并且这同一个东西同时占据了(occupy)不同形状、尺寸、程度的每个白色色块。这个东西既是色块 w1,也是色块 w2,也是色块 w3……。"只存在一个东西,不知其名(having no special name appropriated to it),既不是一个色块也不是色块的集合。因此,这个观点并不是通过指出(所有特殊白色色块都有的共同而特别的)某个属性来回答我们的问题,而只是通过否认(denying)有任何这样的色块,回答了我们的问题。"③不知其名的"一个东西",在这里也就是"白色性"这个东西,占据了集合中的所有色块。这里的色块是指有具体颜色的一个特殊东西,也就是生生灭灭的殊相,他说:"通过一种颜色的色块,我们意指已经获得一个确定尺寸和形状的某种东西,而不是任何其他的东西。"④而

① G. E. Moore, *Some Main Problems of Philosophy*, London: Geogre Allen and Unwin LTD., 1962, p. 371.

② G. E. Moore, *Some Main Problems of Philosophy*, London: Geogre Allen and Unwin LTD., 1962, p. 351.

③ G. E. Moore, *Some Main Problems of Philosophy*, London: Geogre Allen and Unwin LTD., 1962, p. 357.

④ G. E. Moore, *Some Main Problems of Philosophy*, London: Geogre Allen and Unwin LTD., 1962, p. 356.

摩尔所谓的"一个东西"只是一个不知其名的东西,特征在于"否定":否定在共相中存在任何色块。

按照摩尔的共相理论,作为个体共相的性是存在的,而且集合中的每一个个体都具有这个共相。我们可以通过否定共相之性中有任何个体殊相之情出现,从而把这些个体归为一类。这里的否定并不是说要否定殊相之情本身,因为殊相之情本身总是在生生灭灭,无所谓否定。我们认为,这里的否定是指否定共相之性中有情出现,以防止某种殊相之情成为个体共相之性。当事物在我们面前出现时,作为简单属性的共相之性会在我们心灵之前呈现,因此"尽心知性"并不是说从心灵的某种情感状态可以发展出人性中的仁义礼智等德性,也不是说用德性或者制度去约束乃至克制心灵中不断出现的种种欲望。按照摩尔的共相理论,心一旦被物所感,便会有生生灭灭的殊相之情产生,在此过程中,不同的情景下、不同时间和空间中产生的每一个殊相之情都被共相之性"一个东西"所占据,时时呈现于殊相之情中。关键在于,仁义礼智等德性是在我们心灵中会呈现出来的"一个东西",而不是出现于个体的种种殊相之情。

摩尔认为,对于有些人来说,并不一定会呈现这个东西,或者呈现得并不清楚,那么这就会产生很多困难。这些人会参照某种殊相之情、某个具体的个体对其他不同个体进行归类。比如为什么我具有仁、义、礼、智等善的德性呢?因为我看到有孺子将入于井,心灵会感到一种震动,然后我对这次心灵的震动加以观察,发现和恻隐之心非常相似,或者就是恻隐之心,或者在震动中有某种程度的恻隐之心,等等。这些都证明了我有善的德性。但对摩尔来说,一旦你用个体之间的相似性、同一性等去说明共相之性的时候,实际上你并不清楚什么是共相之性。作为共相之性的善性一旦呈现,在心灵的震动中就拥有了这个德性,而且时时萌发的每一念心都被善性所占据,并不需要一个可供比较的恻隐之心。善性本身就是一个简单属性,仅仅在否定的意义上防止有任何一种殊相之情出现于人性之中。

维特根斯坦在 1949 年 2 月 18 日写给诺尔曼·马尔康姆的信中坦言:"我喜欢摩尔并且极为尊敬他,但仅此而已。他没有(或者很少)使我的心感到温暖,因为最能温暖我的心的是人的同情心。而摩尔——正像一个孩子——没有同情心。只是对他所喜欢的那些人他才是体贴的、可爱的和亲切的,他的城府很深。"[1]维特根斯坦对于摩尔的评价至少有一半是正确的。按

---

[1]　诺尔曼·马尔康姆:《回忆维特根斯坦》,李步楼、贺绍甲译,北京:商务印书馆,2012 年,第167 页。

照摩尔的形而上学,共相中否定了存在任何特殊的东西。我们可以由此推断,摩尔的善性中也不存在任何自然意义上的同情心。摩尔只是告诉你,善性和其他共相一样都是存在的"一个东西",而且善性一旦呈现,便会"占据"集合中每个个体。与之对比,金岳霖的太极观是"至真、至善、至美",但强调的是"至",一种绝对的状态。"在日常生活中,万事万物各就其本身而言都不完全地自如。……在太极情尽性,用得体,万事万物莫不完全自在,完全自如。"①因此,太极和我们日常生活中的真、善、美不同。金岳霖说他文章中的"道""也许是多少带一点冷性的道"②。我们理解他的"冷性"有点像是从日常生活的紧张状态中摆脱出来的一种状态,在这个意义上,摩尔的"无情"而"有性"更像是苏格拉底的"无知",用一种存在而不实存的共相,以否定的方式守护着人们——至少是"他所喜欢的那些人"——在日常生活中的各种情感。

---

① 金岳霖学术基金会编:《金岳霖全集》第 2 卷,北京:人民出版社,2013 年,第 253 页。
② 金岳霖学术基金会编:《金岳霖全集》第 2 卷,北京:人民出版社,2013 年,第 23 页。

第十二章 当代元伦理学的一些争论和
摩尔的伦理学

　　道德问题一般与真理相对,主要讨论善、恶、正当、不正当等规范性问题。比如这件事是善还是恶,这个人是好还是不好,如此行动是正当还是不正当、应不应该去做、公不公正,等等。但日常生活往往纷繁复杂,就算面对同样的情境,不同的人也会得出不同的结论。所谓公道在人心,但人心又在何处?道德问题自古以来都众说纷纭,至今仍莫衷一是。不过古人也说:学问之道无他,求其放心而已矣。我们不妨将这里的"求放心"理解为把具体实践中遇到的伦理学难题上升到理论层面加以澄清。

　　自上世纪初英国哲学家摩尔的《伦理学原理》一书问世以来,很多道德哲学家都在从事这方面的工作,我们一般把这门学问称为元伦理学。尽管不同的哲学家偏好某一层面的问题,但总体来说,元伦理学的讨论包含了如下逐次递进的四个层面:道德动机(moral motivation)、道德判断(moral judgment)、道德事实(moral fact)和道德属性(moral property)。这四个层面虽然同属于元伦理学,却与其他不同的研究领域有着千丝万缕的联系。这些研究领域包括心理学、行动哲学、语言哲学、认识论、形而上学等。

　　道德动机属于道德心理学讨论的内容。这部分研究主要与行动相关,一般指有意的行动或者意向性行动。行动者的动机是促成该行动的原因。道德行动也是一种意向性行动,因此道德动机就成为了这种行动的原因。动机一般包含了行动者的欲求,有人认为这种欲求离不开信念,但有些哲学家认为,某种具有规范性的理由才真正解释了该行动是否为道德行动。这里有不同形式的道德内在主义(internalism)和外在主义(externalism)之间的争论。道德判断的研究主要相关于道德陈述的意义,是属于语言哲学中语义学的一部分。有些哲学家认为,道德判断和事实判断不同,后者作为一个事实命题具有真假值,而前者只是表达了一种非认知的状态。另一些哲学家则认为道德判断也具有真假值,这里有非认知主义(non-cognitivism)和各种认知主义(cognitivism)之间的争论。道德事实和道德属性的讨论都属于形而上学的领域,有一些哲学家不承认存在道德事实,而另一些哲学家则认为正是道德事实的存在才赋予了道德判断以真假值。这里有不同形式的道德实在论(moral realism)和反实在论(anti-realism)之间的争论。对于道德属性和自然属性之间关系理解的不同,则构成了不同形式的自然主义(naturalism)和非自然主义(non-naturalism)之间的争论。虽然哲学家们可以从各自不同的立场出发编织出一幅不同的立体画面,但这四个层面是他们的理论离不开的框架。我们尽可能清晰地区分出这四个层面,以便于读者能自己准确找到道德问题的真正答案。接下来我们以四个层面为坐标,择要就当代元伦理学中的一些代表性观点进行梳理。

第一节　道德心理学和反休谟主义动机理论

道德心理学认为,促成某个行动的动机一般包含两种不同的心理状态:行动者的信念(belief)和欲求(desire)。欲求是一种非认知性的、较为活泼的状态,且它仅仅和愿望或者目的有关,不具有真假值,并不依赖于这个世界究竟的实际状态。比如"我欲乘风归去",客观上能否实现并不重要,如果用隐喻性的"适应方向"(direction of fit)①来表达的话,那么欲求的特征在于,当我表达了这些欲求的时候,我可以改变世界来适应这些欲求。而信念则相反。信念是一种认知性的、稳定的状态,信念所表征的对象往往是客观世界或者从客观世界的判断中得到的命题。对于一个道德行动而言,动机中的信念可以通过道德判断来表达,从而具有了规范性,我持有的信念真假与否,与这个世界有着紧密的联系。因此信念的特征在于,我可以调整信念去适应这个世界。

史密斯(Michael Smith)在 1994 年出版的《道德问题》一书中曾作过总结,有三个命题,单独看起来很有道理,但合在一起却并不一致②:

(1)客观性特征:"我促成行动 φ 是正当的",这种形式的道德判断表达了主体的信念,该信念相关于一个他这么做是正当的客观事实。

(2)实践性特征:如果有人作出判断:他促成行动 φ 是正当的,那么在其他条件不变的情况下,他必然被激发去促成行动 φ。

---

① "适应方向"问题,最初见 Anscombe, G. E. M, *Intention*, Ithaca: Cornell University Press, 1963;Platts, M, *Ways of Meaning: An Introduction to a Philosophy of Language*, London: Routledge & Kegan Paul, 1979。

② Michael Smith, *The Moral Problem*, Oxford: Basil Blackwell, 1994, pp.12 - 13.

（3）仅仅在行动者具有恰当欲求和用如此手段达成目的的信念的情况下，他被激发去促成行动 φ。用休谟的话来说，这里的信念和欲求是截然不同的存在物。

从（1）中可以得出道德判断表达了信念这一心理状态。从（2）中可以得出道德判断必然关联于动机。从（3）中可以得出动机中包含了欲求。既然在动机中既有信念也有欲求，那么两种心理状态一定在某种意义上有一定关联。但（3）告诉我们，相信世界是如何的信念和在某种信念下欲求某物，是截然不同的存在物。比如在接受（1）的情况下，我知道某个道德判断是对的，但是该判断只是信念的表达，如果接受（2），我真诚地相信该道德判断并激发了行动，那么就与（3）不一致，因为（3）告诉我们缺乏相关的欲求是无法激发行动的。这三个命题之间的不一致导致了道德问题。

史密斯认为元伦理学中的分歧就在于哲学家们无法将这三个命题协调起来，往往拒绝了其中某条而选择了其他两条。如果拒绝（1）接受（2）和（3），那么就选择了一条内在主义路线。这种观点认为，道德判断如果只是信念的表达，那么就无法作为动机来激发行动，因为按照休谟主义的观点，促成某行动的理由只有在被纳入到行动者欲求的情况下，才能真正激发该行动者产生行动，而信念只不过是实现欲求目的的一种手段。动机内在主义有两个版本。这种仅仅把行动者的欲求作为行动动机的主张，就是柔弱的动机内在主义（weak motivational internalism）。① 反之，强健的动机内在主义（strong motivational internalism）并不承认（3），因此他们持有一种反休谟主义（anti-Humeanism）的立场，认为无需依赖于欲求，理性本身就可以激发道德行动，从而主张道德判断和动机之间是一种不可挫败（indefeasible）的必然关联。② 与上述观点不同，如果拒绝（2），在强调道德判断客观性的同时还主张道德判断不必然能够激发行动者促成道德行动，两者之间是一种可挫败的（defeasible）偶然关联，那么这种观点就是动机外在主义。③

就行动自身包含的实践特征来看，动机内在主义看起来似乎更符合我们的日常直觉，但史密斯与强健的内在主义不同，主张我们的道德判断并不必然能够激发行动，除非该行动者是一个意志坚强的在实践上是理性的好人。

---

① 与之持有相似主张的哲学家有 A. J. Ayer（1946）；R. M. Hare（1952）；Simon Blackburn（1984）；Allan Gibbard（1990）；James Dreier（1990）。

② 与之持有相似主张的哲学家有 Nagel. T（1970）；McDowell（1978）；Platts, M（1979, 1981）；David McNaughton（1988）；Dancy（1993），包括 Immanuel Kant，参见拙文《康德是内在主义者吗？》，《道德与文明》2012 年第 6 期。

③ 与之持有相似主张的哲学家有 William K. Frankena（1958）；Foot. P（1972）；Scanlon（1982）；Peter Railton（1986）；David O. Brink（1989）；Michael Stocker（1979）；Stephen L. Darwall（1983）. Sigrún Svavarsdòttir（1999）；David Copp（1995）；Zangwill, N.（2003）。

他说："如果行动者判断出在情境 C 下他做 G 是正当的，那么或者他就在 C 下被激发做 G，或者他在实践上是非理性的。"①比如有人看到一个小孩快要掉到井里了，而且恰好路过可以施以援手，在这种情境下，如果他当时并非处于一种意志软弱等非理性状态，那么就会立刻被激发去帮助这个小孩。内在主义理论强调道德判断和动机之间关联的必然性。但是在外在主义者看来，道德判断是一回事，动机是另一回事，一般来说两者之间并没有可靠的关联，更没有必然的关联。因此，外在主义者必须对道德判断和动机之间的可靠关联给出一个解释。如果他出手去救这个小孩，那么并不是从该情境中判断产生的动机来激发他这么做，而是他认为这么做是作为一个好人应该去做的。因此，史密斯指控外在主义者在动机中另外加入了错误的内容，是道德狂热主义者："好人关心他们孩子和朋友的福祉……而不是这件事：做他们相信是正当的事情……常识告诉我们，被这么激发的人是一个狂热的或者道德上邪恶的人，而不是道德上有德性的人。"②

在史密斯眼中，外在主义者有点类似于"存天理、灭人欲"的道德狂热主义者。对于这一指控，斯瓦瓦尔斯多蒂（Sigrún Svavarsdòttir）在 1999 年的论文《道德认知主义和动机》中有一个回应。斯瓦瓦尔斯多蒂认为道德判断之所以能够激发行动者促成某个道德行动，原因在于某种大公（impartial）无私（personal）的立场，类似"我欲仁斯仁至矣"的特殊欲求——成为道德者的欲求（the desire to be moral）。不论是内在主义者还是外在主义者，都承认好人在某些情境下会被激发去做某些事情，在 Smith 看来，这个好人只想着一件事情，就是自己成圣成贤，做一个道德圣人要求的那些事情，其他的那些道德动机都是建立在这件事情的基础之上。因此，这个欲求是一个因"想太多"（one thought too many）而被指责为邪恶的道德狂热主义者的特殊欲求。而 Svavarsdòttir 认为，好人的确更加关注道德上有价值的事情，但并不是说好人就是狂热而不近人情，而是说好人已经包含了正义、公平、诚实、友好、同情等等性格特征，虽然的确并不必然包含在某个特定情境下行动者的动机上的倾向。

两种理论之间更大的不同并不在于怎么理解好人，而在于外在主义者更强调理性的道德判断和动机在心理学上是不同的。斯瓦瓦尔斯多蒂说："但是他们（内在主义者）并没有看到有任何必要去假定一个成为道德者的欲求来解释这种现象，因为他们认为，作出一个道德判断一般来说对道德动机已

---

① Michael Smith, *The Moral Problem*, Oxford: Basil Blackwell, 1994, p.61.

② Michael Smith, *The Moral Problem*, Oxford: Basil Blackwell, 1994, p.75.

经足够充分了。"①而外在主义者则认为："这种变化不会发生在每一次道德判断中，因此与道德判断相应的状态，对产生做φ这件事不可能是充分的。对于一个好人来说，在道德判断和动机之间必定有某些其他东西来建立一条通道：这就是成为道德者的欲求。"②对于外在主义者来说，要解释清楚道德判断和动机之间的可靠关联通道，的确要承诺行动者具有成为道德者的欲求，但这种成为道德者的欲求只是动机结构的其中一个部分，而非如同内在主义者所认为的那样，道德判断中产生的欲求就足以构成整个道德动机。在这个意义上，外在主义同样也可以接受类似内在主义的动机解释："现在，再次考虑我的外在主义主张：好人被激发去做φ，并且让我们假定，做φ实际上是这样一个结果：相信做φ是μ（当μ是一个道德概念的时候），并且欲求成为μ。"③μ具有道德上的价值，做φ有道德价值的信念和成为μ的欲求，这两者产生了做φ的结果。只不过内在主义把这个欲求视为是与真正的行动目的相异化的特殊欲求。事实上，外在主义也不承诺这个成为道德者的欲求是这个好人做φ的唯一的动机性倾向，也不排除有其他的动机来达成目的。

　　与上述两种道德动机理论不同，强健的内在主义不接受(3)，主张单单道德判断或者信念本身就可以直接激发某个道德行动，而无需依赖于各种形式的欲求或者意动状态。④ 我们这里简要考察强健的内在主义对休谟主义动机理论的两个反驳——内格尔（Thomas Nagel）的新康德式（neo-Kantian）和麦克道威尔（John McDowell）的新亚里士多德式（neo-Aristotelian）版本。⑤ 休谟主义强调动机中欲求的必不可少性，但如果用欲求去说明动机的时候，往往会不自然地混淆两种不同的欲求。内格尔在1970年出版的《利他主义的可能性》一书中区分了未激发的（unmotivated）欲求和已激发的（motivated）欲求。按照他的分类，未激发的欲求是"直接呈现在我们身上的"，而说明行动的动机中所出现的欲求，则是已激发的欲求。"不管某人对一个目标有意识

① Sigrún Svavarsdòttir, "Moral Cognitivism and Motivation", *Philosophical Review*, Vol.108, No.2. 1999, p.201.

② Sigrún Svavarsdòttir, "Moral Cognitivism and Motivation", *Philosophical Review*, Vol.108, No.2. 1999, p.201.

③ Sigrún Svavarsdòttir, "Moral Cognitivism and Motivation", *Philosophical Review*, Vol.108, No.2. 1999, p.202.

④ 在道德动机问题上，赞同休谟主义的主要哲学家有 Blackburn(2000)；Bond(1983)，Brink(1989)；A. I. Goldman(1970)；Nowell-Smith(1954)；Smith (1988, 1994)；Svavarsdóttir(1999)；Philip Pettit(1987)，Lenman(1996)等；赞同反休谟主义者的主要哲学家有 Dancy(1993)；Darwall (1983)；McDowell (1978)；Nagel (1978)；Scanlon(1998)；G. F. Schueler(2009)；David McNaughton (1988)；Mark Platts (1979)；Russ Shafer-Landau(2003)等。

⑤ 持有类似前者主张的还有 Darwall(1983)；C. Korsgaard(1986)等。持有类似后者主张的还有 Mark Platts(1980)；David McNaughton(1988)；Martha C. Nussbaum (1990)；Jonathan Dancy (1995)；David Wiggins (1998)等。

的追求的动机是什么样的,正是靠了他的追求这个事实,把对于那个目标的欲求归属给他才是恰当的。但是如果欲求是已激发的,那么对它的说明就应该与对他的追求的说明是一样的。"①未激发的欲求直接呈现在我们身上,是直接归属于我们的,而已激发的欲求则被视为一种目标导向的欲求,可以在目的-手段的模式下得到传递。比如,我现在感到口渴,边上正好有个饮料机,于是我投入硬币,然后取出饮料,一饮而尽,我的口渴的欲求得到满足。用休谟主义的动机理论说明整个行动:我口渴的欲求,结合对各种周边信念的输入,在一系列的行动中得到传递,激发并完成整个动作。但是直接呈现在我们身上的口渴的感觉是一种"未激发"的欲求,而"想要投入硬币"这一"已激发"的欲求的产生却是建立在我对饮料机的正确信念之上。那么这一信念是如何与刚刚那种口渴的心理状态结合起来,产生另外一种心理状态的呢? 这条沟壑是休谟主义的动机理论无法说明的。内格尔认为,实践理性要作用于行动,需要满足两个因素:首先,赋予行动者在行动发端处的状态以一种原初性。其次,从一种状态到另一种状态的转变过程中需要一种推衍性。在理性主义者看来,唯有理性才能承担了原初性和推衍性的双重角色。② 休谟主义者则无法承担这一点,所以当他们用欲求去说明行动中这一双重性时,会遇到很大的困难。

第二个反休谟主义动机理论版本来自于麦克道威尔。他在 1978 年撰写的《道德要求是假言命令吗?》一文中提出了一种后来被称为新亚里士多德式的反休谟主义动机理论。麦克道威尔在文中区分了两种行为:有德性的(virtuous)行为和慎思的(prudent)行为,行动者可以采用休谟主义的动机理论,通过他的信念和欲求来说明慎思的行为,但是对于有德性的行为,"事物通过这一概念本身就足以向我们显现出有利的方式来发生该行动"③。这是一个很强的主张,也就是说,有德者可以从某个情境中"看到"这一概念,从而直接促成有德性行为的发生。至于为什么我们要遵从道德的行为,或者如果有人不具备这种知觉能力,那么他又如何才能从某个情境中"看到"这一概念? 麦克道威尔的回答看上去颇为独断:"这个问题没有答案。"但他马上又给出了一个类似于"见贤思齐"的回答:"或许会发生的事情是,有人被唤醒(be brought to)像有德者那样去看事物,并且由此感到有必要停止去追问这

---

① Thomas Nagel, *The Possibility of Altruism*, Princeton: Princeton University Press, 1970, p.29.

② Thomas Nagel, "The Possibility of Altruism", Princeton: Princeton University Press, 1970, p.47.

③ John McDowell, "Are moral requirements hypothetical imperatives?", *Mind*, *Value and Reality*, Cambridge: Harvard University Press, 1998, p.86.

个问题。"①另一方面,麦克道威尔提到这里还包含了一个教养的过程:"在道德教养中,我们学习的东西并不是对行为规则彬彬有礼的遵从,而是在一种特定的方式下去看情境,从而建构出行动的理由;这种知觉能力一旦获得就可以在复杂新奇的环境中得到训练……"②在此,麦克道威尔并没有对道德教养和知觉能力给出道德认识论上的解释,而是仅仅通过区分两种不同行为回避了休谟主义的问题。难道有德性的行动的动机中就没有欲求出现吗?回答是否定的。但与休谟主义中占据主导地位的欲求不同,反休谟主义的动机理论认为,欲求不是作为一种动力而出现,只是以后果式(consequential)的方式被归因(is ascribed)。我们认为,这里的后果式归因并不是在行动之后的一种事后说明,而是有德者在某个理由下促成有德性的行动的同时,为了解释清楚这一事实,使得理由何以能激发该行动得到解释。下面这段话很明显提到了这一点:"如果我们授予他(有德者)一个恰当的欲求,那么如前所述,这就必定只是这个事实的一个后果:我们把他对环境的概念作为他做过的行动的理由;作为动机说明的一个独立组成部分起作用,不需要该欲求。解释所援引的理由对该行动者意志产生影响的能力,才需要该欲求。"③

与上述以欲求为中心的动机理论和以道德判断为中心的动机理论不同,Michael Slote 的道德感通主义(sentimentalism)提出了一种以道德赞成(approval)和不赞成的心理状态为中心的动机理论。④ 这种感通主义理论的基础是同理心(empathy):"同理心具备这样一种感觉,当我们看到他人处于痛苦之中的时候,在我们自身不由自主地生起一种对他人的感觉。"⑤同理心和情感主义者(emotivist)主张的同情心(sympathy)不同,后者只是对他人正处于某种痛苦中而产生的对于他人的感觉,而前者更强调一种设身处的换位思考,把他人的痛苦当作自己的痛苦,就好像一个人的感觉被注入(being infused into)另一个人之中。另外一方面,感通主义吸收了内格尔和麦克道威尔等人关于道德判断具有客观性和激发性的主张,但和理性主义者不同,感通主义认为道德赞成和不赞成才是道德判断的基础,并且坚持主张同理心

---

① John McDowell, "Are moral requirements hypothetical imperatives?", *Mind*, *Value and Reality*, Cambridge: Harvard University Press, 1998, p.86.

② John McDowell, "Are moral requirements hypothetical imperatives?", *Mind*, *Value and Reality*, Cambridge: Harvard University Press, 1998, p.85.

③ John McDowell, "Are moral requirements hypothetical imperatives?", *Mind*, *Value and Reality*, Cambridge: Harvard University Press, 1998, p.80.

④ 见 Slote, M., *Moral Sentimentalism*, Oxford: Oxford University Press, 2010.对道德感通主义的讨论亦可参见 Antti Kauppinen, "Moral Sentimentalism", in Stanford Encyclopedia of Philosophy, online at: http://plato.stanford.edu/entries/moral-sentimentalism/ (2014).

⑤ Michael Slote, *Moral Sentimentalism*, Oxford: Oxford University Press, 2010, p.15.

通过道德赞成和不赞成可以进入到（enter into）对于道德直觉和道德判断的理解之中，从而有助于解释为什么这种道德判断可以激发我们促成某个道德行动。或许感通主义在道德心理学上的面目依赖于它的对手才被明确起来，但感通主义并非一种单纯的元伦理学理论，它还参与到了规范伦理学中不同议题的讨论之中。

道德心理学是一门古老而又新兴的学科，这要归因于道德问题一直就伴随着人类的发展，而且还在持续不断地激发我们的好奇心。看到身边与我素不相识的小孩将要掉进井里，为什么我们会毫不犹豫地施以援手？是某种想要救援的欲求在牵动着我们的内心，还是从某种道德判断而来的理由在唤醒我们直接采取行动？抑或是某种特殊的对他人痛苦的感觉在激发着我们？在某个情境下，究竟是我们内心中哪一种心理状态在促成我们一次又一次地去从事某种道德行为？我们认为，这些最直观的道德心理学问题是我们关心道德问题的第一步。但要真正彻底解决这个问题，有必要继续进一步考察关于道德判断的讨论。作为一个有道德的存在物，具有规范性的道德判断在何种意义上表达了我们内心的这种心理状态呢？又或者根本就没有被道德判断所表达？这就是我们下一节要讨论的问题。

第二节　道德推理和弗雷格-吉奇问题

如果认为道德判断或者道德陈述表达了某种心灵状态——信念，而不是欲求，并且和事实命题一样在语义学上具有真假值，那么这种主张被视为伦理认知主义。反之，如果认为道德陈述并没有命题性的逻辑形式，不表达信念，在语义学上不具有真假值，那么这种主张则是非认知主义。在道德心理学上，大多数非认知主义者往往会站在休谟主义的立场上，认为在道德实践中真正起作用的是某种非认知的态度。这一点要溯源至上个世纪初，很多分析哲学家特别是逻辑实证主义者在伦理陈述和事实命题之间作出了区分，前者一般被认为是一种态度的表达，而后者才是可以被判断为真或假，而真正具有意义的命题。因此，本节我们首先给出非认知主义的一个最初版本：艾耶尔（A. J. Ayer）的情感主义。然后探讨非认知主义由于主张道德判断不具有真假值，因此在进行道德推理的过程中会遇到一个难以克服的困难：弗雷格-吉齐问题。为了解决这个问题，非认知主义者提供了一个表达主义的版本。最后我们来考察一下麦克道威尔对非认知主义的反驳。

当我说出一个关于某事物的陈述的时候，比如我指着一个地方说"这是一块奶酪",这个命题一方面表达了我们内心的信念,另一方面也描述了这个客观世界中的某个事实。按照一般符合论的观点,如果我所指的那个地方事实上的确有一块奶酪,那么该陈述的对象,也就是命题"这是一块奶酪"为真,如果那个地方事实上根本就不存在奶酪,那么这个命题为假。但是,当我说"我希望这是一块奶酪"这个陈述的时候,就会有另外的问题出现。几乎所有的非认知主义者都会承认,类似"我希望……"这类陈述并不具有真假值,与"这是一块奶酪"这一事实陈述不同。类似地,伦理学上的命题也没有真假值。艾耶尔(A. J. Ayer)在《语言、真理与逻辑》一书中明确表达了这种观点,他说:"相比较于我只是说'你在行窃',我对某人说'你在行窃,这个行动是不正当的',我并没有说出更多的东西。增加'这个行动是不正当的',我并没有对此作出任何更进一步的陈述,我仅仅确认了我对此的道德不赞同。就好像我用一种恐惧语气说出,或者用感叹号来写出'你在行窃'时,这种语气或者感叹号并没有给句子的字面意义添加任何东西,它仅仅表明了言说者的某些感觉参与了它的表达。"①包含"……是正当的"这类道德谓词的命题都是伦理学上的命题,在艾耶尔看来只不过是一个感叹号,或者"赞同"这种非认知的情感态度的一个表达,本身并没有任何真假的意义。就像"我希望……"这一陈述和"这是一块奶酪"这一命题的真假与否是不一样的,"……是正当的"这一陈述和"你在行窃"这一命题的真假也是不一样的。

非认知主义者对于伦理陈述和事实命题的划界也有积极的意义。他们认为,与事实相关的命题是自然科学研究的对象,受到因果规律的支配,而伦理学领域谈论的是与人相关的价值问题。把价值问题从自然科学中区分出来,反而真正彰显了道德问题的实践性本质。早期的各种非认知主义都在不同程度上承认非认知的态度在道德实践中可以发挥正面的作用。比如卡尔纳普(R. Carnap)认为道德语言不仅是一个感叹号,更像是一个命令句。黑尔(R. M. Hare)在1952年《道德语言》一书中进一步指出道德语言和描述性的句子不同,是一种规定性(prescriptive)语言,具有定言(imperative)的意义,这一点在处理道德分歧的时候尤其有优势。如果伦理命题和事实命题同样是对信念的表达,都是对客观世界的一种描述,那么在道德分歧出现的时候,对于如何调和两个完全矛盾的信念,就会出现一些非常不合理的现象:要么就是强行取消分歧从而一方观点完全被压制,要么就是就会出现两个截然不可通约的道德世界。但情感主义则无需如此:道德分歧是一种感觉上的争

---

① A. J. Ayer, *Language*, *Truth*, *and Logic*, London: Gollancz, 1946, p.107.

辩(a clash of feelings)①,而不是一种信念上的矛盾。这种处理道德分歧的方式似乎比较符合我们的日常直觉,而且也在一定程度上为宽容和价值多元化保留了空间。但相比较于这一点优势,非认知主义由于不承认道德判断具有真假值而付出了更大的代价。

非认知主义者在处理道德推理时所遭遇的问题——后来被称为"弗雷格-吉奇问题",最初是由彼得·吉奇在 1960 年的论文《归属主义(Asciptivism)》中提出,并在 1965 年的论文《断言句(Assertion)》得到了发展。吉奇反驳的对象是描述主义的反对者——归属主义者(ascrptivists):"归属主义者主张,如果说一个行动 x 在行动者 A 看来是自愿的,就不是用因果的方式来描述,而是把这个行动归属给了 A,A 对这个行动负责。……因此,归属主义者主张,这里没有真或假的问题,对道德判断来说也不存在真或假的问题。"②我们可以看到,这里所描绘的归属主义不仅是一种非认知主义,而且也不承认行动具有一般认知意义上的因果性。既然道德判断不存在真或假的问题,那么类似"好、正当"这类道德谓词就只是表达了主体对某个事物的态度。这和一般的谓词不同,一般谓词是对某个事物的谓述,从而对这个事物的判断具有真假值。吉奇认为,归属主义者在作出道德判断的时候,忽略了这两者之间的区别。这一点表现在条件句推理中就是:如果条件句的前件中是一个包含道德谓词的判断,那么就会出现一个不符合常识的问题。我们来看一个推理:"如果 x 是不好的,那么 p;x 是不好的;因此,p。"按照一般非认知主义的看法,x 是不好的只是表示主体对 x 的一种不赞成态度,而不是表示"不好"是对 x 的谓述,后者具有真假值,因此这个条件句推理是成立的。按照归属主义的看法,前者并不具有真假值,这个条件句推理就不成立。但常识告诉我们,在进行道德推理的时候,条件句推理当然是有效的。比如吉奇在文中举例说:"如果赌博是不好的,那么叫人来赌博就是不好的。"这个道德推理事实上显然是有效的,既然如此,归属主义对于道德判断不具有真假值的观点就是不成立的。

实际上道德推理中出现的问题在自然语言中很常见,而且不限于条件句。在疑问句和否定句以及涉及到一些模态词的句子中也会出现这种问题,只不过这个问题在条件句中特别明显。非认知主义者对于弗雷格-吉奇问题的回答,一开始也都集中在有条件句的假言推理之中,这种非认知主义也被称为表达主义(expressivism)。表达主义有不同的形式,但是都强调带有

---

① A. J. Ayer, *Language*, *Truth*, *and Logic*, London: Gollancz, 1946, p.111.
② Geach, "Asciptivism", *Philosophical Review*, 69, 1960, p.221.

"好、正当"或者"不好、不正当"这类谓词的道德判断是主体的赞成或者不赞成态度的表达，而不是对客观世界的一种描述。布莱克本(Simon Blackburn)在1984年出版的《展开语词》一书中提出了一种准实在论的投射主义理论，主张道德属性只是我们行动者的主观情感或者态度的一种投射。但尽管如此，我们还是有权利来谈论道德承诺"就好像"(as if)可以为真或为假，道德判断好像表达了信念。对于条件句中道德判断的意义，布莱克本给出了回答，认为这个包含道德判断的整个条件句的假言推理表达了一种"二阶"的心灵态度。比如"如果行窃是不正当的，那么杀人是不正当的"，这个条件句中有不赞成行窃和不赞成杀人所表达的两种一阶态度以及对于整个条件句所承诺的赞同二阶态度。在假言推理的时候，其中第二个前提"行窃是不正当的"有人接受了，这个前提也是表达了这个人不赞成行窃的态度，那么就可以通过道德推理得出结论：那个人也接受"杀人是不正当的"，也就是说结论表达了这个人不赞成杀人的态度，除非他放弃其中某个前提。布莱克本认为，如果他接受了"行窃是不正当的"，但不接受"杀人是不正当的"，那么在他的态度中就会有某种"不一致"(incoherence)，也就是说，他违背了自己对于整个条件句的结合的赞同二阶态度。因此，我们可以说，这种二阶态度和一阶态度的一致保证了日常道德推理的有效性。那么如何理解这两种态度之间的一致？比如我接受"行窃是不正当的"，对行窃具有不赞成态度。但是当这个判断出现在条件句中的时候，我如何把这种一阶的态度"一致地"转化为对整个条件句的"二阶态度"呢？布莱克本提出了一个道德敏感性的概念，他认为，道德敏感性是我们对于带有各种不同态度的各种情境的不同回应，是从信念的输入到态度的输出的一种功能。[1] 那么我们是否可以设想一个缺乏道德敏感性的人，比如我看到别人在行窃，但是对于这一情境，在我的主观态度里面并没有发生任何回应，因此当我把"行窃是不正当"所表达的态度放到条件句的前件中时，由于缺乏道德敏感性，我无法把这种态度通过道德态度传递到结论之中。因此，1998年布莱克本在《支配性的激情》一书中又提出了一种道德承诺更强的认可(accept)概念。

近年来有些哲学家把弗雷格-吉奇问题的讨论从条件句转移到了否定句。[2] 对 P 来说，{P，¬P}是一个不一致的集合。因为事实陈述是具有真假值的，是信念的表达。"某人在杀人"和"某人不杀人"，这两个陈述表达了不同的信念内容，相信 P 和相信 ¬P 彼此是有分歧的(disagreement)。对于一

---

[1] Simon Blackburn, *Spreading the Word*, Oxford：Oxford University Press, 1984, p.192.

[2] 否定句的讨论可见 Nicholas Unwin(1999，2001)、Allan Gibbard (2003)、Mark Schroeder (2008a)等。

个道德陈述来说，如果"杀人是正当的"和"杀人是不正当的"是对两个不一致信念的表达，那么 P 和 ¬P 当然也是不一致的。但是按照非认知主义，"杀人是正当的"是对"某人在杀人"的一种赞成态度的表达，"杀人不是正当的"是"某人在杀人"的一种不赞成态度的表达，两者在内容上是一致的，都是"某人在杀人"。常识告诉我们，这两个道德陈述当然是不一致的。表达主义者为了解释两个道德陈述之间的分歧和不一致，就承认了两个道德陈述的内容上是不同的："杀人是正当的"表达了赞同"某人在杀人"，"杀人不是正当的"表达了赞同"某人不杀人"。这就会产生一个麻烦。"杀人不是正当的"并不是赞同"某人不杀人"，"不杀人是正当的"才是赞同"某人不杀人"的态度。因此，如果表达主义者要处理上述两个道德陈述之间的不一致，就必须把否定句"杀人不是正当的"直接等同于否定句"不杀人是正当的"，但这显然是违反常识的。否定句"杀人不是正当的"有其独立的意义，是对于"某人杀人"这一行为正当性的否定。但"不杀人是正当的"，是对于"某人不杀人"这一行为正当性的肯定。

严格来讲，弗雷格-吉奇问题并不是一个逻辑问题，并没有提出关于某种非认知态度的新的逻辑推理规则，只不过是为了解决这个问题：在推理过程中，有些句子并不携带真假值，那么推理是如何发生的？这个问题事实上并不局限于道德谓词，任何与命题态度相关的诸如"希望""怀疑"等句子都可以进行类似的讨论，因此，相关讨论就不一定局限于道德判断究竟是认知性的信念表达还是非认知的态度表达上了。

另外一个挑战非认知主义的思路来自于麦克道威尔，他在 1981 年发表的《非认知主义和遵从规则》一文中借助于维特根斯坦对于遵从规则的论证反驳了非认知主义者的前提：评价性的非认知态度和事实性的科学世界的二分。按照维特根斯坦的看法，在某个实践活动中，实践的参与者会"盲目地"遵从某个规则，比如在数学数列上"加 2"这个规则。有能力的参与者对规则的理解并遵从和某种心理学上的倾向没有任何关系，因为这套规则是人类数学实践的特征，可以被公开阐释。在实践中，规则和遵从之间是一种内在的"强制性"的关系，而在特定的语言游戏和生活形式中，一条规则已经规定了我们如何做、该做什么。但遵从规则的论证在什么意义上反驳了非认知主义呢？麦克道威尔认为，非认知主义者把评价性的语言当成真正在实践上起作用的，也就是说，包含"好、正当"等道德谓词的评价性语言可以在实践上"持续不断地做同一件事情"。遵从规则的论证恰好反驳了上述观点，此论认为，规则才真正规定了如何正确从事实践活动，而不是反过来由非认知性的态度构成的评价性语言在实践上发挥作用。非认知主义者承认有个独立于评价的世界,以及与这个世界相对应的评价性语言。麦克道威尔在论文一开始便对这个非认知主义的立场作出了总结:"非认知主义主张,当我们被迫把价值归属给某物的时候,实际上发生的东西可以被分解为两个部分。一个评价性概念的能力包含了,首先,对于实际存在的世界的面相的敏感性……其次,某种态度的倾向——一种非认知的状态,从这个特定视角来看,世界上的东西被赋予了价值。"①按照遵从规则的论证,在实践中非认知的状态并没有发挥作用,既然如此,上述在价值归属过程中"分解为两个部分"是非认知主义者坚持的一种偏见,并没有任何合理性。

从直觉上看,当我们判断"某个行动是正当的"或者"某个人是好人"的时候,和判断"这是一块奶酪"有着本质上的区别。不仅如此,在某个情境下,我们作出道德判断"救小孩是正当"的时候,并不是在讨论理论上究竟应不应该的事情,更是要求在实践上发挥作用。因此,我们作出这一道德判断,实际上同时也表达了我们内心中想要立刻对小孩伸出援助之手的意愿。从这一点看来,非认知主义在道德实践中具有很大的优势。因此,本节在认为非认知主义保持这一优势的同时,主要考察这种理论所遭遇到的一些困难以及对这些困难的补救。但就算非认知主义者无法就这些困难给出一个有说服力的论证,也并不代表认知主义就获得了理论上的成功。从哲学上看,认知主义者为自身辩护的负担实际上更重,他们不仅要解决实践上的问题,还要对道德判断和道德事实之间的关系给出解释,这是我们下一节所要讨论的话题。

第三节　道德事实存在吗?

大多数哲学家都承认这个世界是存在的,不依赖于我们任何的心灵活动,并且承认这个世界是由众多事实构成的。比如之前人类从未涉足于月球的背面,但几乎没有人否认月球背面的存在,同样也不会有太多人承认月球背面有水。当我说出"月球背面有水"这个判断的时候,该命题就是假的,因为事实上月球背面没有水,而且最近已经被"嫦娥四号探测器"证明了,事实赋予了该命题以真假值。但是我们小时候都听过"嫦娥奔月"的故事,那时我们会不会承认月亮上面住着嫦娥呢? 有可能会承认,因为我们为这个凄美而善良的故事而感动,但更有可能不承认。道德问题与后面这种"嫦娥奔月"的

---

① John McDowell, "Non-Cognitivism and Rule-Following", *Mind*, *Value and Reality*, Cambridge: Harvard University Press, 1998, pp.200-201.

故事类似。除了那些诸如虚无主义(moral nihilism)、道德取消主义(moral eliminativism)或者马克思主义等不承认任何形式道德的理论之外,绝大多数道德理论都认为我们可以对现实世界中发生的事情进行善、恶、正当、不正当等道德判断。其中有些人承认有道德事实,这种观点被称为道德实在论,但还有一部分人认为道德判断只不过是某种主观态度的表达,客观世界中根本就没有类似"嫦娥奔月"这类事实,或者就算承认道德判断是信念的表达,但也不承认有道德事实,这些观点被称为道德反实在论。由于非认知主义已经在上一节中得到了讨论,在此不再赘述,我们在这一节讨论两种认知主义的道德反实在论:麦基(J. L. Mackie)的错误理论(error theory)以及最近的道德虚构主义(moral fictionalism),然后再来讨论一个比较流行的道德实在论版本:康奈尔实在论(Cornell Realism)。

麦基在《伦理学:发明对与错》一书中提出错误理论是为了反驳当时传统的主流道德观点——道德价值是客观的,他说:"虽然大多数人在作出道德判断时都暗自主张是指向客观地规定的某个东西,但是这些主张全都是错误的,由此才是使得'道德怀疑主义'这个名称恰当起来。"①麦基认为道德怀疑主义并不是在一阶的意义上怀疑任何形式的价值,而是在二阶的意义上反对价值的客观性。在这个意义上,错误理论也是一种道德怀疑主义。这里的"客观地规定的某个东西"就是我们所提到的道德事实,错误理论不承认有任何形式的道德事实,因此所有关于道德判断的主张都是错误的。但是另一方面,在一阶的日常道德中,道德判断仍然是起作用的,他说:"我认为,存在着客观的价值、根本上规定的实体或某种性质(日常的道德判断预设了这些东西),这个主张不是无意义的(meaningless),而是假的(false)。"②也就是说,错误理论不同于虚无主义,承认道德判断在日常道德判断中是有意义的。为了证明这个观点,麦基给出了两个论证:从相对性方面的论证和从怪异性方面的论证。第一个论证来自于我们直觉中的道德分歧现象。日常生活在不断发生变化,不同的生活方式有着不同的道德规范,因此相较于一成不变的客观价值,或者客观的道德原则,人们更愿意接受我们从生活中认可的道德规范。第二个论证更进一步反驳了客观的道德事实。首先在形而上学层面,客观的有价值的道德事实是一个非常怪异的东西。类似于颜色这种第二性的质,我们无法接受它们独立于我们的心灵在客观世界里面存在。在自然科学研究的世界之外,有另外一个同样客观的道德事实组成的世界,这一点很奇

---

① Mackie, J. L, *Ethics: Inventing Right and Wrong*, London: Penguin Books. 1977, p.35.
② Mackie, J. L, *Ethics: Inventing Right and Wrong*, London: Penguin Books. 1977, p.40.

怪。其次在认识论层面,我们是否可以在经验主义的基础上去认识这个客观的道德事实呢? 或者说,这种客观的道德属性和其他的自然属性是如何关联起来的? 当我们对某个行为作出一个道德判断的时候,与该行为对应的自然事实和道德判断背后的道德事实之间是一种什么关系? 麦基认为这里存在一种无法彻底清晰化的神秘关系,因此客观的道德事实也是不成立的。

错误理论是一种道德的反实在论,通过对客观的道德事实的反驳,承认道德判断和一般的事实判断不同,都是错误的。同时,错误理论不需要像非认知主义者那样在道德推理上付出过多的代价,相反,这种理论在一阶的日常生活中为我们保留了道德判断的作用,但这种保留是非常有限的。当探测器在月球登陆后没有发现嫦娥——嫦娥根本就不存在,错误理论就会随同科学家一起否定"嫦娥奔月"整个故事的真实性。近年来提出的道德虚构主义[①]继承和发展了错误理论,承认道德判断虽然都是错误的,但仍然携带了真假值,具有认知上的意义,此外,道德虚构主义提出了更进一步的主张:正是出于"方便的虚构",各种形式的道德要求才能在日常生活中发挥作用,并且这种作用是出于实用的或者理论的目的,而非道德本身的作用。也就是说,道德虚构主义者仍然会像以前一样继续讲"嫦娥奔月"的故事,只不过是出于一种实用的或者理论的目的,在一种伪装为真的情况下继续讲。因此,虚构主义主张,我们的语言可以从两个角度来看:一个是告诉我们实际的情况,另一个是告诉我们伪装的情况。但这种说法听起来仍然是非常模糊的。我们不妨换个角度,考察一下道德虚构主义与虚无主义、非认知主义、反实在论、实在论等其他道德理论之间的区别。

既然不承认道德事实的存在,而且所有的道德判断都是错误的,那么如何区分虚构主义和虚无主义呢? 在诺兰(Daniel Nolan)、雷斯托尔(Greg Restall)和韦斯特(Caroline West)在 2005 年发表的文章中提出了虚构主义相较于虚无主义或者取消主义的四个优点。[②] 虚构主义第一个优点是给出了心理上的方便,也就是我们习惯于在日常生活中谈论事物的正当、不正当、义务、德性、权利、正义等这些流行性的概念。取消主义要一下子放弃这些概念,我们在心理上过不去。第二个优点在于我们在讨论伦理学问题的时候没必要钻牛角尖,总是提出复杂的元伦理学问题。第三个优点是虚构主义具有

---

① 道德虚构主义的讨论可见:Jason Stanley(2001);Daniel Nolan, Greg Restall & Caroline West(2005);Hussain(2004,2010);Lewis, D(2003);Royce, R(2001,2005);Mark Kalderon(2005)等。更多讨论可参见:Eklund, M. "Fictionalism", in Stanford Encyclopedia of Philosophy, online at:http://plato.stanford.edu/entries/fictionalism/(2007, 2015 revised).

② Daniel Nolan, Greg Restall & Caroline West, "Moral fictionalism versus the rest", *Australasian Journal of Philosophy*, 83, 2005, pp.307 - 330.

表达出来的力量。比如世界上虽然并不存在"权利"、"义务"等与道德词汇相对应的任何非道德的事实，但仍可以把这些词汇用在语言上。虚构主义可以不用去找这些事实在哪里，既然表达出来了，这些道德语言本身就有为真的力量。虚构主义第四个优点是实践层面的。在我们出现分歧、冲突等情况的时候，虚构主义有能力让道德语言发挥重要的作用来进行协调和规范。虚构主义相较于非认知主义或者表达主义的优点在于，在道德推理中不会出现弗雷格-吉奇问题。因为虚构主义和错误理论一样，都是一种认知主义，承认道德判断是信念的表达，可以在道德推理中携带真值，因此可以和实在论一样保证各种道德推理的逻辑有效性。另外一个问题是处理道德分歧的问题。两个非认知主义者对某个事物的道德判断产生分歧的时候，不过是对这个事物表达了两种不同的态度，实际上两人并没有产生冲突，并不是正常意义上的道德分歧。准实在论的表达主义者的确可以在某种意义上谈论道德分歧，但实际上仍然没有触及真正的道德分歧，虚构主义者就不同，他们可以在日常意义上来谈论某事物是正当的、善的等实质性的道德分歧。在这个意义上，虚构主义和道德实在论是一样的。但虚构主义的特别之处在于，尽管我们可以在日常意义上出于方便以伪装的方式来谈论，但这些道德判断实际上都是错误的，因此道德分歧的双方也都是错误的。对于虚构主义者而言，这里的道德语言可以从两个角度来看：一个角度是，我们可以在字面上来作出这些陈述，另一个角度是，这些陈述都是错误的。因此，如果两个虚构主义者产生了道德分歧，那么这个分歧就是对伪装的方式陈述出来的内容产生的分歧。

　　不同的道德虚构主义者有不同倾向的主张，而且这些主张也有很多不足的地方，仍然在不断发展之中。与上述不承认道德事实的各种流派相反，实际上不论是古代还是当前，承认存在道德事实的实在论一直都是很多哲学家的一个非常重要的选项。康奈尔实在论[①]进一步在认识论上吸收了当前流行的自然科学的思想，承认我们可以通过经验的方式或者科学的方法来知道某些事物相关的道德事实。比如："月球上到底有没有嫦娥？"物理学家通过发射月球探测器没有在月球上观察到嫦娥，事实上也没有观察到任何生命的存在，这一物理事实就可以直接参与到对"嫦娥奔月"这个故事的解释之中。或许一个康奈尔实在论者给自己孩子讲完"嫦娥奔月"的故事之后，马上会告诉自己的孩子这一切事实上都不存在，并添上一段"阿波罗"登月或者"嫦娥四号"探测器的故事进行解释。达沃尔（Darwall）、吉伯德（Gibbard）和雷尔顿

----

① 如 Boyd(1988)；Brink(1986)；Railton(1986)。

(Railton)在 1992 年合写的论文中对康奈尔实在论者有个总结:"康奈尔实在论者通过在自然和社会科学之间的类比,主张道德属性既是不可还原的又可以发挥解释的作用。"①

这种在自然科学领域和社会道德领域的不同类别事实之间进行相互解释的做法,对于反实在论者来说,更是难以接受的。哈曼(Gilbert Harman)和斯特金(Sturgeon)曾就此有过几次争论。② 哈曼在 1977 年一书中指出:"你需要假定某些物理事实来解释科学理论所观察的东西,但你似乎无需假定某些道德事实来解释我所谈论的所谓道德观察的东西。道德的情况似乎是,你只需要假定这个人的心理或道德敏感性来作出道德观察。"③哈曼坚持之前各种反实在论在道德领域和物理领域之间的划分,认为虽然物理事实的确可以用来解释科学理论所观察的东西,但在道德领域情况就不一样了,我们根本就不需要假定一个道德事实来解释道德领域发生的事情,相反我们只需要假定从事道德行动的这个行动者相关的心理或道德敏感性就可以了。比如你看到有小孩在井边玩耍,快要掉下去了,这时也许你会马上施以援手并对自己说:"救援小孩是正当的。"这个行动的正当性并不需要从一个道德事实出发来加以解释。这个道德行动的促成只需要你不是麻木不仁的人,对此情境有道德敏感性就可以了。至于一些非道德的事实,比如小孩子离井边多少距离、你能否拉住他等的确可以解释清楚整个救援小孩的行为,但这种解释和该行动的道德性并没有太大关系。因此,是否需要道德事实在这个行动中起解释作用以及如何起作用,证明的负担来到了道德实在论这一方。

斯特金在 1986 年对于这个问题给出了一种反事实的解释。比如,你在看到小孩快要掉到井里的时候,自然会产生一个信念:救小孩是正当的。斯特金坚持主张,要解释该道德信念的形成,我们至少可以合法地援引"救小孩是正当的"这个道德事实。为什么呢? 假如这个行动不是正当的(不存在这个道德事实),那么就不会拥有这个"正当性"属性所附随(supervene on)的那些相关的自然属性——包括"能否拉住他"、"小孩会痛苦"等;然后,假如不拥有这些自然属性,那么你就不会形成这个信念:救小孩是正当的。既然我们大家都承认面对这个情境会产生一个道德信念"救小孩是正当的",那么通过这样一种反事实的检验,斯特金得出一个结论:道德事实对于该道德信念的形成可以起到解释作用。这种反事实的解释实际上并没有给出道德信念产

---

① Stephen Darwall, Allan Gibbard & Peter Railton, "Toward *Fin de siècle* Ethics: Some Trends", *Philosophical Review*, Vol.101, No.1, 1992, p.169.

② 相关争论见 Harman, G (1977,1986,2000); Sturgeon, N(1986a, 1986b, 1988, 2006b)。

③ Gilbert Harman, *The Nature of Morality*, Oxford: Oxford University Press, 1977, p.6.

生的正面论证,只是论证了没有某个要素就没有道德信念的产生。因此,对于反实在论者来说,斯特金的反事实论证太弱了,他们要求实在论者进一步给出更为充分的论证来解释物理事实和道德事实在道德信念的形成中发挥作用的机制。哈曼在对斯特金论证的回应中提出:"我们需要的是某种说法:阿尔伯特行为的不正当性如何有助于解释简的不赞同。我们必须能够去相信这种说法。我们不可能只是随便说说,比如,这个行动的不正当性影响了反射进入简的眼睛的光线的质量,引发她给出了消极的反应。"①某个道德行动的正当性这一事实和物理事实,和我们就该行动做出的道德判断"该行动是正当的"之间既然存在某种依赖,那么就不能只是"随便说说",用反事实来说明这种依赖是不够的,还需要给出某种更有力的、我们必须去相信而且也能够去相信的说法:这些依赖(dependence)背后存在的作用机制。

我们生活于物理的自然的世界之中,但很少有人去质疑构成这个世界的物理事实究竟存不存在,因为这些事实为我们生活须臾不可离的信念提供了强有力的支持。同样,古往今来,在我们的日常生活中,也可以发现不少值得我们作出道德评价甚至为之献身的道德行为,那么道德事实是否存在? 如果存在,在何种意义上进入讨论并影响我们行动? 道德实在论者和反实在论者在这里展开了激烈的争论。但这些讨论并没有触及到一个或许没有意义但更为根本的问题——道德事实本身究竟是怎么构成的? 这些事实中所包含的"正当"、"不正当"、"善"、"恶"等道德属性本身究竟是什么? 实际上这个问题不仅是我们整个讨论的逻辑起点,而且也是元伦理学讨论的历史起点。这就是我们下一节所要讨论的问题:道德属性。

第四节　道德属性和开放问题论证

摩尔把通常讨论的伦理学归为实践哲学或者实践伦理学。这门学科的研究主题是某个行为或者某个事物是不是善的、是不是正当的,等等。但是摩尔认为,在讨论这个主题之前,首先需要讨论一个更为一般性的问题:什么是善? 对此,我们可以从他的《伦理学原理》一书中概括出三个层面的说法。第一个说法针对善本身,是否定性的:"如果我被问到'什么是善的',我的回答是:善的就是善的,并就此了事。或者如果我被问到'怎样给善下定

---

①　Gilbert Harman, *The Nature of Morality*, Oxford: Oxford University Press, 1977, p.63.

义',我的回答是,不能给它下定义,并且这就是我必须说的一切。"①也就是说,善是不可定义的。第二个说法针对某事物的善,也是否定性的。如果有人想要用其他的属性去给善这个道德属性下定义,那么就犯下了一个错误——自然主义谬误,"伦理学的目标是发现归属于所有善的事物的那些其他属性是什么。但是大多哲学家认为,当他们说出这些其他属性的时候,他们实际上是在定义善;⋯⋯这种观点我称为'自然主义谬误'"②,"但是如果他混淆了'善'⋯⋯和某个自然对象,那么这就有理由称其为'自然主义谬误'"③。这里的"其他属性"不仅包含了存在于经验世界中的自然对象,而且也包含了存在于超感觉的实在世界之中的对象。前者是自然主义伦理学犯的错误,后者是形而上学伦理学犯的错误。

严格来讲,第三个说法才是饱受后人诟病的论证:"开放问题论证。"前面两个层面的说法都是建立在第三个论证的基础之上,这个论证有两个部分,第一个部分是通过反驳"善是复合的、整体的、可定义的观念",反面论证善是不可定义的;第二个部分是论证善的必要性,反驳"善是没有任何意义的"。开放问题论证的结论就是自然主义谬误,也即作为道德属性的善不可以用任何自然属性加以定义,或者说善不可被分析地还原为自然属性。我们先简要概括一下这个论证。对于某个自然属性 N 来说,我们完全可以找到一个事物 A,说出"A 是 N",而且也可以说"A 是善的"。摩尔认为,很多自然主义哲学家会主张用这个属性 N 给善去下定义,"N 意指善"或者"善意指 N",也就是说,他们会主张善这个道德属性等同于某个自然属性 N,两者是同义的。这时,摩尔给出了一个被称为"开放问题"的检验:"我们或许总是可以有意义地追问:如此被定义(是 N)的复合体(A)本身是否是善的?"④摩尔的回答是,在我们追问的时候,在我们的心灵前面会出现两个截然不同的观念:善和 N。因此,善不可用自然属性 N 来定义。

现在很少有哲学家会完全接受摩尔给出的经典版本的开放问题论证,最常见的反驳是循环论证:自然属性和道德属性之间不能被分析地等同,这个结论在论证的前提中出现了。自然主义者对经典版本的论证可以有两种回答,一种是分析的(analytical)自然主义,直接主张自然属性和道德属性的关系是分析的,那么开放问题的论证就不成立。但这种自然主义需要对自然属性和道德属性之间的关系进行重新解释。另一种则接受经典版本的论证,也

---

① G. E. Moore, *Principia Ethica*, Cambridge: Cambridge University Press, 1902, p.6.
② G. E. Moore, *Principia Ethica*, Cambridge: Cambridge University Press, 1902, p.10.
③ G. E. Moore, *Principia Ethica*, Cambridge: Cambridge University Press, 1902, p.13.
④ G. E. Moore, *Principia Ethica*, Cambridge: Cambridge University Press, 1902, p.15.

就是接受道德属性不能被自然属性定义,但需要把道德属性的不可定义性转化为一种道德认识论上或者实践上的更弱解释。这种自然主义被称为综合的(synthetic)自然主义。

当前比较流行的分析的自然主义是杰克逊(Frank Jackson)的道德功能主义(Moral Functionalism)。杰克逊认为,道德属性在这种意义上就是自然属性:道德属性附随于自然属性。这里附随的意思是:两个具有不同的道德属性的情境,可以有类似的自然属性;反过来,两个自然属性不一样的情境,道德属性肯定是不一样的。附随性最初在莱布尼兹那里是用来形容一种偶然性关系,多个可能的客体附随于主体,但却不改变主体,金在权(Jaegwon Kim)和戴维森(Donald Davidson)等人则用附随性来处理精神事件和物理事件之间的因果关系。在伦理学领域,伦理直觉主义者和规定主义者都曾用过附随性,这个词被用来说明道德属性和非道德属性之间的关系。对于这种关系,杰克逊和佩蒂特(Philip Pettit)提出了一种编排解释(program explanation)[①]:道德属性是自然状态的一种功能状态,自然状态是一种低阶的状态,道德属性是一种高阶的状态。道德属性的确不能用自然属性来定义,因为不同道德属性可能会有相同的自然状态,但道德属性附随于自然状态中,因为一种自然状态的变化会对应着一种道德属性的变化。我们可以举个例子:把道德属性类比为橡皮擦的弹性,将自然属性类别为橡皮擦的分子结构。橡皮擦具有弹性,原因在于橡皮擦处于一种自然状态中,在适当的压力下会发生弯曲,随后还能恢复原形。低阶自然状态就是实现弹性条件的分子结构。如果橡皮擦具有足以实现弹性条件的特性,那么该橡皮擦就具有弹性。这个"具有足以实现弹性条件的特性"来自于适当的编排解释和知觉环境相互作用。编排解释告诉我们,橡皮擦具有某种分子的排序,并且在适当压力下弯曲随后还恢复原形,这些相互作用的自然事实保证了橡皮擦具有弹性。类似地,某个情境下某个行动,比如于井边救小孩,也对应着一种和知觉环境的编排互动,这种自然主义的状态也会对应着一个高阶的功能状态,比如善或正当性这类道德属性。编排解释的优点在于保证了自然事实可以进入行动正当性的因果解释中,同时又避免了该行动正当性必须用非道德属性来定义。因为我们完全可以设想这样一个可能世界,在这个世界中具有另一种自然状态的行动,正如橡皮擦可以有多种分子的排序一样,但我们还是有可能认为该行动具有正当性。

另一种综合的自然主义接受了摩尔对分析的自然主义的批评,但同时又

---

① 见 Jackson, F. & Pettit, P. (1988, 1990a, 1990b)。

在认识论上坚持一种自然主义方法,通过经验特征的后验解释来理解道德属性。为此,达沃尔、吉伯德和雷尔顿在1992年合写的论文中从这个角度修正了开放问题的经典版本论证:"开放问题的开放性并不依赖于任何错误和失察,我们(对于开放问题)的信心来自于我们能够想象一个头脑清楚的人,对于某个自然主义属性R,单单从这个事实R中,这个人无法找到恰当的理由或动机来导向行动。"①修正版本为经典版本中"总是有意义地追问"补充了一个导向行动的道德理由或者动机上的解释。经典版本关注的是道德属性和自然属性之间是不是一种分析的等同关系,修正版本的关键在于能否在自然属性R中找到导向行动的动机和理由。按照我们在第一节中的分析,这种自然主义还在道德心理学上承诺了一种内在主义。莱尔顿(Railton)在论文中为这种整合了"经验后验"的解释性和"内在主义"的规范性的自然主义进行了辩护:"我的自然主义采用一种还原主义的假设,把道德价值的属性与复杂的非道德属性进行综合的同一,这么做是因为相信这种同一能够有助于我们理解道德性及其在我们世界中的位置——包括对于道德属性的诸如语义的认识论进路——同时保留了道德价值的规范性角色的重要特征。"②莱尔顿的实在论预设了这样一个事实国度:这个国度对某人可欲的或者对他是善的非道德价值。如前所述,这个国度可以同时起到解释性和规范性作用。当某事物对某个人是可欲的,当且仅当这个人在信息透明并充分理性的情况下,欲求这事物,信息透明指全面描述信息,而充分理性指不受意志软弱等影响。这种"可欲性"在莱尔顿看来就是理想自我对实际自我的要求。在1986年《道德实在论》一文中,他指出这种实在论有两个特征③:一方面是独立性,理想自我的欲求完全独立于实际上的欲求;另一方面是反馈性,我们可以通过经验的学习,逐渐意识到自己的利益从而进化自己的欲求。④ 莱尔顿认为,任何道德属性都需要还原到这种非道德价值之中,对于道德上的正当性也是如此。而且他还引入了社会视角,认为道德规范所反应的某种合理性是来自于社会的视角,而不只是来自于某个特殊个人的视角。

可以说,整个二十世纪乃至本世纪初的元伦理学都是建立在摩尔的"开放问题论证"之上的,既然如此,我们不妨进一步回到摩尔的文本,看一下摩

---

① Stephen Darwall, Allan Gibbard & Peter Railton, "Toward *Fin de siècle* Ethics: Some Trends", *Philosophical Review*, Vol.101, No.1, 1992, p.117.

② Peter Railton, *Reply to David Wiggins*, *Reality*, *Representation*, *and Projection*, John Haldane and Crispin Wright (eds.), Oxford: Oxford University Press, 1993, p.317.

③ Peter Railton, "Moral Realism", *Philosophical Review*, 95, 1986, p.172.

④ 此处详细讨论可见 Alexander Miller, *Contemporary Metaethics: An Introduction*, 2nd ed, Cambridge: Polity Press, 2013, pp.186 - 195.

尔三个层面的说法究竟想要表达什么意思。

首先,摩尔并不是在谈论各种道德属性。善是不可定义的,但正当则不一定,在摩尔看来,正当是实践伦理学研究的对象,开放问题论证也只是针对善。善的确是一种道德属性,但摩尔在提出论证的时候并不关心其他的道德属性,善的特殊性在于它是一个简单观念。

其次,"自然主义谬误"听起来像是对自然主义的反驳,但摩尔真正关心的是"谬误"①,而不完全是"自然主义",只不过很多人用自然属性去定义善,所以也被称为自然主义谬误。这就可以理解为什么形而上学伦理学用超感官的对象去定义善,也被摩尔称为自然主义"谬误"。这里的"谬误"发生在"定义"这一行为上,很多人在伦理学下定义的时候,把定义的对象——善(good)和善的事物(the good)混淆了。善的事物是善这一简单观念的应用。虽然善是不可定义的,但善的事物则完全可以定义,因为伦理学就是建立在对善的事物的定义之上的,如果混淆了两者,就会导致用其他属性去定义善的事物的时候,误以为是对善的定义。因此在摩尔看来,如果自然主义是指用自然属性去定义善的事物,那么自然主义在这个意义上是可以成立的。不论是当前分析的自然主义还是综合的自然主义,都没有在简单观念的意义上来谈论善,只是把它笼统地作为道德属性来研究。因此,在摩尔看来,讨论道德属性和自然属性之间的关系,以及道德认识论或者道德心理学的问题,并没有触及到善观念本身。善是独立自存的简单观念,说它不可用自然属性去定义,并不是强调善和自然属性之间的某种"关系",两者根本就是不同层面的事物,因此不存在"关系"。

那么除去摩尔的一些独断性的结论,如何来正面理解善究竟是什么?我们重新来看他的开放问题论证。前面提到,这个论证有两个部分,这两个部分都用到了一种方法——内察(inspection)。大概的意思是在进行某种思想活动,比如怀疑、考虑的时候,在"我们的心灵前面"会出现"观念",这是一个事实。第二个论证,也就是论证善不是没有意义的,明显用到了这个方法:

> ……每当他考虑到"内在价值"或"内在品质"的时候,或者说一个事物"应该存在"的时候,在他的心灵前面会有一个独一无二的对象——事物的独一无二属性——我指的是"善"。每个人都经常会意识到这个观念,尽管他可能从来就没有意识到它和其他意识到的观念之间的不同

---

① G. E. Moore, *Principia Ethica*, Cambridge: Cambridge University Press, 1902, p.14.

之处。但是对于正确的伦理推理来说,这一点是非常重要的,他应该意识到这个事实。[1]

摩尔把这个在心灵前面呈现出来的观念称为"善",尽管还没有办法区分这个观念和其他观念之间的区别。因此,这种方法不同于一般的逻辑论证,而是直接把"每个人都意识到"一个"事实"作为前提,从而保证结论的合法性。

第一部分的论证,也就是传统上说的开放问题论证,也用到了这种"内察"的论证方法,这部分论证可以分为正面和反面两层论述。从"第一眼看来"这个短语后面是正面的论述:

> 举个例子,……第一眼看来,是善的可能意指是我们想要去欲求的。那么如果我们把这个定义用于一个特殊的事例,并且说"当我们认为 A 是善的时候,我们就在认为 A 是我们想要去欲求的其中一个事物",我们的命题似乎完全合理。[2]

我们可以看到,摩尔在这里明确承认一个"是善的"事物 A,同时也可以是"我们想要去欲求的"事物 A,也就是后来说的自然主义是完全合理的。但是他紧接着就追问,然后在"稍许反思之后"这个短语就是反面陈述。后来我们把这个追问称为开放问题,也就是我们总是可以有意义地追问:"想要去欲求 A,是善吗?":

> 但是如果我们进一步研究,并且追问自己:"想要去欲求 A,是善吗?"那么很明显,稍许反思之后,这个问题本身就像原来的问题"A 是善吗?"一样,是可以理解的;……但是很明显,第二个问题的意义不可能被正确地分析为:"想要去欲求 A,是我们想要去欲求的其中一个事物吗?"在我们的心灵前面,我们并没有如此复杂的问题:"我们想要去欲求 A?"此外,任何人都可以很容易地通过内察(inspection)说服自己,这个命题的谓词——善——不同于"想要去欲求"……确实,这一点是真的:我们想要去欲求的东西每次都是善的;或许,反过来也可能是真的;但是情况是否如此,这是非常令人怀疑的,仅有的事实是,我们通过怀疑很好地理解了它的意思,在我们的心灵前面很清楚地表明我们有两个观念。[3]

---

[1] G. E. Moore, *Principia Ethica*, Cambridge:Cambridge University Press, 1902, p.17.
[2] G. E. Moore, *Principia Ethica*, Cambridge:Cambridge University Press, 1902, p.15.
[3] G. E. Moore, *Principia Ethica*, Cambridge:Cambridge University Press, 1902, pp.15-16.

这里大家关注的是摩尔提到的"复杂问题"：如果你承认"想要去欲求 A,是善",那么也就承认"想要去欲求 A,是善吗?"这个问题就会被分析为"想要去欲求 A,是'想要去欲求 A'吗?"但一般人在追问那个问题的时候,不会去考虑这么复杂的问题,因此我们就否定了"想要去欲求 A,是善"。但实际上,摩尔提到"复杂问题"的目的并不是在归谬的意义上否定"想要去欲求 A,是善",而是要让每一个这样"反思"的人,通过内察的方法意识到"善"和"想要去欲求"是两个不同的观念。也就是说,借助于"反思"和"怀疑"前面那个自然主义的结论——"每个欲求的东西都是善的",从而在"我们的心灵前面"呈现出这两个观念是不同的。从将这两个观念是截然不同的"这个事实"作为前提出发,得出一个有效的结论：善是不可定义的。

我们可以看到,摩尔从正面陈述和反面陈述中两次承认自然主义的结论是真的,但在"稍许反思之后"又怀疑了这个结论,而且通过这种怀疑旨在表明这样一个事实："善"这一简单观念和"想要去欲求"这一自然属性是截然不同的。实际上摩尔后来在讨论"感觉材料"和"外在对象"问题的时候也曾如法炮制,"第一眼看来"和"稍许反思之后",从这两个视角中可以得出两个完全矛盾的结论。他认为这不是一种心理学的怀疑,而是一种"无法平服的哲学怀疑",这一点是很令人费解的,正如当代研究摩尔的专家鲍德温(Thomas Baldwin)在《开放问题论证》一文中说："在摩尔伦理学的内核里有一种辩证的虚无主义(dialectical nihilism)色彩。"①

---

① Thomas Baldwin, "The Open Question Argument", *The Routledge companion to ethics*, John Skorupski(ed.), London; New York: Routledge, 2010, p.289.

附录　摩尔学思历程述略

一　最初的教育(1873—1892)

英国哲学家乔治·爱德华·摩尔(George Edward Moore),1873年出生于一个距离英国伦敦南部差不多八英里外的上诺伍德小镇(Upper Norwood)。这个时期英国恰好处于"日不落帝国"的维多利亚时代,工业革命造就了世界上最为富裕的帝国。摩尔一家可能就是当时无数新兴的中产阶级中的一员。按照他的自传,摩尔祖上以行医为业,是一个非常普通的基督教家庭。摩尔的父母为了让他们的孩子们接受好的文化教育,在他出生前两年就从黑斯廷斯(Hastings)举家迁到这个小镇上。因为这个小镇上有一个由英国慈善事务委员会(Charity Commissioners)所资助的私立寄宿男校德威学院(Dulwich College)。伦敦以及市郊的很多中产阶级都把他们的孩子送到这所学校来接受良好的教育。摩尔一家也不例外,兄弟几个都在这个学校走读上学。摩尔晚年回忆起这段童年时光,仍然充满了脉脉温情。[①]

摩尔的父亲也是他的启蒙老师,教会了几个孩子如何阅读、写作和基本的算数、几何以及英国的历史。甚至还在摩尔三岁的时候,让他学习钢琴。这大概是当时传统英国家庭教育的一个缩影。在摩尔八岁那年,开始与他的几个哥哥一样正式成为了德威学院的学生,并在这里度过了整整十年的时间。在此期间,摩尔对于希腊语和拉丁语的学习展现出了某种天赋,并且花了大量的时间在散文和诗歌的翻译上,而对于数学和自然科学则几乎没有太多学习。对于这一点,摩尔在自传中的回答非常符合他成熟时期的思想。他说他完全没有感到是一种遗憾,反而自认为的确获得了一种好的(good)教育。如果把时间花在其他东西上面,也并不确定会获得一种更好的(better)教育。摩尔甚至有点庆幸自己被迫翻译而研究这些散文和诗歌的品质

---

① G. E. Moore, "An Autobiography", in Schilpp, P. A., *The Philosophy of G. E. Moore*, London: Cambridge University Press, 1968, pp.3-39.

（quality），以至于他有机会学习如何去欣赏这些品质。

摩尔在学校里成绩非常优秀，而且对当时的老师和学校都感到非常满意。但他在学校里没有过分亲密的同学，甚至有点孤独。除了几位古典学老师之外，对他的思想造成很大影响的是一次加入宗教组织的经历。那是在他十一二岁的时候，随父母去参加一个当时可能比较流行的基督教活动"儿童特别服务"（Children's Special Service Mission）。这个活动是由年轻人组成的，在摩尔看来，这是一个极端的原教旨组织。他们的宗旨非常强调"耶稣之爱"——我们不仅应当（ought to）对耶稣有爱的感受，而且还要感受到耶稣对我们的爱。在当时，摩尔认为这些都是应当做的行为。他在自传中是这么推理的：如果《新约》里说的都是真的，如果耶稣的确是上帝之子并且仍然活着，那么我们就应当更加频繁地想念他，更加强烈地爱他，那些宣誓成为基督徒的大多数人都要像我这么做。但实际上这个组织所要求的远不止如此。他们还要求摩尔义务（duty）说服学校里的其他年轻人皈依组织。这个义务给摩尔带来了极为痛苦的精神冲突，每当他努力履行这个义务说服其他同学让他们去爱耶稣的时候，就不得不与自己不情愿的感受作斗争，这种不情愿甚至已经到了憎恨的地步。通过这次事件，摩尔反省到自己非常缺乏道德上的勇气。尽管摩尔在家里还是随着他的父亲每天早上做祷告，但这次糟糕的宗教经历让他逐渐失去了在宗教上的一些信念，并成为了一位不可知论者。

二 剑桥大学本科生涯（1892—1896）

1892 年 10 月，摩尔进入了著名的剑桥大学三一学院（Trinity College）。度过了刚入大学的短暂迷茫期之后，摩尔很快便融入了当时一些剑桥高材生的"圈子"。在第一学年末，结识了高两届的罗素（Bertrand Russell），并在他的建议和鼓励之下，开始研究哲学。本来摩尔的志向是学好古典学，然后在某个中学教教书直到终老，但现在从罗素以及其他同学的交往中发现自己在哲学方面也有某种天赋。之前古典学的训练并没有让摩尔对柏拉图对话中提出的哲学问题产生多大的兴趣，但是到了剑桥以后，他却对于日常对话中听到的一些哲学论述产生了很大的兴趣。他在自传中回忆，有一次罗素带着摩尔拜见当时著名的新黑格尔主义学者麦塔格尔特（John McTaggart）。这位学者有个非常著名的观点，即时间是不真实的，摩尔极力反驳了这一观点。这问题似乎激发了摩尔从事哲学这一行业的决心。因为，作为实在论者的摩尔看来，这世界本来并没有什么哲学问题，真正的哲学问题在于探究某些哲学家关于这世界所言说出来的东西的意义，以及在于如何找到这种意义或真或假的理由。

这些问题伴随了摩尔的一生。直到二十多年后,在一篇反驳布拉德利(Prancis Bradley)的论文中,思想完全成熟的摩尔很好地回答了"时间是否真实(real)"这个问题。[①] 黑格尔主义者主张"时间是不真实的",意味着使之成为世间事实(being temporal facts)的一些属性不存在,或者说归属于无物(nothing),那么这些属性所组成的事件也是无物。在日常的使用中,这句话就意味着不存在世间事实,或者世间事实是想象(imagine)出来的。比如"独角兽是不真实的",这句话的意思就是使之成为独角兽的属性归属于无物,也就是不存在独角兽,或者独角兽是想象出来的。但是,尽管独角兽是想象出来的、是不存在的,狮鹫也是想象出来的,如果两者都是归属于无物,那么为什么独角兽和狮鹫是不同的,比如独角兽没有翅膀而狮鹫却有一双翅膀? 这就证明独角兽和狮鹫虽然都是想象出来的,在日常的使用中是不存在的,但在某种意义上却又是存在的,不真实的和实存的在这种意义上并非不一致。正是在这样的意义上,布拉德利在主张"时间是不真实的"的同时,还主张"时间是实存的(exist)"。他认为这里并没有明显的不一致。世间事实和时间一方面是不真实的,但另一方面却是以某种形式实存。摩尔认为这两种说法存在明显的矛盾。他认为一个时间是不真实的,和独角兽是想象出来的一样,并不能够推出时间实存。因为"独角兽"可作为思想对象对于证明"独角兽"实存是不充分的。这里布拉德利的错误在于混淆了"独角兽是思想的对象"与"狮子是捕猎的对象"。后一命题为真,就是指实存一只狮子,并且是捕猎的对象。前一命题则并没有意指实存一只独角兽。而且,"使之成为独角兽"的属性和"作为思想的对象"的属性,所归属的东西是不一样的,前者是无物(因为独角兽不真实),而后者是某物。但"使之成为狮子"的属性和"作为捕猎的对象"的属性,所归属的东西都是指同一个某物。这里摩尔论证了如果说作为思想对象的世间事实可以是想象的,那么这种世间事实与狮子的实存仍然是不同的。那么,"独角兽是思想的对象"这一命题的意义究竟是什么呢? 摩尔的回答是非常晦涩的,由此形成了另一个反驳。当我正在思想独角兽的时候,假如这一命题要为真,就需要两个必要条件:首先,我要设想到(conceive)具有"使之成为独角兽"的属性的某物存在的假定;其次,如果某物具有这些属性,那么独角兽存在。但是撇开上述虚拟的状态,在实际的情形中,当我正在思想独角兽的时候,我的确没有在设想具有"使之成为独角兽"的属性的某物存在。也就是说,具有"使之成为独角兽"的属性的某物存在,

---

[①] G. E. Moore, "The Concept of Reality", *Proceedings of the Aristotelian Society*, XVIII, 1917, pp.101 - 120.

或者不论在何种意义上存在独角兽,这两者并不必然使得"我正在思想独角兽"为真。而布拉德利的真正错误在于,他主张"我思想到独角兽"就意味着"独角兽存在",同时也推出"独角兽"实存。因此,由于"独角兽不真实"和"我思想到独角兽"是一致的,那么他也错误地推断出"独角兽不真实"和"独角兽存在"这两个命题也是一致的。类似地,他就错误地主张"时间是不真实的"和"时间是实存的"这两个命题也是一致的。如果摩尔的论证是合理的,也就是说这两者是不一致的,那么既然布拉德利又竭力主张时间是实存的、是一个事实,等等,那么就可以推出时间是真实的。摩尔对于时间是真实的论证并非只是出于理论的目的,他在论文的最后还进一步追问了在某种意义上存在独角兽、时间实存的这种意义究竟在哪里。对此,他并没有给出一个正面的回答,仅仅只是提出一个开放的问题。

罗素不仅把摩尔带进了哲学之门,而且在他 1894 年 6 月毕业离开剑桥大学之后,摩尔仍然还是经常去找他讨论哲学问题。这种亦师亦友的关系密切保持了七八年。1901 年之后两人相遇的时间少了一些。直到 1911 至 1915 年间,摩尔和罗素又同在剑桥工作,而且在三一学院又都有住所。摩尔不仅参与过罗素的讲座,而且还仔细研读过罗素出版的哲学作品。尽管摩尔在很多观点上与罗素有所不同,但仍然可以说罗素是摩尔一生中助益最大的哲学家。在一篇 1899 年对罗素《论几何的基础》的书评中,摩尔对于罗素先天(apriority)和经验之间的区分提出了不同的看法。[1]

另外还有一些对摩尔有较大影响的人。尽管西季维克的讲座只是念念稿子,据说在人格上也没有很大魅力,但《伦理学方法》一书依然给了摩尔很多东西。影响摩尔的除了念稿子这种上课方式之外,还有西季维克对于常识的清晰信念。西季维克曾建议摩尔去德国某个大学做一两年的研究,不过摩尔当时并没有采纳这个建议,仍然选择留在剑桥。在 1902 年摩尔《伦理学原理》一书中,摩尔曾专门就西季维克的功利主义和快乐主义展开讨论,对于西季维克的反驳是理解摩尔不可定义的善很重要的组成部分。值得一提的是,摩尔在该书序言部分坦承在他成书之后才发现布伦塔诺(Brentano)的伦理学主张与他有很大相似之处,其中主要有两点:一个是主张价值是客观的,另一个是"将这样的(伦理学)命题明确地分成不相同的两类"。特别是后面两种伦理学命题的区分和摩尔关于在善与正当之间做出明确区分有着异曲同工之妙。鉴于这一区分在摩尔伦理学中的重要地位,我们完全可以感受到

---

[1]　G. E. Moore, "Review of Bertrand Russell, *An Essay on the Foundations of Geometry* (Cambridge, 1897)", *Mind*, n. s., July 1899, pp. 397 – 405.

在文字中透出的相逢恨晚之意。尽管信奉黑格尔主义的麦塔格尔特是当时影响摩尔最大的老师，而且在 1895 年暑期还曾远赴图宾根大学做了一次短期访学，但摩尔对于当时流行的黑格尔哲学并没有表现出太大好感。

三 初有成就——研究康德哲学(1896—1898)

在结束了为期四年的剑桥生涯之后，为了申请三一学院的哲学研究员(Fellowship)职位，需要递交一份学术论文。在沃德(James Ward)的建议之下，摩尔选了"康德伦理学"这一题目。西季维克和沃德作为这一职位研究院选举委员会的主席，对摩尔关怀备至。接下来的两年内，摩尔把大部分精力都放在了康德的"三大批判"、《未来形而上学导论》和《道德形而上学基础》这些作品之中。尽管后来摩尔的研究兴趣再也没有回到康德哲学中，但这两年的研究工作给他以后伦理学和认识论思想的成熟奠定了坚实的基础。这一阶段的主要成就体现在发表在 1898 年和 1899 年《心灵》杂志上的两篇文章《自由》[①]和《判断的本性》[②]之中。

在康德哲学中，每一个人都有双重自我，一个是"智思"(noümenal)的自我，一个是"经验"的自我。前者是自由的，而后者则是被自然因果决定的。摩尔在《自由》这篇论文中试图给康德的这一神秘区分作出一个可以理解的意义。西季维克是这一届研究院选举委员会的主席，但是在这篇文章中，摩尔仍然是从批判西季维克对康德自由学说的解读开始的。康德学说中有明显的两个世界，在现象世界里，一切事件都是遵循自然因果律，绝对不可能会有任何例外。但是，与此同时，在智思世界中，仍然会有一个"自由"的概念。因此，对于自我而言，一方面是被严格的物理条件所决定的，但是另一方面，我在选择一个行动的时候总是存在一种选择正确行为的可能性。在表象世界里，自由是不可能的，一切应当的东西都毫无意义。而在另一个世界，却有一种自由的必然性。那么这两者是相容的吗？康德的回答是肯定，但如何来理解这一点呢？摩尔的主要工作也在于此。这里，摩尔在康德的文本中解读出一种区分，即先验自由和实践自由之间的区分。摩尔认为康德在一定程度上混淆了这两者，但是这一区分的意义却在于能够切实解决上述这一相容论的关键所在。先验自由完全独立于经验世界的行动，某种程度上是实在和表象之间的关系，这种自由不仅仅是可能的，而且还是现实的。但是实践自由并不一样，这种自由是先验自由在表象世界中的产物，一方面具备一个自由

---

① G. E. Moore, "Freedom", *Mind*, XVI, 1898, pp.179-204.
② G. E. Moore, "The Nature of Judgment", *Mind*, VIII, 1899, pp.176-193.

的原因,另一方面也有一个经验的结果。但是这种自由的因果性还是完全不同于经验的因果性,后者包含了心理学层面的人类意愿,这些都是受自然因果性所支配。实践自由的另一特征就是与绝对命令相关联,而我们所谓的对人类而言的自由都属于这个层面。这种自由是一种普遍性的共相,具备因果之间的逻辑关系。按照上述这种区分,在某种程度上而言,先验自由并不是一种一般意义上的自由,而是像人类这样的理性存在者独有的一种自由。实践自由也是如此,也是属于所有理性存在者的,而且还具备积极和消极两个层面。在消极的层面指从我们感觉经验的冲动中独立出来的意志,而积极的层面指完全从自身开始一系列事件的理性的力量或因果性。康德后期实际上对于意志做了区分,一种是纯粹意志(Will),而另一种则是任意选择(Willür)。这一区分是康德对上述混淆的自我澄清。行动作为事件在时间序列中的因果相续,就必须在实践上具备自由,但是纯粹意志的自由则完全是非实践的,完全与行动无关。摩尔认为,理解后面这种自由才能真正弄清楚康德伦理学中的一个重要问题,即先验自由和善之间的关联。这也为摩尔后来在《伦理学原理》一书中对"什么是善"这一问题的追问提供了康德意义上的线索,尽管摩尔后来在伦理学的领域完全告别了康德式的义务论伦理学,而另外开辟了后果论式的功利主义伦理学。但是我们仍然可以从这篇对于康德自由的文章中发现,摩尔并没有跟随一般黑格尔主义者,把康德的先验概念还原为各种其他的东西,也没有跟随新康德主义者,在康德的先验概念中抹上各种不同的价值色彩,而是把先验概念作为一个桥梁,通向了不可定义的某个东西——善。

在《判断的本性》这篇文章中,摩尔主要处理的是康德对于某个事物的判断是否为真的理解。摩尔认为康德把"真"这一概念与经验中的时间和空间关联起来是错误的。另一位批判的对象是新黑格尔学派的代表人物布拉德利,他认为判断的真和假依赖于我们的观念和实在间的关系。但是摩尔认为这两位哲学家的理解都是有问题的,他主张判断的真值仅仅只是由组成这个判断的观念或概念相结合本身所决定的。一个命题作为一个判断,其真值并不在于观念和实在之间的关系,也不在于经验世界中的时间和空间。不论是观念和实在之间的关系,还是经验世界中的时间和空间,都预设了一个更为根本的关于某物实存的判断。概念与观念之间略有不同,一个命题是由概念所组成。概念是思想的对象,但是与思想者无关,而且与主体中找到的原因和结果之间的关系也无关。实存和真之间的关系是非常有意思的。一命题之为真,并不能够通过实存来定义,但实存则可以指向真。如果某个命题"这篇论文实存"是真的,仅仅意味着与"这篇论文"这个概念以特定方式相结合的概念,也与"实存"概念以一种特定方式相结合。这种特定方式颇难理解,不过对于摩尔的理论而言,非常重要。但是摩尔在这篇文章中对此却说得很简单,他认为这种特定方式就是当下可知的某种东西,比如红色、数字二等。因此,在摩尔看来,真就其本身而言便是一个简单概念,这个概念逻辑上先行于任何命题。为了有效地反驳布拉德利,并且阐明自己的理论,摩尔把这种理论与康德的知觉理论做比较。摩尔认为这篇文章正式宣告了自己从唯心主义的哲学中走出来,成为了一个所谓的实在论者。

四　三一学院的研究员(1898—1904)

摩尔如愿以偿地获得了这一研究员的职位。这也就是意味着,摩尔在接下来的六年时间内,每年可以获得大约 200 英镑的资助(相当于现在二十多万人民币),而且学校不要求住校,也不要求必须完成什么研究工作。当然,如果愿意选择留在学校里做研究,那么在这笔钱之外还将获得一套三一学院内的住房以及免费的餐饮。毫无疑问,摩尔选择了留下来,并且享受任何从事哲学的研究者看来近乎奢华的研究工作。

最初的工作是为鲍德温(James Bladwin)的《哲学字典》做一些比较乏味,但却有一定意义的编写工作。在此期间,摩尔发表了《反驳唯心主义》。[①] 这篇论文是从反驳"存在就是被感知"这一命题入手的。摩尔要表明的是,要使一事物成为真实的,根本不可能是作为一个感觉经验不可分割的一个方面而使得该事物存在。另一篇文章则是针对三一学院的麦塔格尔特教授的伦理学。[②] 麦氏认为最高善作为一个独特的实在,是永恒的或无时间性的,而所有行为都只有在时间中相续的现象中存在,因此行为正当与否的标准就是在快乐对于痛苦达到一个最佳的平衡点。摩尔批评了麦氏割裂两者的论点,认为如果善只能存在于永恒,那么我们的行为以及行为带来的结果就都不可能有价值,这就与麦氏所设立的行为正当标准相矛盾。摩尔认为善在时间中当然也能够存在,不同种类的善可以有不同的快乐。麦氏的观点在摩尔看来是一种形而上学的伦理学理论。这两篇论文已经充分展现了摩尔的哲学才能,而且与他成熟时期的想法非常接近,接下来摩尔的工作就是如何用一种更好的工具或方法更清晰地把自己的思想表达出来。

1901 年摩尔曾发表过一篇《宗教的价值》的论文。[③] 在这篇文章中,摩尔

---

① G. E. Moore, "The Refutation of Idealism", *Mind*, XII, 1903, pp.433 – 453.
② G. E. Moore, "Mr. McTaggart's Ethics", *International Journal of Ethics*, XIII, 1903, pp.341 – 370.
③ G. E. Moore, "The Value of Religion", *int. J. of Ethics*, V. 12, October 1901, pp.81 – 98.

论述了自己的宗教观。他认为,我们并不能够证明上帝存在,在这一方面,摩尔自认为是一个异教徒,而不是基督徒。但是另一方面,我们也不能证明上帝不存在,因此,摩尔认为自己也不是无神论者。尽管没有证据或或然性来证明这一点,但是在日常生活经验中,我们依然能够毫无疑问地相信一些东西,比如自然科学所给予我们的东西。尽管我们可以从这些东西的信念中推论出相信上帝存在,但是上帝存在本身却不依赖于这些证据。摩尔认为宗教的真理只能求助于直觉上的信仰(faith)。而道德信念与宗教类似,也不能从我们的日常事实中推论出来。这里摩尔实际上已经在运用日后《伦理学原理》中所展露的自然主义谬误。

在这期间还举办了两个系列讲座。一个是关于康德伦理学的,这也是他自己的前段研究工作的总结。另一个关于伦理学的讲座,《伦理学原理》一书正是从这一讲座的纲要中发展出来的,这本书也奠定了摩尔在哲学史上的地位。由于摩尔是第一次准备这些讲座,因此他都是完全把整个讲座的内容写下来,然后在讲座中把写的东西读出来。尽管如此,《伦理学原理》一书的写作仍然是异常艰苦的。在我们看来,摩尔在这本书中所展现的主题似乎和传统的伦理学差别不大,但是实际上这本书所运用的方法是前所未有的,而且更加难以把握的是摩尔在这本书背后所要表达的思想。这种思想具有非常大的原创性,而且我们完全可以说,摩尔在构建一个与此前各种哲学家的伦理学工作完全不同的思想体系。这种思想体系与独特的语言分析方法在这本书中得到完美结合,而且摩尔在后来的岁月中都以这种方式从事哲学研究。尽管后来的分析哲学家都学会了这种语言分析的方法,但是却很少有人学到摩尔独特的思想,可谓是舍本逐末。

尽管从摩尔并不高产的一生看来,这一阶段的工作是卓有成效的。但实际上摩尔自认为并没有太努力工作,因为他把大量的时间花在阅读一些小说以及与朋友交谈之中。1898 年摩尔被邀请成为伦敦亚里士多德学会的一个成员,因此得以参加他们每周的聚会。而且他还与罗素等其他哲学朋友聊天,摩尔觉得自己从这些讨论中学到了很多东西,而且认为《伦理学原理》最后一章的计划就是在与一位朋友聊天中形成的。不过我们也好奇这位朋友究竟是谁,因为客观而言,《伦理学原理》最后一章所论述的有机整体思想是非常具有洞见的,却也是非常艰难的,而且较之整个摩尔的思想风格而言,这一章的思想的确至关重要,然而并不清晰。

五 离开剑桥:爱丁堡大学(1904—1908)、伦敦里士满(1908—1911)

1904 年 9 月,摩尔的研究员资格到期。恰好摩尔的父母都去世了,摩尔以及他的几位兄弟都继承了外婆家族的一大笔遗产。因而就有条件在没有任何资助的情况下继续从事哲学研究。于是，便随朋友来到了苏格兰的爱丁堡大学。对摩尔而言，爱丁堡是一个他非常喜欢的浪漫之地。其中很大一个原因是，这个地方曾经是小说家司各特（Walter Scott）的故乡，司各特擅长取材于当时的历史背景，刻画一些充满浪漫主义情怀的理想人物，而且据说司各特本人也是一位讲究信用、颇有几分英雄气概的人物。摩尔显然很钟情他的小说，曾经一遍又一遍地进行阅读。在爱丁堡期间，摩尔的主要研究工作就是潜心研读罗素的《数学原理》。不过，由于糟糕的数学基础，摩尔坦承这本书很多地方根本看不懂，除了最初关于逻辑的那部分之外。

这几年安逸的生活导致摩尔除了几篇书评之外并没有什么重要论文。唯一让摩尔感到满意的就是关于詹姆斯（William James）的《实用主义》一篇论文。① 这篇文章实际上也是之前反驳唯心主义的一个延续。詹姆斯断言，我们所有的真实观念都是被证实了的，或者是能够被证实的，而且是有效用的，反之也成立。也就是说，真实的定义就是被证实和有效用。但摩尔认为，我们所有那些能证实的观念，在明显的意义上是真实的，但那些有用的观点却不一定是真实的，而且所有真实的观念也并不一定都是有用的和能证实的，我们甚至也不一定总是能够证实那些真实的观念。显然，詹姆斯似乎想建立效用和真理之间的某种联系，并且主张真理不仅是可变的，而且还是人为的产物。这里的产物不仅仅是指真实的信念，而且还承诺了真理。在摩尔看来，詹姆斯的这些观点在一定程度上是对的，但是詹姆斯似乎承诺了更多的东西。比如，摩尔能够承认大多数真实信念的确是对我们有用的，但是却不同意效用是所有真实信念共同具有的唯一性质。

1908 年春天摩尔又回到了伦敦，并且在伦敦西南边找到了一处非常漂亮的红砖房子。那是一排乔治时期风格的老街，从后面望出去就是老鹿公园（old Deer Park）。摩尔很快就喜欢上了这个地方。来到伦敦之后，摩尔被邀到剑桥大学莫利学院（Morley College）举办了关于形而上学的两个系列讲座。同样，摩尔还是把所有要讲的内容事先在稿子写下来，然后在讲座之中念出来。在这几年中，他开始写作《伦理学》一书。摩尔认为这本书比起《伦

① G. E. Moore, William James' "Pragmatism", *Proceedings of the Aristotelian Society*, VIII, 1908, pp.33-77.值得一提的是，二十世纪三十年代张荫麟曾在美国斯坦福大学获得哲学硕士学位，当时的硕士论文题目就是《摩尔和杜威：两种伦理学理论的比较》。他站在摩尔的立场批判了当时在美国颇为热门的杜威的实用主义哲学，这在某种程度上是对摩尔此文观点的一个延续。张荫麟才华横溢，在留美之前就已负有盛名。他后来在清华受到金岳霖的影响，开始从尼采转向关注分析哲学，成为了摩尔的信徒。但是他在美国的论文指导导师是杜威的弟子，学术观点上与他多有不同，这也为他后来转向史学埋下了伏笔。后来该论文被翻译为中文，收于《张荫麟全集》中。

理学原理》更清晰,更少混乱。而且在《伦理学原理》中被批判的功利主义成为了《伦理学》一书主要证明的论点。实际上,这两本书所处理的主题侧重点有很大的不同。《伦理学原理》主要关注的是何为善,而《伦理学》一书则主要是何为正当。除了这一最为主要的工作之外,摩尔在这期间还发表了一篇关于休谟哲学的短小论文,这篇论文很少被人提及,但是我觉得对理解摩尔的知识理论非常重要。因为,在某种意义上而言,摩尔在精神气质上要更接近休谟。休谟把知识分为三类,在《人性论》中主要谈论的是与因果推理相关的第三类知识,即我们从未观察过,却可以根据过去的经验观察,按照因果推理而相信的"实在事物"。尽管休谟在某种程度上接受这种"实在事物",特别是通过习惯来产生这些信念,但是摩尔认为习惯并不必然产生这些信念。也就是说,休谟对于这种知识的建构最终仍然是怀疑论的。摩尔对于这一点是不满意的。他们两人的共同之处,在于都承认我们有可能不借助经验而确实知道某些我们从未观察到的实在事物。但是摩尔认为,不需要任何证明,我们有可能直接立即知道某些我们从未观察到的事实,这也不需要任何经验的根据。而且摩尔认为,我们必须对我们确实知道什么、不知道什么有所假定,才能继续讨论之前的事实是否都是根据经验,休谟对于因果推理的怀疑才能进行下去。但是摩尔对于休谟的论点也不能持有一种肯定的态度,比如明确的反对或支持。因为如果他要明确反对休谟并站在实在论的立场,就必须面临一个非常有意思的困难。于是,在论文的最后,摩尔认为我们必须加上第四类命题,这类命题确实断言了实在事物,但是既不是通过直接观察,也不是通过间接推理,而是以某种特定方式确实知道什么的命题。

六 回到剑桥教书(1911—1939)

1911年剑桥大学邀请摩尔担任道德科学的讲师一职。尽管这一职位的薪水并不高,但摩尔出于教书的热爱欣然接受这一邀请。当时可以选择的课程有逻辑学和心理学,但是摩尔并不擅长于这两者。相比较而言,心理学并不一定是经验科学,也可以把这门课讲成是心灵哲学的一部分。基于这一理由,而且正好遇到比较好的机缘,摩尔选择讲授心理学。至此摩尔正式开始了在剑桥大学长达二十八年的教书历程。1918年,沃德让摩尔接替他讲授自然哲学中的形而上学课程。1921年摩尔又继承了斯托特(George Stout)担任《心灵》杂志主编职位。1925年摩尔继任沃德的精神哲学与逻辑学教授职位,教授形而上学。摩尔每次都花大量的时间来准备新学期的课程,而且就算是每年教授内容一样的课程,摩尔还是重新开始准备。一方面,是由于摩尔总是要求自己能够尽可能清楚地表达出自己想要说的东西。另一方面,摩尔有时候也会忘了自己的结论,正好可以通过这样的过程,使每一次的课程对自己而言都充满了兴趣和新奇。与之前在伦敦时候的讲座不同,摩尔并不会把整个报告写下来并念出来,而是在课程之前把所要讲述要点写下来。但是在上课过程中,摩尔已经不需要念稿子,甚至在没有带要点的情况下,也可以讲完整个课程。大量的上课占用了摩尔的科研时间,只能利用假期来进行一些阅读和写作。因此,尽管摩尔在剑桥的时光是自己的学术黄金期,但是由于宽松的学术环境,除了几篇论文之外,并没有留下什么公开出版的著作。

1912 年,维特根斯坦参加了摩尔的心理学讲座,摩尔得以结识这位哲学天才。很快摩尔便认识到维特根斯坦不仅仅是聪明,而且还深刻,维特根斯坦洞见到的某种东西或将更加重要并更加值得追求。在 1929 年《逻辑哲学论》出版之后,摩尔花了很多时间来学习这部被维特根斯坦誉为"水晶般透明"的著作。尽管很多地方并没有弄明白,但是摩尔对有些自己能够理解的地方感到非常敬佩。维特根斯坦所用的哲学方法是摩尔以前从未用过的,而且还能够如此成功地解决一些哲学问题。因此,摩尔也乐于把自己在剑桥的教授职位交给维特根斯坦。

在 1914 年,摩尔曾被约稿为布劳德(Charlie Broad)的《物理、知觉和实在》一书写书评,但摩尔很罕见地爽约了。相比较于罗素和维特根斯坦,布劳德与摩尔之间有更多的共同之处,而且他们也分享着共同的哲学问题。因此,摩尔反而更加难以来评论布劳德,这当然也是摩尔的谦虚之词。实际上,摩尔对布劳德对道德问题的处理是不赞同的,这一点在摩尔的其他伦理学论著中都有提及。同时两人是平辈,而且可能私交甚笃,因而或许在摩尔看来也就没有写书评的必要了。在剑桥生涯中,与摩尔思想有过交流的还有很多哲学家,比如让出心理学课程给摩尔的约翰逊(Johnson)。拉姆塞(Frank Ramsey)也是摩尔认为比自己聪明的哲学家,在拉姆塞最后生病卧床时,还希望能和摩尔每周讨论一次哲学问题。

1932 年,摩尔发表论文《善性是一种质吗?》这篇论文对《伦理学原理》中提出的不可定义的善进行了修正。1939 年,他在知识论方面的论文有《外在世界的证明》。

七　退休(1939—1958)

1939 年 9 月,摩尔受邀到牛津大学举办每周一次的讲座,同时还主持一个讨论班。1940 年 8 月,他受邀到美国纽约的史密斯学院做了半年访问教授。1941 年春季学期在普林斯顿大学,1941 年秋季学期在加利福尼亚的米尔斯学院,1942 年春季学期在哥伦比亚大学,摩尔分别做了系列讲座。讲座的主题还是集中在感觉材料和知觉理论或者形而上学的其他方面。1942 年出版的《对我的批评的回应》,主要通过反驳回应了当时学界对他哲学观点的批评,在这些争论中,摩尔分别就自己的观点做了最为成熟的表述。他把自己一生的观点总结为三个方面,即伦理学、认识论和方法论。以后分析哲学的发展就是继承了摩尔的方法论,而且分别在伦理学和认识论两个领域进行了充分的发展,因此摩尔不愧为英美传统分析哲学的奠基人。摩尔 1953 年出版论文集《哲学的一些主要问题》,1959 年出版论文集《哲学论文集》。在摩尔去世以后,在 1962 年和 1966 年又相继出版了两本文集:《平凡的作品》和《关于哲学的讲座》。

主要参考文献

一、摩尔本人的主要著述

G. E. Moore, "Freedom", *Mind*, XVI, 1898, pp.179 – 204.

G. E. Moore, "The Nature of Judgment", *Mind*, VIII, 1899, pp.176 – 193.

G. E. Moore, "Necessity", *Mind*, IX, 1900, pp.289 – 304.

G. E. Moore, "Identity", *Proceedings of the Aristotelian Society*, No.1, 1900, pp.103 – 127.

G. E. Moore, "The Value of Religion", *International Journal of Ethics*, Vol.12, No.1, 1901, pp.81 – 98.

G. E. Moore, "Mr. McTaggart's Ethics", *International Journal of Ethics*, XIII, 1903, pp.341 – 370.

G. E. Moore, *Principia Ethica*, Cambridge: Cambridge University Press, 1903.

G. E. Moore, "Review of Franz Brentano's The Origin of the Knowledge of Right and Wrong", *International Journal of Ethics*, Vol.14, No.1, 1903, pp.115 – 123.

G. E. Moore, "William James''Pragmatism'", *Proceedings of the Aristotelian Society*, VIII, 1908, pp.33 – 77.

G. E. Moore, *Ethics*, London: Williams & Norgate, 1912.

G. E. Moore, "The Concept of Reality", *Proceedings of the Aristotelian Society*, XVIII, 1917, pp.101 – 120.

G. E. Moore, *Philosophical Studies*, London: Routledge & Kegan Paul, Ltd., 1922.

G. E. Moore, "Is Goodness a Quality?", *Proceedings of the Aristotelian Society*, XI, 1932, pp.116 – 131.

G. E. Moore, *Some Main Problems of Philosophy*, London: George Allen and Unwin, 1953.

G. E. Moore, "Visual Sense-Data", in C. A. Mace ed., *British Philosophy in the Mid-Century*, Cambridge: Cambridge University Press, 1957.

G. E. Moore, *Philosophical Papers*, London: George Allen and Unwin, 1959.

G. E. Moore, C. Lewy ed., *Commonplace Book*, *1919 - 1935*, London: George Allen and Unwin, 1963.

G. E. Moore, *Lectures on Philosophy*, C. Lewy ed., London: George Allen and Unwin, 1966.

G. E. Moore, Tom Regan ed., *The Early Essays*, Philadelphia: Temple University Press, 1986.

G. E. Moore, Thomas Baldwin ed., *Selected Writings*, London and Methuen: Routledge, 1993.

G. E. Moore, Thomas Baldwin and Consuelo Preti eds., *Early Philosophical Writings*, Cambridge: Cambridge University Press, 2011.

二、主要二手研究论文和著作

Schilpp, P. A. ed., *The Philosophy of G. E. Moore*, Evanston: Northwestern University Press, 1942.

White, A. R., *G. E. Moore*, Oxford: Blackwell, 1958.

Paul, G. A., "G. E. Moore: Analysis, Common Usage, and Common Sense", in Ayer, A. J., Kneale, W. C., Paul, G. A., et al., *The Revolution in Philosophy*, London: Macmillan, 1960.

Ambrose, A. and Lazerowitz, M., *G. E. Moore: Essays in Retrospect*, London: George Allen & Unwin, 1970.

Sheldon, M., "Moore's Method", *Midwestern Journal of Philosophy*, 6, 1972, pp.47 - 54.

Levy, Paul. Moore: *G. E. Moore and the Cambridge Apostles*, New York: Holt, Rinehart and Winston, 1979.

Tom Regan, *Bloomsbury's prophet: G. E. Moore and the development of his moral philosophy*, Philadelphia: Temple University Press, 1986.

Rohatyn, D, "Moore After Eighty Years: Analysis, Common Sense, and the Role of Philosophy", *History of Philosophy Quarterly*, 3, 1986, pp.207 – 255.

Baldwin, T., *G. E. Moore*, London and New York: Routledge, 1990.

Sal Fratantaro, *The Methodology of G. E. Moore*, Aldershot: Ashgate Publishing Ltd., 1998.

Klemke, E. D., *The Epistemology of G. E. Moore*, Evanston: Northwestern University Press, 1969.

Klemke, E. D., *A Defense of Realism*: Reflections on the Metaphysics of G. E. Moore, Humanity Books, 1999.

Hurka, T., "Moore in the Middle", *Ethics*, 113, 2003, pp.599 – 628.

Susana Nuccetelli and Gary Seay eds., *Themes from G. E. Moore: New Essays in Epistemology and Ethics*, Oxford: Oxford University Press, 2007.

Raj Verma Sinha, *Sense-Data and Perception: G. E. Moore and A. J. Ayer*, New Delhi: Rajat Publications.

三、主要中文材料：

摩尔：《伦理学原理》，长河译，上海：上海人民出版社，2005 年。

摩尔：《伦理学》，戴杨毅译，北京：中国人民大学出版社，1985 年。

摩尔：《哲学研究》，杨选译，上海：上海人民出版社，2009 年。

摩尔：《伦理学原理》，陈德中译，北京：商务印书馆，2017 年。

张荫麟：《摩尔与杜威：两种伦理观的比较》，陈润成、李欣荣编：《张荫麟全集》上卷，北京：清华大学出版社，2013 年。

洪谦主编：《现代西方哲学论著选辑》上册，北京：商务印书馆，1993 年。

陈启伟主编：《现代西方哲学论著选读》，北京：北京大学出版社，1992 年。

陈启伟：《西方哲学研究：陈启伟三十年哲学文存》，北京：商务印书馆，2015 年。

韩林合：《分析的形而上学》，北京：商务印书馆，2013 年。

应奇：《概念图式与形而上学：彼德·斯特劳森哲学引论》，上海：学林出版社，2000 年。

聂文军：《元伦理学的开路人：乔治·爱德华·摩尔》，保定：河北大学出版社，2005 年。

贾可春：《乔治·摩尔的感觉材料理论》，北京：知识产权出版社，2009 年。

后　记

　　本书是国家社科基金后期资助项目"存在和善——反思摩尔哲学"(18FZX028)的最终结项成果。本项目于 2018 年立项,申请立项时本书已经基本完成了第一部分和第二部分。其中第一部分"摩尔的形而上学和知识论",主要是 2018 年寒假期间完成的。第二部分"摩尔的伦理学",主要是在 2013 年北京大学作博士后期间完成的。第三部分第八章的主体部分曾发表于《道德与文明》2012 年第 6 期,第九章的主体部分曾发表于《自然辩证法研究》2014 年第 2 期,第十章的主体部分曾发表于《自然辩证法研究》2017 年第 2 期,第十一章曾发表于《学术月刊》2020 年第 12 期,第十二章曾收于费多益教授主编的《分析哲学专题教程》一书中。由于本书各部分并非一时所作,为了尽可能契合本书的主题,我对各部分都作了一定程度的修改和补充,但囿于个人的能力,论述肯定存在不少疏漏之处,还祈请众方家不吝指正。

　　我对摩尔思想的关注大概始于 2011 年。当时在应奇教授门下做博士论文,应老师早年曾专攻英国牛津学派,在分析哲学领域颇有建树。我主要研究的主题是元伦理学中的直觉主义流派。我在做论文期间,发现这一流派与元伦理学的创始者摩尔有着不解之缘,甚至错误地认为摩尔也是伦理学上直觉主义的创始者之一。后来我带着这一问题来到韩水法教授门下从事博士后研究,韩老师精通康德哲学,而摩尔早年也受益于康德哲学的研究。我发现摩尔尽管在伦理学上将康德的义务论作为批判对手,但在认识论和形而上学上却选择了休谟以来英国经验论的对立面。这与一般研究所断定的摩尔只不过提出了用常识来批评唯心主义的观点有所不同。正是在这样的疑惑下,我在做完摩尔的伦理学研究之后,开始着手研究他的认识论和形而上学思想。2016 年我有幸来到华东师范大学马克思主义学院从事讲师工作,而作为中国哲学界重镇的华东师范大学素来有研究认识论和形而上学的优秀传统。在良好的人文研究氛围下,我在授课之余,将摩尔的一些讲座以及手稿进行了翻译和研究,最终在 2018 年初完成了

第一部分的初稿。

不过在立项之后，本书的写作在很长一段时间内反而停滞不前。我遇到了可能从事哲学写作的人都会有类似的疑惑：研究这个有什么意义？或者换言之，把摩尔的思想从故纸堆里面挑出来，究竟对这个时代有什么意义？摩尔的一生平平无奇，是典型的学院哲学家，与剑桥大学的辈出人才形成了鲜明对照。比如罗素以和平主义者和反战人士盛名于世，而维特根斯坦则是特立独行的一代宗师。甚至也很难说两次世界大战对他造成了什么重大影响。那么他的哲学思想呢？摩尔生前出版的著作并不多，他本人著述也不能说是很勤快，以致于在影响力上也远不及那个时代很多哲学家。在我看来，太多人希望在短暂的一生中为人类留下一点不一样的东西，而在摩尔那里你看不到有这样的愿望，仿佛所有的一切只是凝结在他不太愿意体系化表达出来的理论中。后世哲学家彼德·斯特劳森曾区分过两种做哲学的方式，一种是描述型的，一种是修正型的。大致来说，后者总是喜欢在这个世界背后找到一种本当如此的状态，而前者则是描述当前这个世界。摩尔大概率会被归为描述型的哲学家。进入他的理论世界，就好像进入了我们自己的现实世界，所有东西都是亭亭当当摆在前面。如果你去追问摩尔的思想对于这个时代的意义，那么你会发现时代的变迁本来就是现实世界的一部分。摩尔在有些地方没有说透，甚至不合时宜，但你也只能用摩尔提供的分析方法来把这些进路摆出来，没有什么东西不能在现实世界前面得到辨明。

本书的出版恰逢我申请副教授之际。由于时间上的原因，出版本书的过程中得到了很多领导和同事的帮助。特别是负责本书编辑的吕振宇老师，在本书内容的安排上提出了很多建设性的宝贵意见。在此一并表示感谢。

2021 年 12 月 5 日